高等学校创新性数智化应用型经济管理规划教材（会计系列）

总主编 / 李雪　主审 / 徐国君

李雪◎主编

徐伟丽　秦桂兰　高杉◎副主编

会计学科导引

图书在版编目(CIP)数据

会计学科导引 / 李雪主编. --上海：立信会计出版社，2024.8. -- ISBN 978-7-5429-7677-2(2025.9重印)
Ⅰ. F230

中国国家版本馆 CIP 数据核字第 202488XR83 号

策划编辑　　方士华
责任编辑　　赵志梅
助理编辑　　窦乔伊
美术编辑　　吴博闻

会计学科导引
KUAIJI XUEKE DAOYIN

出版发行	立信会计出版社	
地　　址	上海市中山西路 2230 号	邮政编码　200235
电　　话	(021)64411389	传　　真　(021)64411325
网　　址	www.lixinaph.com	电子邮箱　lixinaph2019@126.com
网上书店	http://lixin.jd.com	http://lxkjcbs.tmall.com
经　　销	各地新华书店	
印　　刷	上海华业装潢印刷有限公司	
开　　本	787 毫米×1092 毫米　1/16	
印　　张	11	
字　　数	268 千字	
版　　次	2024 年 8 月第 1 版	
印　　次	2025 年 9 月第 2 次	
书　　号	ISBN 978-7-5429-7677-2/F	
定　　价	40.00 元	

如有印订差错，请与本社联系调换

总 序

教材是高校实现人才培养目标的重要载体,教材及教材建设对高校发展具有举足轻重的作用。与培养模式相对应的教材是培养合格人才的基本保证,是实现培养目标的重要工具。由于历史的原因,在财经类教材的出版方面,相关出版社出版研究型本科或者高职高专、中等职业等层次的教材较多,应用型本科教材较少。虽然近年来一些应用型本科教材也陆续出版,但总体而言,这些教材还是缺乏权威性、普适性、实用性、创新性。造成这种状况的原因主要在于:出版社对财经类应用型本科教材的出版还不够重视,没有进行有效的组织;财经类应用型本科院校多为新建院校,教材建设相对滞后,主观上也较愿意使用研究型本科教材;在教材使用中存在比较严重的混用现象,教材目标读者群不明确,如不少教材既适用于研究型本科院校又适用于应用型本科院校,或者既适用于本科院校又适用于高职高专院校。

由于目前财经类应用型本科教材种类和数量匮乏或质量欠佳,财经类应用型本科院校不得不沿用传统研究型教材。这些教材本身的质量很好、级别很高,但是并不适用于应用型本科院校的教学,教师和学生普遍反映不好用。即使在全国范围看,也还没有相对成套、成熟的适合财经类应用型本科院校的教材。现有教材存在的主要问题包括:①教材的定位和要求过高;②教材的内容偏多、难度偏大;③教材着重于理论解释,相关案例、实训等内容较少,缺乏普适性、实用性。

与此同时,信息技术的快速发展使学生的学习习惯和阅读习惯发生了改变,不断朝个性化、自主学习的方向发展,传统的单一纸质教材已经无法适应这种变化。翻转课堂、慕课、微课等网络课程的兴起,混合式教学的不断推进,也对立体化教材建设提出了新的要求。教材作为一种课堂上的教学工具、一种传播媒介,理应顺势而为,随课堂形式、学生学习方式的改变而改变,朝着数字化、立体化、可视化的方向发展。因此,需要编写适应学生水平、便于学生接受的立体化财经类应用型本科教材。

我们组织具有多年应用型人才培养经验的优秀教师和实务界专家编写了这套教材。本系列教材有《会计基本技能》《出纳实务》《基础会计》《中级财务会计》《成本会计》《管理会计》《会计信息系统》《财务管理》《审计学》《高级财务会计》《商业分析》《税法》《经济法》《金融学》等品种。为了保证教材的质量,本系列教材聘请了知名高校的专家教授进行专门指导和审核。每本教材至少有一名本学科的知名专家或学科带头人提出审核指导意见,至少有一名高等院校教学一线的高级职称教师组织编写,至少有一名行业协会、实务界专家或教学研究机构人员提出编写建议。

本系列教材的特色如下。

1. 应用性

应用型本科的教材建设应坚持培养应用型本科人才的定位，充分吸收和借鉴传统的普通本科教材与高职高专类教材建设的优点和经验，以就业为导向，做到理论上高于高职高专类教材、动手能力的培养上高于传统的本科院校教材。本系列教材体现了应用型本科的定位，体现了素质教育和"以学生发展为本"的教育理念，遵循了高等教育教学基本规律，重视知识、能力和素质的协调发展，根据应用型人才培养模式对学生的创新精神、实践能力和适应能力的要求，在内容选材、教学方法、学习方法、实验和实训配套等方面突出了应用性特征。

2. 针对性

本系列教材的编写符合会计学、财务管理和审计学等专业的培养目标、培养需求、业务规格和教学大纲的基本要求，与各专业的课程结构和课程设置相对应，与课程平台和课程模块相对应。教材在结构纵横的布局、内容重点的选取、示例习题的设计等方面符合教改目标和教学大纲的要求，把教师的备课、试讲、授课、辅导答疑等教学环节有机地结合起来。

3. 立体化

本系列教材为立体化教材，实现了由传统纸质教材向"纸质教材＋数字资源"的转变，通过技术手段将晦涩难懂的理论知识转变为直观的具体知识，以立体化、数字化的方式呈现，包括图文、动画、音频、视频等多种形式，生动、有趣且易懂，不仅可以激发学生的学习兴趣，还有利于教学效果的提升。

4. 趣味性

本系列教材注重趣味性，使用了大量的例题和案例，每章都加入了"思政育人""相关思考""延伸阅读"等内容，使读者能够加深理解，便于掌握相关内容。在案例、例题等的设计选用上重点突出趣味性，易于引发读者的共鸣。

5. 先进性

本系列教材反映了应用型会计人才教育教学改革的内容，能够反映学科领域的新发展。教材的整体规划、每一种教材的内容构建等均体现了创新性。教材还强调了系列配套，包括了教材、学习参考书、教学课件等。立体化教材在内容修订上更具有明显优势，线上资源可以随时根据政策法规、理论知识或工作实务等的变化进行调整，更有利于保持教材内容的先进性。

6. 基础性

本系列教材将打破传统教材自身知识框架的封闭性，尝试多方面知识的融会贯通，注重知识层次的递进，体现每一门科目的基本内容，同时在具体内容上突出实际运用能力，做到"教师易教，学生乐学，技能实用"。

7. 易于自学

自学能力是大学生的一项基本能力。学生只有具备了自主学习的能力，才能最终建立起终身学习的保障体系，这也是应用型本科人才培养的客观要求。应用技术型高校的生源素质与普通高校相比存在一定的差距,除了一部分是高考发挥失误的学生,还有一部分学生在学习习惯、基础知识等方面存在一定的欠缺,这就要求教材能够调动这部分学生的学习积极性,在理论方面尽量通俗易懂,在实践方面尽量采用案例式教学。为了有利于学生课后自主学习,本系列教材配套了学习指导书和教学课件。

因此,本系列教材的定位准确,特色明显,适用于应用型本科院校教学,容易得到学生和市场的认可,便于学生的自学和教师的教学。

"十四五"高等学校创新性数智化应用型经济管理规划教材凝聚了众多领导、教授和专家多年来的经验和心血。当然,由于我们的经验和人力有限,教材中难免存在不足,我们期待着各位同行、专家和读者的批评指正。我们将伴随着经济发展和会计环境的变迁不断修订教材,以便及时反映学科的最新发展和人才培养的最新变化。

本系列教材自2014年出版后,得到市场的认可,深受广大高校师生的欢迎。为了更好地回馈读者,本系列教材从2017年起启动第二版的修订工作,2019年启动第三版的修订工作,2021年启动第四版的修订工作。各种教材的修订版将陆续出版。我们会一如既往地做好教材修订和相关服务工作,希望广大读者对本套系列教材继续给予支持。

李 雪

2024年1月

前　言

　　《会计学科导引》为高等学校创新性数智化应用型经济管理规划教材(会计系列)之一，具有应用性、针对性、先进性、基础性、易于自学性的特点，在充分吸收和借鉴传统的普通本科教材与高职高专类教材建设优点和经验的基础上，以就业为导向，在理论上高于高职高专类教材、在实践能力培养上高于传统的普通本科教材。

　　"会计学科导引"是会计学科(包括会计学、财务管理、审计学等专业)的导入课程，为学生在学习正式的专业课之前，给他们一个会计学科的总体介绍，包括了解会计的产生与发展的历史阶段，熟悉会计类专业的基本概念和内容、会计类专业培养方案，把握会计环境、会计角色，明确会计类专业的学习方法、职业生涯规划和技能培养要求，了解会计伦理，使学生建立对会计学科的学习兴趣，掌握会计类专业的学习方法，初步形成职业认同和对未来职业的理想和规划，为后续专业课程的学习做好铺垫。本书以提高学生学习能力为目标，在介绍本课程的开设原因和目的的基础上，重点介绍大学专业课程的学习方法(大学阶段的学习与高中阶段的学习有很大的不同)，希望以此提高学生的学习能力，使学生能够尽快进入大学的学习状态中。本书以实际需要为主线，站在有利于学生学习、了解、掌握会计学科知识，有利于开启会计职业生涯的角度，从新生的实际情况出发，介绍会计学科必须知晓的专业培养目标、专业教学体系、专业技术资格与职务、改革发展方向、就业前景等相关知识，为以后会计学科的专业学习与就业打下坚实基础。本书从学生就业导向出发，为实现会计学科三大专业的培养目标，介绍我国会计学科的工作环境、法律环境、实际人才需求、机遇与挑战等现实情况，使学生正视可能遇到的困难，为实现自己的就业目标而努力奋斗。在内容编排上，本书贴近教学实际，通过"内容提要""重点难点""学习目标""知识框架""思政育人""延伸阅读""相关思考"等模块帮助学生掌握重点知识。本书主要作为普通高等教育会计学科相关课程的入门教材，也可以作为有意从事财务工作的相关人员的入门参考书。

　　本书的主要编写特点如下：

　　(1) 针对性、实用性强。本书是专门为会计学科导引相关课程而编写的教材，不过多介绍会计专业知识，但让读者能对会计学科相关专业、会计行业有较全面、宏观的认识，针对性强；内容设置合理、新颖，紧扣高等教育院校会计类专业人才培养目标，实用性强。

　　(2) 框架新颖、通俗易懂。本书体系清晰明了，主要围绕会计学科的特点及学习方式、专业考证及升学、复合型会计人才培养、会计岗位及其对人才的需求、学生职业生涯规划和大学学习规划等内容展开介绍。

　　(3) 立体化、可读性强。本书突出立体化教材建设，各章设有二维码，内容包括"视频""课件""延伸阅读"等，读者通过扫描二维码即可查看具体内容。

　　综上，本书以纸质教材为基础，以学科课程为中心，以多媒介、多形态、多用途、多层次的教学资源为手段,形成立体化教材,真正突出了以学生为中心的特点。本书能较完整地让学生对会计学科有基本的了解,从而为后续专业课程的学习及大学学习规划奠定基础,在会计类专业学习中起重要的统领作用。

本书由李雪任主编,徐伟丽、秦桂兰、高杉任副主编,其他参编人员有陈德英、洪宇、耿菲、陈莎、王国娜、孙晓彤。各章撰写分工如下:第一章绪论(李雪、徐伟丽),第二章大学与终生学习能力的养成(李雪、徐伟丽),第三章会计环境与会计角色(孙晓彤),第四章会计的产生与发展(陈德英),第五章会计、财务管理和审计的概念及相互关系(陈德英、洪宇),第六章会计规范、会计职业道德与会计组织(高杉),第七章会计职业与会计类资格考试(陈德英),第八章会计类专业培养方案(陈莎、耿菲、洪宇),第九章职业生涯规划与大学学习规划(秦桂兰、王国娜)。

本书在编写过程中参考了大量相关教材和论著,在此向有关作者致以深深的谢意!

在本书的编写过程中,编者进行了多次讨论研究,力求内容编排合理、避免错误,书中疏漏不足之处,敬请读者批评指正,以便再版时修正。

编者
2024 年 5 月

目　录

第一章　绪论 ·· 1
第一节　本课程开设的原因和目的 ·· 3
第二节　本课程的主要内容 ·· 4
第三节　本课程的学习要求和考核方式 ·· 11
本章小结 ··· 11
本章重要概念 ·· 12

第二章　大学与终生学习能力的养成 ··· 13
第一节　对大学的认识 ··· 15
第二节　大学学习与中学学习的不同 ·· 23
第三节　如何学好会计类专业 ·· 26
本章小结 ··· 28
本章重要概念 ·· 29

第三章　会计环境与会计角色 ·· 30
第一节　会计环境与会计角色概述 ·· 31
第二节　企业的性质 ·· 32
第三节　利益相关者 ·· 39
第四节　企业的宏观与微观环境 ··· 41
第五节　企业中会计的角色 ·· 43
第六节　企业内部控制与财务舞弊防范 ·· 45
本章小结 ··· 49
本章重要概念 ·· 49

第四章　会计的产生与发展 ·· 50
第一节　会计的产生与发展的历史阶段 ·· 51
第二节　原始计量与记录的产生与发展 ·· 53
第三节　单式簿记的产生与发展 ··· 56

第四节	复式簿记的产生与发展	59
第五节	会计学的产生与发展	66
本章小结		71
本章重要概念		71

第五章 会计、财务管理和审计的概念及相互关系 — 72

第一节	会计及其特征与内容	74
第二节	财务管理及其特征、内容、目标与基本环节	76
第三节	审计及其特征、职能与内容	80
第四节	会计与财务管理、审计的关系	84
第五节	会计学科体系及会计学科与相关学科的关系	86
本章小结		90
本章重要概念		90

第六章 会计规范、会计职业道德与会计组织 — 91

第一节	会计法律规范	92
第二节	会计准则和会计制度	94
第三节	会计职业道德	100
第四节	会计机构和会计人员	104
本章小结		107
本章重要概念		107

第七章 会计职业与会计类资格考试 — 108

第一节	会计职业的构成	109
第二节	会计人员的专业胜任能力要求	114
第三节	会计类资格考试	116
本章小结		127
本章重要概念		127

第八章 会计类专业培养方案 — 128

第一节	培养方案概述	129
第二节	会计学专业培养方案	133
第三节	财务管理专业培养方案	137

第四节　审计学专业培养方案 ··· 139
　　本章小结 ·· 140
　　本章重要概念 ··· 141

第九章　职业生涯规划与大学学习规划 ································ 142
　　第一节　职业生涯规划 ··· 143
　　第二节　大学学习规划 ··· 158
　　本章小结 ·· 163
　　本章重要概念 ··· 163

第一章　绪　论

- ➢ 内容提要
- ➢ 重点难点
- ➢ 学习目标
- ➢ 知识框架
- ➢ 思政育人
- ➢ 第一节　本课程开设的原因和目的
- ➢ 第二节　本课程的主要内容
- ➢ 第三节　本课程的学习要求和考核方式
- ➢ 本章小结
- ➢ 本章重要概念

内容提要

本章主要讲解了本课程开设的原因和目的、本课程的主要内容，以及本课程的学习要求和考核方式三个部分。

重点难点

本章重点为本课程的主要内容；难点为理解会计的概念、会计学科和会计职业。

学习目标

通过本章学习，学生应了解开设本课程的原因及目的；理解会计环境与会计角色，会计的产生与发展，会计、财务管理和审计的概念及相互关系，会计规范、会计职业道德与会计组织，会计职业与会计类资格考试，会计类专业培养方案，以及职业生涯规划与大学学习规划等基本概念；掌握本课程的学习要求和考核方式。

知识框架

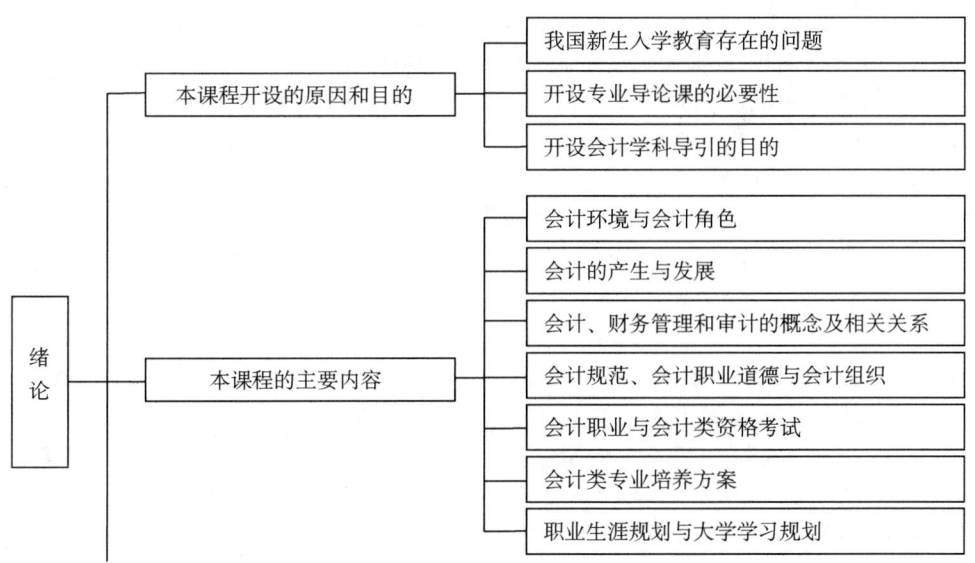

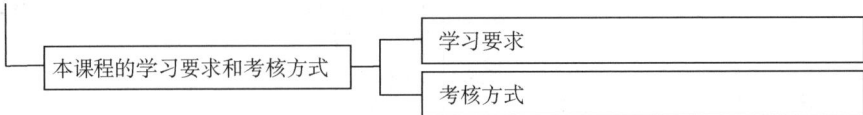

 **思政育人　　　一位大学老师写给学生的信**

在大学中,许多同学都反映这样一个问题:不知道自己一天到底要做什么,或是做什么都提不起劲。这是一个非常普遍的现象,因为你们丧失了目标。其原因如下:

第一,你们考上了大学,完成了小学、初中、高中显性的终极目标。对许多同学而言,大学是最后的求学阶段。读完大学就要找工作,可是这对已经做了12年学生的你们而言仍然显得那么遥不可及。

第二,大学里的教学方式与其他时期的教学方式完全不同。在大学里面没有任何一位教师会围绕你们转,或生怕你们没有学到东西,学不学完全是自己的事,你们已经是成年人了。没有了以前的反复讲解,没有了以前做不完的作业,你们可能觉得学了又怎么样,不学又怎么样,与其让自己学得这样辛苦,还不如让自己过得洒脱一点。

第三,大学里面有太多属于自己的时间。从以前的早自习到晚自习,都会有老师把你们要完成的任务布置得妥妥当当,到现在的没有任何人给你讲你应该去做什么,让你们觉得茫然、不知所措。你们大多数人缺乏精神的独立与良好的自控力,从而根本无法把握过多的自由。

第四,大学里的辅导员与以前的班主任完全不同。以前的班主任什么都要管,就像一个苛刻的保姆,因为他们把你们看成没有长大的孩子;而现在的辅导员具体的事情管得少,因为他们把你们当作成年人。在这一过程中,有一个非常巨大的脱节,你们在心理与智力上无法完全适应这种转变。

第五,你们大多数人缺乏清晰、明确的人生目标。到底要做怎样的人,到底要干什么样的事业,你们对这些问题毫无概念。

从小学时期树立理想到大学时期失去人生的目标,我认为正是以上五点造成的。没有方向的船,什么风都是逆风。

你们应该找到自己的目标,不用立刻,尽量在短的时间内。在这里给大家一些建议,希望能帮助大家找到目标。

第一步,单纯从专业角度出发,想想自己以后到底要做怎样的工作,或是怎样的事业。考研?考公务员?教师?技术员?业务员?其他?找一张白纸,把自己最终的决定记录下来,请不要犹豫不决。

第二步,利用网络和人才市场招聘启事等渠道充分了解你要做的工作所需的专业技能和其他技能。你需要做的是按照从入门到精深的顺序给自己列出一个学习书录。这个也请你写在纸上。

第三步,按书录的先后顺序给自己分配学习时间。当然,你能分配的大多数时间应该是自己的课余时间,并且将它落实到每一学期当中,让自己每学期、每个星期,甚至每天都有学习计划。

第四步,按照学习计划,脚踏实地去学习,并且利用一切可能利用的条件去实践。

习近平总书记号召,广大青年要坚定不移听党话、跟党走,怀抱梦想又脚踏实地,敢想敢为又善作善成,立志做有理想、敢担当、能吃苦、肯奋斗的新时代好青年,让青春在全面建设社会主义现代化国家的火热实践中绽放绚丽之花。我们要坚持智育为本,拓宽知识视野,增加知识储备,养成终身学习的习惯;坚持体育为要,在运动和锻炼中"享受乐趣、增强体质、健全人格、锤炼意志"。

我相信,如果每一位同学都有一个目标,你们会过得很充实,会过得很忙碌,并且会得到很多启发。所以,请每一位同学都给自己定下一个目标吧!

资料来源:柴伟伟.一位大学老师写给学生的信[EB/OL].(2011-06-30)[2024-03-10]. https://www.cnblogs.com/chaiweiwei/articles/cww009.html.

第一节 本课程开设的原因和目的

一、我国新生入学教育存在的问题

新生入学教育是高校规范化管理的一个重要方法,它可以稳定学生专业思想,引导新生适应新的环境,树立正确的世界观、人生观和价值观。然而,现实情况是我国各大高校对新生入学教育的课时安排少,并且教学内容也侧重于学习高校学生管理规章制度,专业教育只占入学教育的一小部分。这种入学教育的后果是新生对本专业的现状、就业状况、专业前景,以及人才培养方案、课程体系、课程设置、师资队伍、选课方式、学分构成等感兴趣的内容了解不够,使其难于回答本专业(学科)是什么(专业性质)、为什么(学习这个专业)、学什么(专业内容)、怎么学(学习方法)、做什么(就业规划)等一系列问题,导致部分新生出现学习动力不足和厌学的现象。

相关思考 1-1

你认为入学教育应该包括哪些内容?

二、开设专业导论课的必要性

专业认识不足是大学生学习和生活出现问题的根本原因,而解决这个问题比较有效的方法是在入学初期开设专业导论课程。如果把新生的大学生活比作一次旅行的话,那么开设专业导论课就好比送给他们的一张路线图,有了它,就会目标清晰,少走弯路。在大学开设专业导论课的必要性主要体现在以下几个方面。

1. 有利于新生了解所学专业

新生入学之初最关心的问题有:这个专业是"干什么"的,这个专业能"学什么",毕业后自己能"做什么"。面对这样的疑问,我们在入学教育中已进行了解答,但是由于专业方向多且课时少,再加上新生处于刚刚入学的新奇状态中,他们对这些问题的理解还比较肤浅,有些似是而非,一些新生没有形成良好的专业思想,学习目标不明确,缺乏学习的动力。人的行动都具有目的性,目的对行动有激励和引导的作用,学习也是如此。树立正确的学习目标是新生学习生活中最关键的一环,当新生通过专业导论课的学习对所学专业的性质有了清晰认识之后,他们的学习目标就会更加明确,学习动力就会更足。

2. 有利于培养学生专业兴趣

兴趣是最好的老师。兴趣是学生主动学习、积极思维、大胆质疑、勇于探索的强大动力,如果学生对某一学科或专业有兴趣,就会持续地、专心致志地钻研它,从而提高学习效果。"授人以鱼,不如授人以渔",激发学生的学习兴趣、培养学生主动学习的能力是大学教育的重要职责。在大学一年级开设专业导论课,由优秀教师讲解本专业的历史、现在和未来,通过生动实例说明本专业的应用前景、市场潜力及学好本专业后的价值体现,能在很大程度上激发学生学习专业课的兴趣,提高他们对学好专业基础课和专业课的认知,从而为专业课的学习做好铺垫。如果学生对所学专业不感兴趣,他们就不会有主动学习的热情,这种状态下培养出的人才质量也势必大打折扣。

3. 有利于学生尽快掌握学习方法

中学到大学,是人生的重大转折之一。大学生活的重要特点表现在:生活上要自理,管理上要自治,思想上要自我教育,学习上要高度自觉。尤其是在学习的内容、方法和要求上,比起中学时期的学习发生了很大的变化。大学教育具有明显的职业定向性,学生除了要扎扎实实掌握书本知识,还要培养研究和解决问题的能力。在大学一年级开设专业导论课,可以使学生较早接触专业教师。通过专业教师的讲授,学生对大学的学习特点及本专业的学习方法、学习要求等就能做到心中有"数"。这个"数"是医治新生"学习适应不良""学习动力不足"症状的一副"良药",它不仅有益于大学阶段的学习,而且还对学生走向社会后的自主学习也十分有效。

4. 有利于学生职业生涯的规划

进入大学并不是大学生们的最终目的,大学对他们来说只不过是步入职业生涯前的"加油站"而已,每个人最终要走出校园去实现自己的梦想。然而,事实上许多在校学生并不在意自己以后会做什么,也不清楚自己能够做什么,更没有考虑过筹划自己的未来,直至临近毕业、考虑就业时才感慨:"如果重上一次大学,从大学一年级开始就要规划自己的职业生涯"。大学是学生决定未来发展的关键时期,大学教育有责任和义务帮助每一位学生了解自己的专业选择,促进每一位学生做好自己的大学学习规划,为走向未来职业生涯奠定基础。这是大学的应有之义,也是专业导论课的重要目标之一。

三、开设会计学科导引的目的

"会计学科导引"是会计学科的导入课程,属于专业基础课,旨在为学生学习正式的专业课之前,对会计学科作一个总体介绍,为后续学习专业课程做一个铺垫。

我们希望通过开设本课程,达到以下效果:

(1) 通过教学,学生可以基本解决对所学专业的认识问题,可以在未接触专业之前就清楚本专业的性质、培养目标及专业课的学习方法;了解一些专业术语,明白它们的含义,从而为今后进一步学习专业课打下良好基础,不至于到接触专业课时感到突兀和困惑。

(2) 通过学习,学生可以认识到提高综合素质全面发展的重要性和必要性,可以树立科学的世界观、人生观和价值观,并具有科学精神和良好的、健康的、积极向上的文化素养。

(3) 通过本课程的学习和教师的择业指导,学生能认真规划自己的职业生涯,并且对个人今后的发展有目标和准备。

第二节 本课程的主要内容

一、会计环境与会计角色

本内容将在本书第三章进行详细阐述,其主要包括会计环境与会计角色概述、企业的性质(组织架构与组织职能、公司治理、企业社会责任等)、利益相关者、企业的宏观与微观环境、企业中会计的角色、企业内部控制与财务舞弊防范六部分内容。

(一)会计环境

会计是一门综合性、交叉性的应用学科,它既是社会学科的组成部分,又是一门重要的管理学科。会计是随着人类社会的发展而产生的,这就决定着它必然存在于一定的社会和经济环境之中,也必然受环境因素的影响和制约。美国会计学家亨德里克森在《会计理论》一书中提到,越来越多的证据显示社会和经济变革对会计实践和会计思想有很大影响。20世纪六七十年代发生了很多环境变化,都直接和间接地影响了会计师的工作,迫使会计界采用新的会计方法和新的会计思想。正是会计环境的不断变化,使得会计的记账方法和会计信息的披露方式,以及财务报告体系逐步发展和完善;使得现行的会计方法和财务报告反过来对它所处的社会经济环境的变化起一定的促进作用。进入21世纪以来,计算机信息技术迅猛发展并广泛应用于社会生活的各个方面,我们面对的是一个全球化、信息化、网络化和新技术日新月异的经济时代。特别是我国,在政治经济生活新常态下,无论是会计实操还是会计理论,都迎来了一个全新的会计环境,因此,分析会计环境与会计发展的关系对我国当前会计改革和会计环境的改善有着重要的现实意义。

各种有关会计环境的研究理论或文章对会计环境定义的表述大同小异。简而言之,会计环境就是对会计的产生、存在和发展发生影响的各项因素的总和,它包括存在于经济主体(行政事业单位、企业,下同)内的会计内部环境和存在于经济主体外的会计外部环境。其中,内部环境是经济主体内部影响会计工作的各种因素的总和,包括管理体制与制度、管理层对会计管理及会计信息的重视程度、政府及社会公众对会计信息披露的要求、会计人员的业务素质等方面;而外部环境是存在于经济主体外部并对会计信息系统产生影响的政治制度、经济体制等因素。会计环境是会计内部环境与会计外部环境的有机结合,会计内部环境决定了会计本质、职能、程序和方法,会计外部环境决定了会计目标、会计信息的质量特征、会计的核算模式、影响会计的程序和方法。会计外部环境与会计内部环境对会计的影响是相辅相成的。

(二) 会计角色

社会角色理论告诉我们"会计是经济生活中不可或缺的角色",会计是社会环境的产物,受制于经济运行机制和经济运行方式。在当今经济全球化的趋势下,会计的角色也在不断地发生变化,并不断去适应市场经济变化而作出调整,经济的发展也在不断地拓展会计角色的内涵和本质特征。新形势下,会计扮演怎样的角色,会计角色又是如何促进会计职能发展和完善等命题都值得我们去认真探索和思考。

会计角色是一种会计职能的体现,不同的社会历史时期,会计角色和会计职能不同。在会计发展的初期,会计角色和会计职能融为一体。但随着经济社会的发展,会计角色的内容得到了不断的扩充,并随着社会经济和政治等环境的变化而不断地扩充其内在含义。当前,会计角色不能简单地等同于"会计核算"与"会计监督"。这是因为当代社会更注重会计角色的主体地位,需要通过社会效益和经济效益来对会计工作内容进行评价。

当代的会计体系在其所处主体中体现的作用已经不仅仅是记账、结账、报表制作等简单的操作。首先,会计角色所蕴含的内容及不断的外扩,如企业的筹资、投资等活动,已经将传统的简单会计核算上升到企业会计的财务管理内容。其次,会计有其自己的一套独立程序,如记账、结账、制作报表等。最后,在社会主义市场经济管理体制中,对一家企业的评价已经不能够仅用"净利润"绝对值或相对值等简单的财务指标,还要更多地融入效益原则,当然此处的"效益"不仅包括经济效益,还包括社会效益。例如,在投资管理中,将"建设项目的环境影响评价"直接作为"否决性"指标,凡未开展或未通过环境影响的建设项目,无论其经济可行性和财务可行性如何,一律不得上马。

会计职能可以描述为"核算和管理"。"核算"为会计的基本职能,为会计在其主体后期的其他职能奠定基础,此处的核算应当既包括日常的账务处理,即记账、结账、制作报表、财务分析等会计过程,又包括主体定期或不定期的预算活动,以及后续根据预算结果所进行的筹资、投资活动等;"管理"则是根据上述"核算"的结果对主体进行效益的引导、分析、规划和评价。会计角色则可以描述为"执行主体核算和主体效益管理",会计角色表现为会计职能"核算和管理"的执行者,即日常经营、记账、结账,预算、投资、筹资的执行者,为主体提供财务状况、经营成果、现金流量的执行者,为主体创造更多效益的执行者。

二、会计的产生与发展

本内容将在本书第四章进行详细阐述,其主要包括会计的产生与发展的历史阶段、原始计量与记录的产生与发展、单式簿记的产生与发展、复式簿记的产生与发展、会计学的产生与发展五部分内容。

最早的会计,主要是对生产活动进行简单的记录和计量,反映财产的使用和分配情况。随着生产力的发展,会计从简单的记录和计量活动扩充到对所得与所费的计量和比较,从对单一经济活动的记录与计量,发展到对连续的经济活动的计量与核算;从采用实物单位计量,发展到以货币作为统一的计量单位进行综合全面计量;从服务于企业的业主,发展到服务于社会;会计信息的使用也从原来主要为企业的业主使用,发展到既为企业的投资者使用,又为整个社会经济管理使用。特别是18世纪以来,产业革命的发展,机器大工业取代手工作坊生产,使得生产规模空前扩张,竞争日益激烈。随着企业将经营管理的重点转移到产品的生产与生产过程耗费的管理,成本会计应运而生并不断发展。成本会计的产生,推动了成本计算方法的发展,使得诸如固定资产价值按期摊销、计提折旧等方法被公认为正确计算产品成本不可缺少的方法。在激烈的市场竞争中,产品生产的实际成本成为企业生产决策和经营不可缺少的重要信息,会计也从仅仅提供经济活动的信息,发展到提供信息的同时运用会计信息参与管理和决策,量本利分析、存货管理、责任会计、决策会计、预测会计等一系列方法也逐步引进和运用到会计领域。相应地,适应企业内部成本控制的需要,标准成本会计也从萌芽状态逐步走向成熟,发展成为日常成本管理和控制的重要方法之一。第二次世界大战以来,随着跨国公司的发展、国际经济交往的频繁,协调不同国家的会计准则和会计制度成为各国会计关注的热点,国际会计问题成为会计研究和会计实务的新领域。随着科学技术的进步,特别是电子技术的发展,会计核算手段也从手工操作,发展到全面机械化和电子化。手工操作在一些国家、一些企业中已逐步被会计电算化取代。从会计的发展过程可以看出,会计是随着社会生产的发展和经济管理的要求而产生、发展并不断完善起来的。社会经济环境的每一次发展变化都会对会计提出更新、更高的要求,使得会计方法逐步更新,会计理论不断丰富,会计服务领域不断拓宽。

三、会计、财务管理和审计的概念及相互关系

本内容将在本书第五章进行详细阐述,其主要包括会计及其特征与内容,财务管理及其特征与内容,审计及其特征与内容,会计与财务管理、审计的关系,会计学科体系及会计学科与相关学科的关系五部分内容。

随着我国经济的快速发展及全球经济一体化的不断深入,如何协调好对经济发展起重要作用的会计、财务管理、审计之间的关系显得十分重要。企业要想适应市场的快速发展,实现企业价值最大化,就必须处理好这个问题。

(一) 会计

会计是以货币为主要计量单位,反映和监督一个单位经济活动的一种经济管理工作。在企业中,会计主要反映企业的财务状况、经营成果和现金流量,并对企业经营活动的财务收支情况进行监督。财务会计在产生初期是生产职能的一个组成部分,是人们在生产活动之外,附带地把劳动成果、劳动耗费以及发生的日期进行计量和记录。那时候的会计还不是一项独立的工作,之后随着社会经济活动的革新、生产力的提高,会计的核算内容与方法等也得到了较大发展,逐步由简单的计量与记录行为发展成为以货币单位综合地反映和监督经济活动的一种经济管理工作,并在参与经营管理决策、提高资源配置效率、促进经济持续发展方面发挥积极作用。也就是说,财务会计是为适应生产活动发展的需要而产生的,是生产活动发展到一定阶段的产物。这也说明经济越发展,会计越重要。

(二) 财务管理

财务管理是基于企业在生产过程中客观存在的财务活动和财务关系产生的,是组织企业资金活动、处理企业与各方面财务关系的一项经济管理工作。企业生产经营活动的复杂性决定了企业管理必须包括多方面内容,有的侧重于价值与使用价值的管理,而有的侧重于信息或者其他方面的管理。鉴于在企业再生产过程中客观存在资金运动,对企业资金的管理就逐渐独立化,形成了企业的财务管理。与其他管理不同,财务管理是一种价值管理,是对企业再生产过程中的价值运动所进行的管理。

(三) 审计

针对各种审计需求主体,审计能够满足各个审计需求主体要求的基础性定义有很多。美国会计学会(AAA)于 1972 年将审计定义为:审计是一个客观地获取和评价与经济活动和经济事项的认定有关的证据,以确认这些认定与既定标准之间的符合程度,并把审计结果传达给利害关系人的系统过程。审计作为一种经济监督活动,自从有了社会经济管理活动,就意味着在一定意义上存在了。审计之所以存在并发展主要是因为要在一定程度上降低会计信息风险。我国审计经历了从西周初期初步形成阶段到秦汉时期确立阶段,到隋唐两朝至宋代日臻健全阶段,接着到元明清时期停滞不前阶段,再到中华民国演进阶段,最后到中华人民共和国审计振兴阶段的历程。审计的本质特征主要表现在审计主体的独立性、审计对象的广泛性、审计监督的权威性、审计监督的专职性,以及审计手段的科学性。

四、会计规范、会计职业道德与会计组织

本内容将在本书第六章进行详细阐述,其主要包括会计法律规范、会计准则和会计制度、会计职业道德、会计机构和会计人员四部分内容。

(一) 会计规范

20 世纪以来,作为一门具有重大实用价值的经济管理学科——会计学的研究与发展呈现出与以往明显不同的特点:从研究方法看,人们更偏重于规范和机制的研究,而不是纯理论的研究,并且已由过去的个别考察转向综合的系统方法;从发展趋势看,集体合作研究起着越来越重要的作用。这种转变表明会计开始向更高层次发展。会计是社会分工发展的产

物,是一种人们有意识的活动,必然要受特定规范的制约。会计工作社会化程度越高,对其规范化要求就越高。

会计规范的产生、发展与经济活动密切相关。一方面,会计规范的产生、发展受经济活动的制约,一个社会的经济发展程度影响会计规范的完善程度;另一方面,会计规范的完善程度又促进了社会经济发展,健全的会计规范能有效促进经济活动的健康发展。

会计规范是在会计领域内起作用的一种社会意识形态,具有公认性、统一性、客观性、广泛适用与反复适用性的特点。作为一种标准,会计规范帮助会计人员解决如何工作的问题,为评价会计工作提供客观依据;作为一种机制,会计规范是保障与促进会计活动达到预期目的的一种制约力量。

(二) 会计职业道德

道德属于意识形态范畴,它是一定社会调节人际关系的行为规范的总和。而会计职业道德则是一般社会公德在会计工作中的体现。会计职业道德规范是指从事会计职业的人员,在会计工作中从意识形态上应当遵循的,与会计职业活动相适应的自我约束性的行为规范,是会计人员在会计工作中产生的正确处理会计事务和调整会计人员与相关方面关系的行为准则。会计职业道德规范对保证会计贯彻实施,维护会计准则规范的科学性,从观念上保证会计核算工作的公正、合理具有十分重要的意义。作为道德的组成部分,会计职业道德当然具备了一般道德的基本特征,它靠人们的内心信念来维系,同时又靠社会舆论习惯来贯彻,是一种非强制性规范。会计职业道德作为在特定领域内起作用的行业公德,有不同于一般的社会公德的特殊性,具体表现为社会性、自律性、公平性、职业性、全方位性五个方面。

(三) 会计组织

会计组织一般包括会计机构、会计人员,其按照规定的会计制度进行工作。会计机构是指各单位依据会计工作的需要设置的专门负责办理单位会计业务事项、进行会计核算、实行会计监督的职能部门。会计人员是指从事会计工作、处理会计业务、完成会计任务的人员。规定的会计制度是指国家统一的会计制度,即国务院财政部门(即财政部)根据《中华人民共和国会计法》制定的关于会计核算、会计监督、会计机构、会计人员和会计工作管理的制度。各单位的会计制度要符合国家的规定,并适应企业的内部条件。建立健全会计机构,配备与工作要求相适应的、具有一定素质和数量的会计人员,是做好会计工作、充分发挥会计职能作用的重要保证。

五、会计职业与会计类资格考试

本内容将在本书第七章进行详细阐述,其主要包括会计职业的构成、会计人员的专业胜任能力要求、会计类资格考试三部分内容。

(一) 会计职业

会计职业有广义和狭义之分。从广义上说,会计职业是指以会计相关理论和实践作为主要工作内容的社会工作,即在社会经济生活中,凡是主要依靠会计知识和有关经验来指导实践与研究的职业,都属于会计职业。在这一概念下,无论是在政府机关、事业单位和企业单位的会计工作,还是在学校的会计教学、研究所的会计研究,都属于会计职业。从狭义上说,会计职业是指在实际工作中,运用会计方法和技术,反映和监督经济业务的社会工作。

会计职业的构成是指构成会计职业的分属职业的种类、内容、地位和相互关系。会计职业的构成这一概念是建立在会计职业概念的基础上的,由于会计职业的概念有广义和狭义之分,会计职业的构成也就有广义和狭义之分。广义的会计职业的构成,按工作内容的性质不同划分,会计职业可分为会计研究职业、会计教育职业和会计实践职业。狭义的会计职业的构成有不同的内容。例如,按会计核算的内容和对象不同划分,会计职业可分为预算会计职业和企业会计职业;按工作服务范围和所处组织单位不同划分,会计职业可分为政府会计、单位会计和社会公共会计三种会计职业;按职能和工作目的不同划分,会计职业可分为财务会计职业、管理会计职业和审计职业;按具体的会计工作岗位划分,会计职业因不同单位机构与职位设置不同而不同等。

(二) 会计类资格考试

我国会计类资格考试已经走过 20 多个年头,其已经由产生、发展逐步形成了一种体制和趋势。众所周知,会计是经济管理的重要组成部分。会计人员是会计工作的主要承担者,其素质的高低直接关系到会计工作的质量。面向 21 世纪的新形势,会计人员必须具备相应的专业知识和业务胜任能力,才能较好地完成自己的本职工作。

会计学科是一个与社会发展紧密相联的专业学科,我国的经济形势当前正面临着国际竞争的严峻挑战。经济全球化、改革开放的不断发展和深入、经济发展对知识更新的要求使得我国会计环境发生了巨大的变化,对会计工作、会计教育提出了新的要求,产生了深远的影响。如何适应已经变化了的会计环境,培养和造就大批具有良好的职业道德水平、掌握扎实的基础理论和专业知识、具有很强的学习能力和专业技能的会计人才,是当前会计教育面临的当务之急。为此,会计类资格考试的内容随时更新、科目更新换代,在会计人员素质提升等方面发挥了越来越重要的实际意义。会计教育的目的不仅仅在于训练会计人员成为一名合格的会计记账人员,更关键在于培养其成为一名未来具有终生学习能力和过硬专业技能的高素质会计人才。这一目标看似简单,但实际上是对会计人员专业能力的一种培养。我们可以把"能力"看作从事会计职业应具备的素质,即会计人员职业能力。会计人员职业能力是指会计人员经过学习和实践,进入会计职业时在既定的标准下完成会计职责和任务的才能和技巧,在实际的会计工作中是一种多种能力的组合。会计人员职业能力是在先天素质的基础上经过后天的培养和锻炼,在会计工作的实践中形成和发展起来的。会计人员只有具有专业知识和业务胜任能力,才能更好地顺利完成会计工作。一方面,会计人员的专业知识为会计人员提供了会计实务操作时进行推理、分析和制定具体会计流程的依据,是取得会计业绩的必要因素之一;另一方面,企业是一个复杂的经营管理系统,有很多难以确定的因素,会计人员必须根据自己的专业知识,结合企业的具体实际情况,对那些不确定因素作出合理的解释,找出其中的原因,确立采取的对策。因此,对参与实际会计工作过程中出现的不确定因素,能依据所获得的专业知识予以合理的解释、判断和推理的能力也是取得会计业绩的必要因素之一。针对会计人员能力的培养,我国逐步形成了以会计类资格考试为基础的人才培训和选拔体系,并且通过这种规范的考试形式,达到提升广大会计人员整体职业素质这一最终目的。

六、会计类专业培养方案

本内容将在本书第八章进行详细阐述,其主要包括培养方案概述、会计学专业培养方案、财务管理专业培养方案、审计学专业培养方案四部分内容。

我们认为高等会计教育的目标应是:培养身心健康、具有良好基本素质和会计专业知识与技能的中级专门人才。从上述目标的表述中可以看出:会计人才的健康是条件,基本素质是基础,会计专业知识与技能是保证,中级专门人才是定位。本科教育目标不能定位太高,高级专门人才是研究生教育的目标。

这里有两个矛盾要协调,一是专才和通才的矛盾与协调。学生基本素质的培养是十分重要的,但也不能使培养的学生专业特征不明显,结果是"样样通、样样松",没有专业特长。同时,也必须注意扩展学生的知识面,学得太专会使思路狭窄,进而影响专业能力的发挥;二是理论与实践的矛盾与协调。大学的重点应是理论的学习与理解,这是会计人才的基本技能的源泉。大学阶段对实际的了解,主要是为了更好地掌握理论。实践能力的培养并不简单等于教很多的会计实务,往往是会计实务学得越多,花的时间也就越多,而学生就业后的后劲和潜力越差。只有在大学阶段,打好理论基础,实践中才会有可塑性、创造性。

目前,我国企业界对会计人才的要求有急功近利的倾向,大多数企业愿意要有实际工作经验的人员,而不愿要刚走出校门的大学生。这从另一方面也反映出一个问题,就是大学毕业生思想意识脱离现实,自视清高,实际上眼高手低,要求社会回报多,而谈自己的贡献少。只有经过几年的现实磨炼,才会走向成熟。

为了实现高等会计教育的目标,就要围绕这一目标将大学4年时间进行统筹安排,制定具体的专业培养方案。目前,各校的培养方案存在着很大差异。这造成了同是4年大学,但培养出的人才在知识结构、能力上有较大的差别。但也有好处,即各校因材施教,不同的学生质量对应不同的培养方案,从而培养出各具特色的人才。

学习方法是学好专业的关键。每位学生自高中升入大学后,就面临着学习目标与方法的根本转变。如何尽快适应大学的教学环境,摸索出适合自己的学习方法,是决定一名学生是否学好专业的最基本、最现实的问题。调查表明,多数大学生没有实现这种转变,在迷茫中稀里糊涂读到了高年级,没有建立专业基础和学习兴趣,把专业知识"学死了",专业技能培养成"夹生饭"了。因此,大学生在学习过程中,应不断摸索、总结、更正,找到适合自己的学习方法,才能做到事半功倍。

1-1视频:会计类专业的培养方案

七、职业生涯规划与大学学习规划

本内容将在本书第九章进行详细阐述,其主要包括职业生涯规划、大学学习规划两部分内容。

大学生的职业生涯规划是指大学生在大学期间进行系统的职业生涯规划的过程。它包括大学期间的学习规划、职业规划。职业生涯规划的好坏直接影响大学期间的学习和生活质量,更直接影响求职就业甚至未来职业生涯的成败。从狭义职业生涯规划的角度来看,此阶段主要是职业的准备期,主要目的是为未来的就业和事业发展作好准备。客观而言,进行系统的学习和实践至关重要,而能够担此教育重任的人员应该具备丰富的职场经验,并接受过系统的职业生涯辅导训练。

大学生求职难的真正原因在于他们不能为自己确立一个清晰的职业定位,给自己制定一个大学生职业生涯规划。大学生应该先解决这个根本问题,再寻求专业包装以获得更好的职位。如今有很多大学生选择通过专业机构来武装自己,增加自己求职时的砝码,请专家帮自己确立职业定位,制定大学生职业生涯规划,从根本上解决就业难的问题。另外,也有一些大学生选择参加相关的职场特训,如在JCP求职就业特训营中,顶级就业力专家就会破解大学生职业生涯规划的秘密,教授大家找对职业平台的技巧和方法,同时在求职简历和面试环节进行现场演练,大大地帮助学员提高求职能力,高效地找到最适合他们的工作。

大学生确认了就业范围,还需要为自己制订一个可操作的短期目标计划。对缺乏工作经历的大学生来说,找到进入职场的机会是首要任务。这时要学会积极主动地寻求帮助,用好身边的人脉资源,尽早接触社会,寻找各类工作机会,最好能通过熟人推荐工作,这样的成功率往往最大。同时,要注重自己技能和素质的培训与提升,不单单是专业领域的技能和素质,而是多个领域都可能用到的技能和素质,包括自信心、沟通能力、团队合作、分析问题、解决问题、挫折应对、时间管理等方面,这些技能和素质的增强,有助于提升求职成功率、在职场的适应程度等。

职业生涯规划是空想来的吗?并非如此,我们在畅想未来的同时,应该脚踏实地地走好现在的每一步,把对未来的设想划分为若干个小目标,付诸现下的学习生活当中。因此,大学学习规划就显示尤为重要。

第三节 | 本课程的学习要求和考核方式

一、学习要求

(一) 课内学习要求

学生应认真听课并提出问题,广泛阅读参考书,积极参加小组讨论,完成各项作业。注重确立正确观念,建立科学的思维方式,善于思考和探索,重点对会计的产生与发展的历史阶段,会计、财务管理和审计的概念及相互关系,学习能力的养成,会计职业与技能要求等内容进行掌握。

(二) 课外学习要求

学生可以利用课余时间,对毕业生进行跟踪调研,了解毕业生的工作状况及其对大学阶段所学课程的作用及看法,从而更好地规划专业课程的学习。

 相关思考1-2

如何学好会计学科导引这门课?

二、考核方式

本课程采用全过程性考核方式,主要由平时表现、平时作业、阶段性测验、团队活动和期末报告等部分组成。团队活动以4~5人为一组,小组成员需要对相关资料进行分析、讨论,并采用PPT形式在规定时间内进行课堂展示。期末,学生需要根据老师给定的内容,结合自身所学知识,通过深入的分析,撰写一份课程报告。

本章小结

本章是本课程的引导章节。通过本章学习,我们了解了开设本课程的原因和目的,以及

1-2 第一章:绪论

本课程的学习要求和考核方式;熟悉了本课程的主要内容。同学们通过对本章的学习,可以对本课程有一个清楚的认知,为以后的学习打好基础,为接下来的学习生活制定一个切实可行的规划,走好大学学习生活的第一步。

本章重要概念

入学教育　会计　财务管理　审计　会计规范　职业道德　会计环境　会计角色

第二章　大学与终生学习能力的养成

> ➢ 内容提要
> ➢ 重点难点
> ➢ 学习目标
> ➢ 知识框架
> ➢ 思政育人
> ➢ 第一节　对大学的认识
> ➢ 第二节　大学学习与中学学习的不同
> ➢ 第三节　如何学好会计类专业
> ➢ 本章小结
> ➢ 本章重要概念

内容提要

本章主要讲述了对大学生活的认识,大学学习与中学学习的不同和如何学好会计类专业。

重点难点

本章重点为认清大学的地位,完成从中学生活到大学生活的转变,掌握大学学习的方法;难点为正确认识大学生活,掌握会计类专业的学习方法。

学习目标

通过本章学习,学生应认清大学生活的实质;了解大学学习的特点,意识到中学生活与大学生活的不同及转变,在尽量短的时间内适应大学学习及生活;学习并掌握学好会计类专业的方法;初步确立自己的人生目标及规划。

知识框架

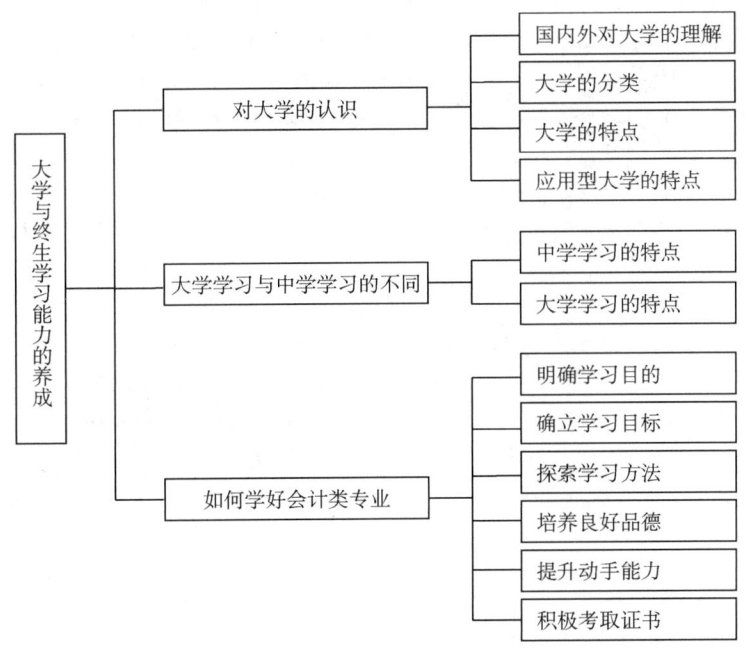

 **思政育人** 　　何为大学,大学为何,大学何为
　　　　　　　　　　——入学新生首先要思考的三个问题

一、何为大学

大学,是老师和家长们眼里最神圣的地方,也是同学们悬梁刺股十年寒窗的动力和目标。今天,当你们终于站在这个风景如画的大学校园里,有没有认真地想过:何为大学?

首先,大学是一个丰富的资源库。教师是大学最珍贵的资源。除了教师给你们"传道""授业""解惑",校园里还有很多资源可以供你们挖掘和享用。其次,大学意味着很多的"第一次"和"最后一次"。你们将第一次有足够的自由处置学习和生活中遇到的麻烦,作出自己的选择;你们将第一次有机会走出教室、走出校园参与社会实践,针对某些问题抛开所谓的标准答案而得出自己的结论。但同时,大学时光也是你们最后一次有机会系统性地接受教育和建立知识基础;最后一次在这样一种理想的环境里成长。到底什么是大学,4年的大学生活对你的人生究竟意味着什么,还有待于每一名同学在接下来的日子里慢慢品味。

二、大学为何

大学为何,即上大学为了什么? 这个问题的实质是对自己的人生进行长远规划,具体讲就是就业目标。

树立就业目标,规划自己的人生,要先给自己做一个清晰的定位:自己的优势在哪里,又有哪些方面需要努力改善和提高? 自己有什么兴趣和特长,哪些可能会成为将来就业的切入点? 目前的自己能做什么、会做什么? 只有结合自身实际树立的目标才不会是空想。未来总是充满变数,环境总是蕴藏着机遇,只要你们从实际出发,珍惜利用好周围的资源,尽可能多地抓住丰富自我、完善自我的机会,不断挖掘自身的潜力,及时地评估和调整自己的人生规划,你们的奋斗目标会由模糊变得清晰,由宏观变得具体,甚至自己对未来的发展道路具有主动权和选择权。

三、大学何为

为了完善自我、超越自我,为了让自己的理想变成现实,你们在这稍纵即逝的4年大学生活中,都应该做哪些重要的事情呢?

读大学,要求你们不仅要在课堂上认真听讲学习理论知识,还要多参加学生社团活动和校园文体活动,丰富自己的课余生活;多参加社会实践活动,积极锻炼自己的协调沟通能力,培养团队合作和创新精神。

当前,全球范围内正孕育兴起新一轮科技革命和产业变革,现代科技已然成为文化创新发展的重要推动力。青年大学生要热情拥抱"数智时代",要培养跨界融合的创新思维,将中华优秀传统文化与现代社会需求相结合,创造出具有独特魅力的新产品、新服务和新业态,为解决当代问题提供智慧启示。此外,青年大学生要积极推进科技与文化的深度融合,利用现代科技手段,如互联网、社交媒体、人工智能等,将传统文化理念与科技浪潮相结合,创造出具有现代感的文化产品和文化服务。

在大学环境中成长,需要学习的东西有很多,你们要在短短的4年内完成两个重要的身份转变:一是从中学生向大学生的转变;二是从大学生向适应时代发展和市场需要的直接进入某职业领域从事专门工作的社会工作人员的转变。

思考:你如何看待上述三个问题? 大学与中学有何不同?

资料来源:马昆.何为大学? 大学为何? 大学何为? ——入学新生首先要思考的三个问题[EB/OL].(2023-09-24)[2024-01-28]. https://mp.weixin.qq.com/s?__biz=MzA3OTQ5NjM5Mw==&mid=2654482146&idx=2&sn=6358910c14f169e4bce1faf285e5b83b&chksm=847e1b44b309925208cabf7d501914fc6751e307e987e73575901e2cfcda65b8a88f920649ab&scene=27.

第一节 对大学的认识

一、国内外对大学的理解

创建了世界上第一所现代化的大学——柏林洪堡大学,被后人誉为"德国教育之父"的威廉·冯·洪堡,认为现代的大学应该是"知识总合",教学与研究同时在大学内进行,而且提倡学术自由。柏林洪堡大学以倡导"学术自由"和"教学与研究相统一",而被尊为"现代大学之母"。德国著名教育家、哲学家约翰·戈特利布·费希特也指出,教育必须培养人们的自我决定能力,而不是培养人们去适应传统的世界,即教育是要唤醒学生的力量,培养他们的自我性、主动性、抽象的归纳力和理解力,以便使他们能在目前还无法预料的未来局势中独自作出有意义的选择。美国大学人才培养着重强调个人的全面发展,它们将培养学生的思维方式、独立解决问题的能力、团队协作能力和创新能力作为大学教育的目标,而将培养学生的职业技能仅作为其中的一个方面。

我国现在还有一部分人对大学有一定的误解,他们认为大学像是一种奖励,意味着从高考的独木桥上拼搏数年,终于迈入理想的学府,或者意味着可以在大都市立足,成为"社会精英",让付出的时间、财力和父母的期望得到回报。但从大学扩招开始和包分配结束起,这种观念就该摒弃了。《礼记·大学》中指出,"大学"是对"小学"而言,是说它不是讲"详训诂,明句读"的"小学",而是讲治国安邦的"大学"。"大学"是大人之学。"大学之道,在明明德,在亲民,在止于至善。"蔡元培指出,大学者,囊括大典,网罗众家之学府也;大学者,研究高深学问者也。大学是培养高级人才的摇篮,各类专业人才,将从这里诞生。大学生在德、智、体、美、劳各方面发展的水准,与其今后所从事的事业是密切相关的,在高等院校的学习阶段虽然时间不很长,但是,它的学习成效直接影响着大学生走向工作岗位后的劳动质量,制约着其在社会实践中的开拓创造水平。大学绝非是对寒窗苦读的奖励,让人们可以在其中虚度光阴,进入大学不意味着考试结束了,相反却代表真正的竞争开始了。所以在这一阶段做好学习规划、职业规划和人生规划是非常有必要的。总之,在国内大学教育阶段要重视基础课程的学习,知识面要广,学生要接受德、智、体、美、劳等方面的"全人格"的教育熏陶,为成为能为国家服务的人才而努力。

如今的世界,日新月异,科技创新能力越来越重要,无论是我国还是外国,大学都是创新的"摇篮",尤其是当我国逐渐认识到创新思维的重要性后,我国的大学教育越来越灵活。

二、大学的分类

(一) 按学科设置特点进行分类

大学按学科设置特点进行分类,有两种方法:一种按学科设置数量的多少进行分类,包括综合性、多科性(如××科技大学)、单科性(如××音乐学院、××体育学院);另一种按学科设置的类别进行分类,包括综合类、理工类、文科类、医药类、农林类、师范类,以及高职高专类。我国大学按学科设置特点进行分类的方法起源于20世纪50年代。

(二)按科研的规模和研究生的比例进行分类

大学按科研的规模和研究生的比例进行分类,分为研究型、研究教学型、教学研究型、教学型、专业型。广东管理科学研究院研制公布的"中国大学评价"中,确定研究型大学的标准是:将全国所有大学的科研得分,按学校得分降序排列,并从大到小依次相加,至得分累积超过全国大学科研总得分的61.8%(优选法的0.618)为止,各个被加到的大学是研究型大学。除去已被确定为研究型的大学,对其余院校再次使用以上方法,确定出研究教学型大学,并以此类推确定出教学研究型、教学型、专业型大学。

(三)按院校类型进行分类

大学按院校类型进行分类,主要分为综合类、理工类、农林类、医药类、语言类、师范类、财经类、政法类、体育类、军事类、民族类、艺术类,简单地可以分为综合型院校和专业型院校。综合型院校内专业相对齐全,可以有效地进行学科融合和渗透,通过人文课程改革、开设各类选修课,加强美学教育等方法,提高学生的人文素质修养。专业型院校内专业相对集中,分类也相对较细致,学生可以接受全方位、多角度的专业学习。

(四)按发展目标和水平进行分类

大学按发展目标和水平进行分类,分为"世界一流""国内一流""985工程""211工程"、重点、一般等。实际上,国外并不存在被普遍公认的"世界一流"大学的严格定义和衡量标准,而较具科学性的观点是"世界一流"大学就是对人类社会作出重大贡献,并得到国际社会公认的高水平大学。以此类推,"国内一流"大学的概念应该是:对中国社会经济的发展作出重大贡献,并得到全国普遍公认的高水平大学。

三、大学的特点

(一)独立意识方面

独立意识也称独立感,是指个体希望脱离管教和监督的一种自我意识倾向。独立意识的发展对大学新生身心健康的发展有着重要意义。大学新生独立意识的完善是塑造其健全人格的前提和途径。大学新生只有先具备一定的独立意识,并使之不断发展和完善,积极进行自我教育和完善、努力投身社会实践,才能挖掘自身潜能、培养自身品质,从而成为适应社会发展的人才。

现行社会既是一个自由开放的和谐社会,又是一个激烈竞争的险滩社会。作为当代大学生,面对信息社会高科技飞速发展的客观现实,自我学习能力不强,只能被社会所弱化。面对复杂的工作过程和严格的生产技术要求,若没有独立驾驭生产技术的能力,没有独立处理工作中各种问题的能力,只能被相应的社会组织淘汰。若没有培养自己独立认识问题、思考问题、分析问题和解决问题的能力,养成独立生活和工作的良好习惯,以适应社会发展的必然要求,只能被社会生活所困扰。当代社会的自由开放为当代大学生的成才发展开通了宽广之路。人们之间的往来活动不再停留在依靠组织、依赖父母、依从他人的被动单列式中,而是向需要善于表达自己心意,富于与他人交往沟通,勇于决定交往关系取舍,敢于承担交往中责任转变。当代大学生只有具备了独立自主的能力,才能适应现行社会交往中的客观实际情况,实现人生目标。

(二)学习观念方面

作为一名学生,无论我们身处哪个阶段,学习都十分的重要。不同的是,大学的学习方式与高中相比有很大的区别,大学学习对我们的自主性要求非常高,课程是自己选的,学习时间是自己分配的,当然课程的难度也随之增加。其实大学的所有课程都是一样的,不再是老师带着你走到底,而仅是给我们开了个门,深入的学习与思考需我们在课后的自主学习时间多下功夫,正所谓"师傅领进门,修行在个人"。因此,刚步入大学的学生更应该在第一时间培养良好的习惯,树立优良的学习观念,以指导4年的学习与生活。

1. 自主学习观

我们学习的根本任务是发展和改变自己,一个人的学习观念对其学习生活产生着重要的影响。身处以终身学习为特征的知识经济时代,新的社会形势要求我们树立正确的学习观念来指导大学学习和未来的学习生活。一个人在大学里所学到的知识运用到实践当中是非常有限的。更多的知识需要我们结合实际进一步学习,特别是在当今,科技已成为第一生产力,谁拥有知识并通过运用于实践将知识转化为能力,谁就能够在这个竞争日益激烈的社会中取得持续的竞争优势。而知识的获取就要靠后天的学习,特别是要靠自主学习。

2. 创新学习观

创新学习,就是要求学生在学习知识的过程中,不拘泥书本,不迷信权威,不墨守成规,以已有的知识为基础,结合学习的实践和对未来的设想,独立思考,大胆探索,别出心裁,勇于提出新思路、新问题、新设计、新途径、新方法的学习活动。不断发展和进步的社会要求我们不仅能够主动地学习已有的知识,而且还要成为知识的创造者,在职业生涯发展过程中做一名具有创新精神、能创造的人。即在学习工作中不做课本和经验的奴隶,敢于创新,善于从全新的角度思考问题,激发我们潜在的思考能力、创造能力和学习能力。

3. 终身学习观

随着科学技术的迅速发展及其在社会生产和社会生活方面的广泛应用,以及由此带来的巨大变革,一个人在学校学习的知识和开发的能力已远远不能满足这种需要。大学里传授的知识相对于一个人一生的职业生涯发展是非常有限的,只是具备了职业发展起点所需。以前人们常说"活到老,学到老",现在的客观现实是"学到老,才能活到老"。

我们身处的社会是一个不断变化的社会,是一个要求人们不断学习、不断完善的社会。这不仅为人类的终身学习提供了社会背景,而且为其实施创造了必要的条件。终身学习观的确立,是人们自身发展的需要,更是社会发展的根本要求。

(三)学习方法方面

学习方法是通过学习实践总结出的快速掌握知识的方法。因其与学习掌握知识的效率有关,越来越受到人们的重视。学习方法并没有统一的规定,个人条件不同、时代不同、环境不同,选取的方法也不同。大学的学习方法不同于中学,以下列举几种学习方法。

1. 目标学习法

目标学习法认为教学内容是由许多知识点构成的,由点形成线,由线完成相对独立的知识体系,构成彼此联系的知识网。明确目标,就要在上新课时了解本课知识点在知识网中的位置,在复习时着重从宏观中把握微观,注重知识点的联系。另外,要明确知识点的难易程度,应该掌握的层次要求,即识记、理解、应用、分析、综合、评价等不同层次,最重要的就是明确学习的重要目标,即知识重点。设立学习目标能增强我们学习的注意力与学习动机,即为了这一目标的实现必须好好学习。

可见,明确学习目标是目标学习法的先决条件。目标学习法的核心问题是必须形成自我测验、自我矫正、自我补救、自我约束的习惯,可以对应教学目标编制形成性检测题,对自己进行检测,并及时地反馈评价,及时矫正和补救。

2. 问题学习法

带着问题去看书,有利于集中注意力。目的明确,既是有意学习的要求,又是发现学习的必要条件。心理学家把注意分为无意注意与有意注意两种。有意注意要求预先有自觉的目的,必要时需经过意志努力,主动地对一定的事物发生注意。它表明人的心理活动的主体性和积极性。问题学习法就是强调注意有关解决问题的信息,使学习有了明确的指向性,从而提高学习效率。

问题学习法一是要求我们看书前,先去看一下课后的思考题,一边看书一边思考;二是要求我们在预习时去寻找问题,以便在老师讲解该问题时集中注意力听讲;三是要求我们在练习时努力地去解决一个个问题,不要被问题吓倒。解决问题的过程就是进步的过程。

3. 归纳学习法

归纳学习法是通过归纳思维,形成对知识的特点、中心、性质的识记、理解与运用。当然,作为一种学习方法,归纳学习法崇尚归纳思维,但它不等同于归纳思维本身,它还要以分析为前提。可见,归纳学习法是指要善于去归纳事物的特点、性质,把握句子、段落的精神实质,同时,以归纳为基础,搜索相同、相近、相反的知识,把它们放在一起进行识记与理解的方法。其优点就在于能起到更快地记忆、理解作用。

4. 合作学习法

与同水平的人一起学习,就有了一个学习伙伴,更何况每个人都有自己的长处;与水平高于你的人一起学习,他就是你的老师,你自然可以学得许多东西;与水平低于你的人一起学习,你是他的老师,我们常说"教学相长",你同样可以学得许多东西。当然,合作学习并不是几个人的简单相加。合作学习有利于增进人与人之间的相互了解与信任,有利于学会处理人际关系的技能、技巧与策略,学会有效地表达自我。在学习交往中,可以培养、发展真正的责任意识和义务感。

(四)社团活动方面

社团活动是一种激发学生自发活动、发展学生创造性思维的手段和艺术,是对第一课堂的补充。在社团活动中产生的愉快情绪反过来又会激励学生去设想和创造某些现实中尚不存在或不完善的东西,激发他们实现这些设想的热情。学生在自发地、愉快地学习时,他们的灵感和才华就能得到充分的体现。正如德国哲学家约翰·戈特利布·费希特曾说过,在这种面向所有学生的教育中,学生们不管其天赋能力如何,都无例外地热爱知识并愉快地学习,激发学生对学习纯洁之情的途径,那就是鼓励学生自发的活动,并使这成为获得知识的基础,从而让学生无论学习什么都通过他们自身的活动来学习。大学社团历来被认为是大学生活动最富有生命力的组成部分,是组成校园文化的一支主力军。各种社团以其特有的魅力丰富着校园生活,无形中促进大学生综合素质和创新精神的提高和培养。因此,同学们可以根据自己的特点和爱好、时间和精力积极参加各种社团活动,合理安排课余生活,锻炼组织和交往能力。

学生社团是指学生为了实现成员的共同意愿和满足个人兴趣爱好的需求、自愿组成的、按照其章程开展活动的群众性学生组织。这些社团可打破年级、专业和学校的界限,团结兴趣爱好相近的同学,发挥他们在某方面的特长,开展有益于学生身心健康的活动。学生社团是我国校园文化建设的重要载体,是我国高校第二课堂的引领者。

学生社团必须自觉接受学校团委、各院系团委的领导,必须遵守宪法、法律以及学校各项规章制度。社团活动不得妨碍学校各类正常工作和教学、生活秩序。学生社团的成员应当是具有正式学籍的在校学生。学生社团不得从事以营利为目的的经营性活动。学生社团的基本任务是:适应社会发展的需要,适应教育改革及学生成长成才的需要,积极开展健康有益、丰富多彩的课外科技文化艺术活动,促进学生德、智、体、美、劳全面发展。

大学生参加社团活动具有以下几点意义。

1. 社团活动使大学生增强集体意识与责任意识

社团活动集知识性、趣味性于一体,适合青年大学生思维活跃、接受信息快、可塑性强的特点,容易被大学生接受,有利于形成向心力、凝聚力,在社团内部形成团结互助、平等友爱、共同前进的人际关系,潜移默化地使大学生的集体主义观念得以增强。社团的荣辱与共与每位成员休戚相关,人人希望社团发展壮大,人人都关心社团的各项事务,逐步培育了每个成员的责任意识。

2. 社团活动使大学生提高素质,陶冶情操

大学校园里,思想理论类、文学艺术类、体育健身类社团的大量涌现,使更多青年大学生的理论水平、思想觉悟、文学艺术修养、身体素质等有较大提升。通过参加这样的社团活动,参加者不仅学到了知识,还掌握了才能,提高了本领。

3. 社团活动使大学生提升适应社会的能力

大学生在假期、周末、课余时间,放下课本,参加社团活动,广泛接触社会,与各种人交往,学到许多在课堂上难以学到的东西,使自己更了解社会、融入社会,克服"书生气十足"、看问题天真幼稚的作风,使自己思想意识接近社会现实。社会实践类社团、志愿者类社团,使学生走出校门,走向社会,深入农村,深入企业,关心社会"弱势群体",广泛、深入地了解社会,积极进行实习、实践活动,培养了大学生适应社会的能力与素质。

4. 社团活动使大学生提升人际交往的能力

在大学生的人际交往中,除同宿舍、同班级的同学外,人际交往比较密切的就是社团里的同伴们,而同宿舍都是同性别同学,同班同学也未必如社团同学这般了解,这般熟悉,这般无拘无束。社团同学在共同的爱好、共同的特长,在共同的策划、研究与拼搏中,共同享受着成功的乐趣、失败的痛楚,彼此之间有着共同的喜怒哀乐痛,共同的酸甜苦辣咸,因此,所结下的友谊也最为真挚。社团活动有时要与社会上各种各样的人打交道,使青年大学生的交际能力大为提升。

5. 社团活动使青年大学生的个性得以发展

个性为心理学的概念,是指个人稳定的心理品质,包括个性倾向性和个性心理特征两个方面。个性倾向性包括人的需要、动机、兴趣、信念等,决定着人对现实的态度、趋向和选择;个性心理特征包括人的能力、气质和性格,决定着人的行为方式上的个人特征。每位大学生的需要、动机和兴趣、信念是不同的,所以大学生的个性发展是不同的,学校应因材施教。因种种条件的限制,大学的课堂教育仅仅解决了大学生的共性培养问题,在对个性培养问题上仍存在较大欠缺。社团活动无疑在解决个性培养问题上发挥着重要作用。

四、应用型大学的特点

(一) 价值取向体现行业性

高等教育进入大众化阶段后,世界各国都大力发展应用型本科教育。应用型本科院校的共同特点是专业建设定位于注重为区域基础上的行业发展服务,其质量价值取向充分体现为行业性。早在20世纪60年代,德国就创建了应用科技大学,这类大学定位于满足行业需求以及理论和实践相结合,并立足于应用研究和开发,以服务区域经济为宗旨。与此类似,我国应用型本科院校是为了满足地方社会经济发展需要而产生的,并受到地方政府的大力支持,其地方特色鲜明、服务角色清晰、地方产业发展导向明确。应用型本科院校根据地方经济结构及其发展趋势、当地市场的人才需求,结合本校的教学、科研实际针对性地设置专业,主要为地方或行业培养急需的应用型人才,主动为地方社会经济发展、区域经济发展和行业发展服务,并在地方化发展战略中彰显自己的特色,从而实现高等教育与区域经济发展的良性互动和双赢共生。

应用型本科教育与区域经济发展的关系日趋密切,其中与行业的结合正在向深度和广度发展。应用型本科教育的生命力在一定程度上取决于学校专业设置面向地方和行业需求,以及积极主动为区域经济发展和行业发展服务的能力。因此,应用型本科教育的专业价值取向应是区域基础上的行业性,其专业设置应加强与社会相关行业企业的合作,并充分考虑毕业生的社会适应性。在专业设置时,学校既要准确把握区域经济发展的现状和发展趋势,了解行业中的职业岗位及其就业前景等,又要主动适应行业企业的用人需求,在教学过程中注重产学研结合,在产学研结合的实践中体现行业性,并依据行业发展进行动态调整。在现代社会的竞争环境中,行业市场需求对应用型本科院校起着导向作用,对其专业的选择更具目标性和针对性。应用型本科教育主要面向区域,为行业培养人才,只有紧密结合区域经济发展和行业企业的需要来设置专业和确定专业方向,才能使其培养的人才与地方社会经济发展相适应。当前专业资格证书认证是以行业为基础的,这也是应用型本科教育培养的人才就业所需的通行证。此外,鉴于行业的通用性,应用型本科教育应在区域的基础上以国际行业标准为主导,培养高标准应用型人才,推动区域经济发展的国际化水平。

由此可见,应用型本科教育既要立足区域,又要着眼行业,在专业设置时要自觉把培养一线应用型人才作为发展应用型本科教育的目标理念和价值取向,整合学校教育资源与区域资源,实现高等教育与区域经济的协调发展。

(二) 设置目标体现应用性

应用性是应用型本科院校的特色和优势。"应用"是应用型本科院校专业设置的核心思想,其决定了应用型本科教育必须根据地方社会经济发展的实际需要,优化学科专业结构和人才培养模式,以面向"应用"作为专业建设的指导思想。

应用型本科教育的培养目标是培养面向生产、建设、管理、服务一线的行业高级专门人才,其人才培养规格既不完全是研发人才,又不完全是熟练操作工与技师,而主要是以技术吸收及应用人才为基准,其理论依据是高等教育的分类定位。应用型本科院校的准确定位,使学校能够合理地选择自己的发展空间和确定自己的发展目标。应用型本科院校专业培养的高级应用型人才既不同于综合性研究型大学所培养的理论性人才,又不同于职业性技能型院校所培养的实用性技能人才,其不仅能掌握现代社会生产、建设与服务一线从事管理和直接操作的各种高级技能,还具有将高新科技转化为生产力的能力,即具有设计与开发能力。

随着科技的蓬勃发展,产业结构调整加速,社会对人才的需求日益多样化,尤其对既有扎实理论基础,又有较强实践能力的高级应用型人才的需求更为迫切。人才结构性失衡的现状要求高校改变人才培养类型,加大高级应用型人才培养力度。从人才市场和行业需求出发(加强专业设置的应用性,不断开辟出新的专业),建构适销对路的专业或专业群,是应用型本科院校课程与课程体系建设的关键。英国的多科性技术学院、美国的高级专业学院、日本的技术科学大学、德国的应用科技大学、澳大利亚的理工大学、我国台湾地区的技术学院和科技大学,以及我国的应用型本科院校的专业设置都体现了这一特征。

(三)课程设置体现复合性

应用型本科教育所培养的应用型人才的规格是复合型人才,其主要体现在以下几个方面:①学生具有以通识为基础的深厚专业理论和可供广泛迁移的知识平台,具备较强的终身学习能力和职业转换的适应能力,有进一步发展的后劲;②学生具备用知识和技术解决生产、服务、管理等方面的实际应用能力、创新能力、社会适应能力;③学生具备必要的人文素养、科学精神、道德素质和心理素质等较高综合素质,具有创新精神、团队精神和敬业精神。

课程设置要服务于专业所要培养人才的规格。应用型本科教育的专业课程设置必须体现高级应用型人才的培养规格,其课程结构既不能完全以学科知识为体系,又不能完全以岗位标准为体系,而是以行业科技为主要体系标准。行业科技体系分化与整合的复杂性,反映了课程设置的复合性。例如,德国为适应经济和技术对复合型人才的需求,其应用科技大学的课程体系结构分为基础教育、专业课程和论文完成三个阶段,而且强调只有通过基础教育阶段后的中间考试,学生才能进入专业课程阶段,以保证学生具备较宽厚的基础理论知识。同时,在课程设置上非常重视实践教学,实验室练习课和专业实习环节的比重较大,要求毕业设计及毕业论文必须能够解决某一生产实际问题。又如,法国大学的课程设置尤为注重基础性教育,第一年是基础理论教育;第二年是专业课、实验课和实习课;第三年是毕业设计和生产实习。法国的大学以其独特的专业理论课和实践课把培养学生的理论修养、专业能力和实践才能较好地结合起来。再如,我国应用型本科教育的课程设置依托学科,面向应用,课程体系包括基础理论课程、专业理论课程、实践课程和素质课程。这一课程体系建设的基本原则是:通过科学设计和优化基础课程,注重专业基本理论知识的系统性、基础性,注重夯实学生的理论基础,以此保证学生具备较宽厚的基础理论知识;加强专业课程,主要进行专业深化和拓宽专业面的教学,提升学生的专业素质,将基础理论与专业理论有机结合,使学生"精专"与"博通"并举;突出实践课程,强调培养学生知识和技术的应用能力,强调培养学生解决实际问题的专业能力;注重以通识课程为主的综合素质拓展课程,注重学生综合素质的培养。

此外,应用型本科教育在课程设置体系中要链接与融合行业标准所需的专业或高级职业证课程内容,使大学生在校期间考取与本专业相关的职业资格证书,即在取得学历证书的同时也取得相应的职业资格证书,为求职就业奠定基础。

(四)培养过程体现实践性

实践在培养应用型人才的过程中起着重要的作用,这就内在决定了应用型本科教育的教学过程不完全是理论性的,而要充分凸显实践性。应用型本科教育的实践性教学环节主要是课内外结合,校内外结合,实验、实训、实习相结合。一方面,专业课的教学内容针对性和实用性不断加强,在进行理论教学的同时注重实际技能的培养,设置实践教学课程,以巩固课堂所学理论知识,提高实践应用能力;另一方面,实践性突出体现为产学研结合,即学校与企业合作,共同培养各行各业的一线高级应用型人才。

产学研结合要充分发挥实践的主导性,以"研"为突破口,倡导应用型本科院校师生积极开展科研活动及高校主动与科研机构合作培养人才。一方面,应用型本科院校应积极主动地参与到行业的技术研发中,帮助行业解决生产过程中的具体技术问题,既培养学生的实践能力和创新能力,又凸显和增强学校教师的科研实力;另一方面,应用型本科院校还应主动加强与科研机构的联系,及时了解最前沿的科技信息、研究成果,提高师生科研素养。在教学过程中坚持产学研结合,实行高校与行业企业互动,促使高校不断增强自身优势,提高教育教学质量。例如,德国"双元制"教育制度充分体现了校企紧密结合培养人才的特色,其应用科技大学不仅注重培养过程的实践性,而且还十分注重与行业企业的合作,大学由行业主导整个实践教学过程,行业始终参与整个人才培养过程。此外,美国、加拿大的"合作教育",日本的"官产学合作教育",英国的"三明治式"合作教育,以及我国应用型本科院校在专业的人才培养过程中逐步加强实践环节,都体现了高校注重产学研结合。一方面,在学习和实践过程中掌握理论,强调将实践教学和理论教学紧密结合,使学生尽早地将理论学习有效地应用于工作实践,以便将来能够顺利地适应工作;另一方面,与行业企业合作,这种合作是全方位的,学校的专业设置、课程建设、教学改革等教学过程都体现"工作中学习"和"学习中工作"的产学研合作教育。

产学研结合内在要求将应用型人才培养计划与企业的用人机制实现融通,使应用型人才培养模式和方案与企业的大学计划实现对接,在培养过程中注重理论联系实际。只有如此,才能使学生在具备一定的学术能力后,有机会在企业工作,并体验和熟悉工作环境,接受针对职业生涯的实践培训。这体现了高校更加主动地与企业相结合,更加关注社会和学生的实际需求,以就业为导向,将其教学与社会实践工作相结合,提高学生对社会的适应能力。可见,应用型本科院校要紧密依托当地政府与企业,积极寻求校企合作,坚持学校教育与企业、社会实践相结合,建立产学研密切结合的运行机制。

(五) 人才评价体现多元化

应用型本科教育的培养目标与规格、课程与教学等不同于学术性的普通高等教育,因而评价其人才质量不能以学术水平的高低为标准,而应以知识、能力和技能是否与社会对应用型人才的要求相适应为标准。也就是说,应用型本科教育的评价体系不完全以学位证书体系为标准,也不完全以职业资格证书体系为标准,而是要充分体现专业资格证书体系为主要标准的多元化评价特点。

既然应用型本科教育培养的是复合性应用人才,那么其人才评价应体现多元化。例如,德国有着严格的考试制度,理论课考试要求严格,保证了学生对理论知识的掌握;实践中与企业紧密结合,学生在企业实习,最后由所在实习企业给予严格的考核评定。学校还聘请企业的技术人员进行课堂教学并参与对学生的考核。又如,我国对应用型人才已由过去以精英教育评价为唯一标准,转变为逐步关注市场需求,依据市场所需人才的规格来衡量教育的质量。可见,应用型本科教育为了更好地培养应用型人才,其人才评价的标准和方式也要与时俱进地改变。

应用型本科教育的人才评价应体现多元化。首先，评价主体的多元化。应用型本科教育的人才评价应立足高校，引入社会评价机制，建立由实习单位、用人单位、行业团体、技能鉴定机构共同参与的人才质量社会监控体系，形成一种全方位的质量考核与评价方式。其次，评价内容的多元化。即要彻底改变传统的过于注重知识评价学生质量的做法，实行知识、能力、技能的综合考核，建立以应用能力为主的质量评价体系，不仅重视培养与学习的结果，而且还重视思维与进步的过程。最后，评价方法的多元化。即采取定性评价与定量评价相结合的方法。总之，人才评价的多元化，既有利于应用型本科院校人才质量的提高，又能更好地满足社会经济发展的需求。只有在高校与社会的共同努力下，才能培养出高质量的应用型人才。

第二节 大学学习与中学学习的不同

一、中学学习的特点

（一）知识量大，系统性强

高中各学科几乎涉及了本学科的全部基础知识，而且均形成了各学科独特的系统和体系。各学科学习的内容相对于初中较深，学科知识的抽象概括性强，需要掌握大量的科学概念、公式、定理、定律，否则无法准确答题。

（二）综合性强，各学科互相影响

高中各学科之间的联系与影响尤为突出。在高中阶段学习中，如果数学功底差，则会极大地影响到物理、化学的学习，碰到的困难自不必说。不少同学感到高中物理难学，一方面是因为教材内容中有不少新的概念，具有一定的深度和难度；另一方面是因为高中物理由于计算的内容增多，需要用到较多的数学知识，如二次方程、几何知识、对数函数等。数学与物理学学科之间的横向联系与影响就显得格外重要了。同样，语文水平的高低，常常表现在质疑能力的强弱上。对各学科的学习，都离不开阅读、记忆，但若限于此，不去思考理解，就不能灵活运用，考试成绩就上不去，挫折也就较大了。只有经过反复深入地阅读与思考的学生，才会逐渐地发现越来越深刻的问题，才能越来越深入地理解知识。也就是说，领会得越深，问得越深，理解得越深。由此可见，高中各学科之间相互影响较大。

（三）学习进度快

因高中只有3年时间，可是学生却要在2年的时间里完成所有高中课程的学习，在最后一年对知识点巩固复习，这就导致高中学习的时间非常紧张，学生基本没有课外的时间进行各方面能力的培养及锻炼。

（四）强调多做练习

高中的学习更多地强调练习，很多人认为练习是必不可少的，只有多做题，见多识广，开阔思路，积累解题经验，考试时才能以不变应万变。我国各地高中基本上实行的都是题海战术。

二、大学学习的特点

大学学习与中学相比，虽然也是学习，但由于学习态度、学习过程、学习范围、学习途径和学习管理等方面的变化,它呈现出自己独有的特点。

(一)学习态度的自主性

大学学习与中学学习截然不同的特点是依赖性的减少、自觉性的增强。大学教学的目的是培养德、智、体、美、劳全面发展的专业人才,教育的内容是既传授基础知识,又传授专业知识,教育的专业性很强。所学知识的深度和广度比中学有很大扩展。大学生虽然按照教师的要求学习,但是不像中学生那样绝大部分时间是被动地完成教师布置的任务,而是有相当大的自主性。教师课堂讲授往往是提纲挈领式的,教师在课堂上只讲难点、疑点、重点或者是教师最有心得的一部分,要求做到少而精,其余部分就要由学生通过自学去攻读、理解、掌握,这势必要求大学生通过课外自学掌握更多的知识。此外,大学生自我支配的时间较多,这就决定了他们要有较强的自学能力和学习计划能力,合理安排好自己的学习时间。所以,培养和提升自学能力是大学生必须具备的本领。大学的学习不能像中学那样完全依赖教师的计划和安排,只单纯地接受课堂上的教学内容,而必须充分发挥主观能动性,发挥自己在学习中的潜力。这种充分体现自主性的学习方式将贯穿于大学学习的全过程,并反映在大学生活的各个方面,如学习的自主安排、学习内容和学习方法的自主选择等。大学学习的自主性是大学学习特点的一个重要方面。每名大学生自学习惯的养成在很大程度上决定了他能否学好大学的课程,甚至影响其大学毕业后能否不断地吸收新的知识,进行创造性的工作,为国家作出更大的贡献。因此,增强学习自主性、培养和提升自学能力,是大学生必须完成的一项重要任务,也是进行终身学习的基本条件。

(二)学习过程的阶段性

大学的学习过程是随着学习阶段的发展而发展的,从纵向看具有明显的阶段性。以会计类4年制高校为例,大学生的学习阶段一般可分为学习基础课、学习专业基础课、学习专业课和作毕业设计(或毕业论文)等四个阶段。每个学习阶段在大学学习生活中都占有一定的地位,各有其任务和特点,又互相衔接,具有很强的系统性,是一个密切联系、有机统一的整体。因此,大学生必须正确对待大学的每一个学习阶段。

1. 学习基础课阶段

基础课(一般在第1～第2学期)是指各种专业共同的理论基础课。学生在第1～第2学期除了学习公共课(如"政治理论课""外语""体育"等),主要学习基础课,如高等数学、管理学、大学英语、宏观经济学、微观经济学和经济法等。这些课程除了在中学课程的基础上加深、加宽基础科学知识,还担负着进一步发展智能、提高能力、训练思维方法、提高思维的严密性和准确性的任务。但是,在这个阶段,大学生刚刚跨入大学的校门,对大学的学习任务和特点不了解,而基础课有一定的难度,若学习方法不妥当,对大学学习会很不适应。针对大学生不适应大学学习的特点,高校对这个阶段的学习极为重视,采取各种有效措施,如配备班主任、开设学习方法辅导讲座、举办学生学习经验交流会,以及任课教师从学习方法上加以指导等,加强对大学生的引导和教育,使其尽快适应大学学习。实践证明,大学生在这一阶段发展得如何,除了对学习基础课产生影响,还对整个大学阶段的学习影响极大。

2. 学习专业基础课阶段

专业基础课也称专业理论课(一般在第3～第4学期)。会计类专业基础课研究会计工作的基本概念、原理、规律及处理问题的基本思维方法,是学生未来从事会计工作的支柱,是学生学习专业知识的理论基础和技术基础。这个阶段课程的学习,不仅要有基础课作为学习的理论基础,而且还需要一些相关活动作为学习的实践基础,故这一阶段要开始基础会计实习、出纳实务实习等。专业基础课的特点有:课程门数较多,学科知识面扩展和深入,实践性环节加强;学生对大学生活和学习方法有所认识,学习走向深入,是形成自己学习特点的时期。在这个阶段,大学生在学习过程中所表现出来的才能和品德的差异将会有明显的反映。因此,在这个阶段,高校在对学生普遍提出要求的同时,更要注意通过科学的组织和管理,有针对性地开展学生工作,提高绝大多数学生的整体水平,并发现和培养尖子学生,帮助少数学习成绩差的学生,对极少数学习成绩很差而又难以帮助的学生作出必要的处理。

3. 学习专业课阶段

专业课(一般在第4～第7学期)是指各专业特有的专业理论课和专业应用课,是解决工作中比较具体的实际问题的课程,是学生所学的本专业的理论、知识和技能的科学体系,在整个学习阶段中,它是标志培养对象专业特点的中心组成部分。学生在专业课学习阶段需要有更丰富的实际知识,以便进行进一步的专业实习。因此,在这个阶段中,高校注重指导大学生选好和学好选修课,加强对学生的业务实习指导和科学研究的训练,拓宽学生的知识面,培养和锻炼学生独立分析、研究和解决问题的能力,在专业水平上有所提高。

4. 作毕业设计(或论文)阶段

作毕业设计(或论文)阶段(第8学期)是大学生在前三个阶段学习的基础上综合运用已掌握的理论知识、实际知识和各种能力,按照正确的观点、思维方法和工作方法,在教师的指导下选定设计课题或论文,并了解本课题的研究现状和存在的问题,独立地、全面地、创造性地解决一个技术科学问题,即作毕业论文。它是大学生从学校走向社会的一个过渡性教学环节,也就是说,大学生作毕业论文阶段是毕业前培养大学生综合运用所学知识和技能,去分析、研究、解决问题,并使大学生受到基本训练的又一重要学习环节。

大学学习过程中的不同阶段对大学生进行学习方法的选择、学习重点的侧重,以及知识信息获取的类型都起到极其重要的作用,是影响大学学习成绩和过程的一个重要因素。

(三) 学习范围的广泛性

大学学习的课程众多、内容多元化、范围广泛。从课程设置上讲,中学阶段一般只学习10门左右的课程,而且主要讲授一般性的基础知识。而大学阶段所开设的课程分公共课、基础课、专业基础课、专业课四个层次,每一个层次又由许多门课程综合构成。一般说来,大学4年需要学习的课程在40门以上,每一个学期学习的课程都不相同,内容量大,因而学习任务远比中学重得多。大学一、二年级主要学习公共课程和基础课程,大学三年级主要学习专业基础课和部分专业课,大学四年级重点学习专业课和进行毕业设计、写毕业论文。为了全面提高学生素质,大多数高校还开设了人文类选修课程,学生只有按规定选修人文课程,并取得相应学分后,才能毕业。

大学的课程有必修课、选修课之分。必修课是指学生完成本专业学习任务,取得本专业学位证书、毕业证书所必须学习的课程。必修课包含公共课,如"大学英语""数学""思想品德修养""邓小平理论""毛泽东思想概论""法律基础"等,不论是哪一个专业的学生,都必须学习这些课程;必修课还包含专业基础课和专业课,是根据不同专业的人才培养计划而确定的。选修课包括专业选修课、公共选修课,前者是针对本专业学生开设的,而后者则是面向全校学生开设的。

(四)学习途径的多样化

大学里除了课堂教学,还有很多专题讲座、社会调查、专业比赛、实验等活动。为获取更多的专业知识,学生需要积极地参加学校里的文化活动、多与学者交流、多去图书馆。

(五)学习管理的开放性

高校注重培养学生学习的自主性和自觉性。按照专业培养目标,学生可以根据自己的兴趣、爱好、特长,进行选择性地学习、创造性地学习。教学管理形式偏重"目标管理",管理规定大多是目标要求、规则要求和"底线"要求,其中目标要求需全力追求,规则要求必须遵守,"底线"要求不可逾越。实行学分制是学习管理开放性的标志,它为每一位学生提供了专业学习指引和毕业要求,但如何达到毕业要求主要在于学生本人,达到毕业要求的学生才准予毕业。

从中学升入大学,是人生中的重要转折点之一。怎样迅速适应大学学习生活,对于每一名大学新生都是一个亟待解决的问题。只有调整学习动机与目标,尽快地完成从中学学习状态到大学学习状态的过渡,才能成为一名真正的大学生。大学生要站在面向世界、面向未来、面向社会主义现代化的高度,明确自己的历史重任,从而激发和强化自己的学习动机。大学生应摒弃自私狭隘的小目标,树立振兴中华的远大奋斗目标,努力消除胸无大志、不思进取、混文凭等不良思潮的影响。大学生要加强实践活动,积极参加劳动锻炼,以锤炼意志,提高自控能力,坚持不懈地努力学习。

2-1视频:
大学学习的特点

第三节 如何学好会计类专业

一、明确学习目的

在学习会计专业课之前,我们先要明确我们的学习目的是什么,即为什么要学习会计学。我们要明确会计对国家、社会乃至家庭个人来说都是非常重要的。对社会来说,会计是一门通用的商业语言,它用近乎一致的标准来计量各单位的经济效益,让投资者、债权人合理作出决策,让政府监管建立在有效数据的基础上,让管理者知道自己的经营业绩,它是促进社会经济稳定且公平发展的前提。对家庭来说,会计的思想可以使家庭更合理地安排收入和支出,做好预算,加强家庭的经济基础。对个人来说,个人运用会计的思想结合自身的收入,合理借债、投资、消费,可以满足自身更多的需求。学习会计类专业,对个人而言就是掌握了一系列实用的会计知识和技能,为将来就业奠定良好的基础。

二、确立学习目标

会计类专业主要培养具备管理、经济、法律和会计学等知识和能力的,能在企事业单位及政府部门从事会计实务,以及教学、科研工作的工商管理学科高级专门人才。学习会计类专业的学生主要学习会计、审计和工商管理方面的基本理论和基本知识,受到会计方法与技巧方面的基本训练,从而具备分析和解决会计问题的基本能力。

学习会计类专业的学生应在学习期间获得以下几方面的知识和能力:

(1)掌握管理学、经济学和会计学的基本理论、基本知识。

(2)掌握会计学的定性、定量分析方法。

（3）具有较强的语言与文字表达能力、人际沟通能力、信息获取能力、分析和解决会计问题的基本能力。

（4）熟悉与会计相关的方针、政策、法规和国际会计惯例。

（5）了解本学科的理论前沿和发展动态。

（6）掌握文献检索、资料查询的基本方法，具有一定的科学研究和实际工作能力。

会计类专业的学生要根据以上的学习要求和目标，以及所需具备的知识和能力来确定自己的学习目标。

三、探索学习方法

会计类专业是当下的热门专业，会计系的大学生们面临着更激烈的竞争，但如果我们掌握学好会计类专业的方法，就会在这条路上走得更加长远。

（一）对会计学原理刨根问底

在学习初期，对基础会计一定要吃透原理，活学活用。会计学就好像一栋楼房，而会计学原理就是地基，如果地基是"豆腐渣工程"，那么整栋楼房就岌岌可危，风雨飘摇。所以，学生要加强对会计的基本理论和会计核算方法的原理的理解，学习时一定要从原理的角度理解和掌握课程内容。例如，学习各种会计核算方法时，不能就方法论方法，要理解其理论依据；既要学会应当怎样做，又要弄懂为什么要这样做，要防止只进行具体业务处理，而忽略对其原理的学习。

（二）通读教材，构建知识的基本体系

没有体系的知识就像断线的珍珠，十分容易遗忘。如果我们在学习中能够有意识地构建知识体系，对所学过的内容进行归纳整理，将对我们从整体上把握知识提供帮助。构建知识体系的关键是要找到各知识点之间的联系。首先，确定本课程的主要知识点；其次，从主要知识点出发找到次要知识点和支持主要知识点的部分，通过对这些知识点进行有规律的标记，将主要知识点和次要知识点联系起来；最后，可以作一个知识体系图将知识串联起来。

（三）理论联系实际，加强实训操作练习

会计类专业具有很强的实践性，通过实践训练对抽象的基本理论加以扩展和应用，才能促进自身实践技能的提升。只有将基本理论与具体会计实务相结合，才能充分发挥会计类专业的应用效果。如果只重视理论知识而忽视实践应用，则会造成会计类专业的学生实践操作能力不足，甚至就业后难以满足社会用人单位需求的情况。所以，会计类专业的学生要理解并掌握抽象的理论性的知识，在学习中一定要注重理论联系实际，加强实训操作练习，培养动手能力。

四、培养良好品德

道德教育应是高校会计教育的核心之一。我国高校教育确立了培养德、智、体、美、劳全面发展的社会主义建设者和接班人的教育方针。对高校会计类专业的学生来说，会计教育不仅是会计类专业知识的传授，也是会计品行的修炼。高校德育的任务之一便是开展社会公德和职业道德教育，培养学生具有崇高的社会主义道德修养和品质，具有法治观念，能自觉维护社会公德，具有诚实、正直、谦虚、守信等良好品德，培养学生具有追求真理、忠于职守、钻研业务、团结协作等职业道德。英国前首相撒切尔夫人曾说，要注意你的思想，它们会

变成你的言辞;注意你的言辞,它们会变成你的行动;注意你的行动,它们会变成你的习惯;注意你的习惯,它们会变成你的性格;注意你的性格,它会决定你的命运。由此可见,思想道德和品德对于一个人的人生十分重要。大学时期是学生人生观、世界观和价值观确立的重要时期,大学生要培养良好的道德品质。会计类专业的学生要在学习专业知识的同时,了解和懂得一些与会计类专业工作有关的道德理论、规范,从思想上重视职业道德修养,这对于今后培养良好的职业素质是十分重要的,甚至于以后会因此终身受益。

高校一般都开设了会计职业道德相关课程,对在校学生进行会计职业道德教育,目的是使这些"准会计人员"能追求崇高的职业道德观念,并在真正成为职业会计人员后,在会计工作岗位上达到良好的职业道德境界,提高会计行业的信誉。对会计类专业的大学生开展会计职业道德教育,可以促使这些会计队伍预备人员将会计职业道德要求转化为内在的会计职业道德品质,把会计职业道德规范变成未来职业活动中遵循的信念和标准,从而对潜在的会计人员职业道德水准奠定良好的基础。会计类专业的学生要认真学习相关课程,具备良好的会计职业道德素养,为以后成为一名合格的会计人员而努力。

五、提升动手能力

会计学是一门实践性极强的学科,为了克服学生会计理论与实践脱节现象,应在会计课的教学中渗透实践性内容,将培养学生的动手能力作为教学重点和轴心。会计课的实践性教学包括两部分内容:一是直接参加社会实践,即直接到企业实习;二是进行课堂模拟练习。课堂模拟练习是指在课堂上运用所学知识,对会计事务进行模拟处理的过程。

学生课下要注重实习工作,以此巩固所学知识。由于会计学科的特殊性,会计类专业的学生还应注意尽早参加实习,通过实习来检验所学知识,结合社会需要,查漏补缺,并能尽早明确学习方向和重点,为将来接受进一步教育或者就业做好充分的准备。在实习过程中,学生结合课本理论,对本专业的专业知识有更深入的理解、领悟,深化识别课本中的二手信息,从而将知识条理系统化,用来巩固自己的专业知识。

六、积极考取证书

会计类专业的学生在学习之余要积极考取专业相关证书,考取证书过程同样是对专业知识的巩固和检验,并且考取相关证书也会为未来就业提供一定帮助。会计类专业的学生在大学期间可以考取的与会计直接相关的证书有会计专业技术资格证书。同样为了使所学知识得到补充和拓展,会计类专业的学生在大学期间,不仅可以考取初级会计职称,还可以考取其他相关证书,如理财规划师、证券从业资格、基金从业资格等,在考取各类证书的同时,不仅能巩固自己所学的知识,还能帮助自己拓宽知识面。当你考取证书的时候,你就有了动力,你会有克服困难的勇气,信念会支撑你继续走下去。会计类专业的学生在大学期间也可以尝试特许公认会计师公会证书(ACCA)、特许管理会计师公会证书(CIMA)等考试,同时也可以为考取注册会计师做准备。

本章小结

本章的主要学习内容是对大学的认识及终生学习能力的养成。通过本章学习,我们熟悉了什么是大学、大学的分类、大学及应用型大学的特点；掌握了大学学习的特点和如何学好会计类专业。

本章重要概念

大学 应用型大学 自主学习观 创新学习观 终生学习观 学习方法

第三章　会计环境与会计角色

- ➢ 内容提要
- ➢ 重点难点
- ➢ 学习目标
- ➢ 知识框架
- ➢ 思政育人
- ➢ 第一节　会计环境与会计角色概述
- ➢ 第二节　企业的性质
- ➢ 第三节　利益相关者
- ➢ 第四节　企业的宏观与微观环境
- ➢ 第五节　企业中会计的角色
- ➢ 第六节　企业内部控制与财务舞弊防范
- ➢ 本章小结
- ➢ 本章重要概念

内容提要

本章主要讲解了企业的性质、利益相关者、企业的宏观与微观环境、企业中会计的角色、企业内部控制与财务舞弊防范。企业的性质主要包含组织架构与组织职能、公司治理和企业社会责任。利益相关者涉及利益相关者的基本概念、多方利益相关者的冲突，以及产生冲突后解决冲突所适用的模型——利益相关者矩阵。企业中会计的角色包含会计职能、会计的作用。企业内部控制与财务舞弊防范涉及企业内部控制系统、财务舞弊及其防范措施。

重点难点

本章重点为企业的性质及其宏观与微观环境；难点为利益相关者及其多方冲突。

学习目标

通过本章学习，学生应掌握会计在企业中的作用及其职能、企业的宏观与微观环境；明确企业的性质、企业内部控制与财务舞弊防范；了解利益相关者及其相关内容。

知识框架

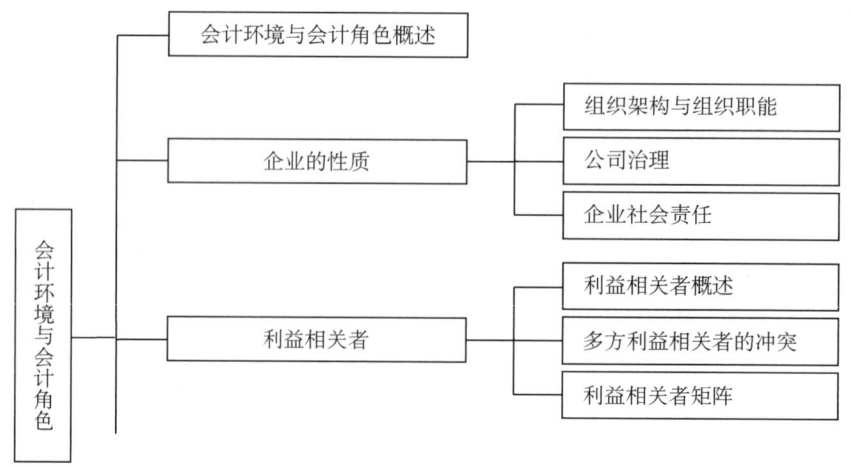

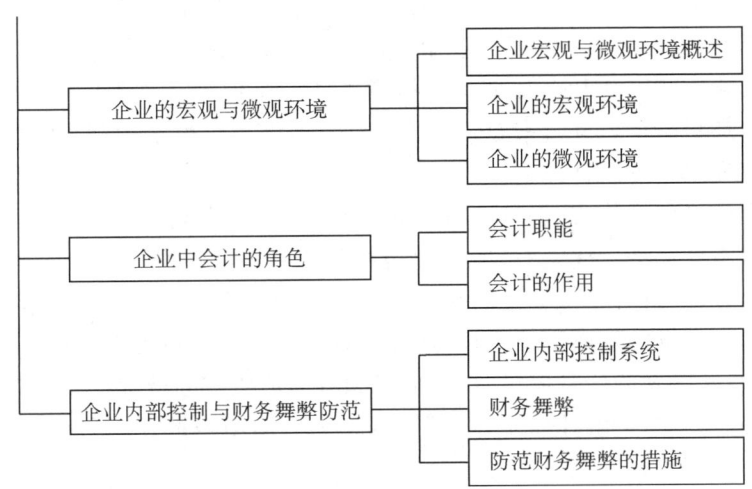

 **思政育人**　　　　　　　　**海尔的公益活动**

在"第七届中国企业社会责任年会"上,海尔凭借在履行企业社会责任方面的突出表现荣获"最佳公益典范奖"。作为全球优秀企业,海尔一直将积极履行社会责任作为企业义不容辞的责任。

2015年,海尔与联合国儿童基金会达成共识,在"爱生社会情感学习项目"上实现深度合作,在西部3个省、3个县开展关爱行动,共同关注农村地区留守儿童的教育及心理健康问题。针对骨干培训者、农村小学老师等进行社会情感教育教学培训,从而对留守儿童的情感发展、交流沟通和心理健康产生积极正向的影响。

留守儿童的教育及心理健康已经引起社会各界的高度重视。"爱生学校社会情感学习项目"就是要提高儿童的学习与社会情感学习能力发展,更好地推动儿童教育事业的发展。

此次合作,也使海尔成为联合国儿童基金会中国家电类企业首家合作伙伴。海尔作为一直致力于推动儿童教育事业发展的社会公益力量,与联合国儿童基金会有着共同的诉求,双方合作将有效推动这一计划的实施进程。

据悉,海尔对希望工程的支持长达近20年。自1995年建设第一所希望小学以来,海尔已经在全国建成206所希望学校,覆盖全国26个省、直辖市、自治区,累计投入8 000余万元。海尔还将深耕网络公益平台,借助网络的力量,放大"做善事"的正能量。

同时,山东省青少年发展基金会计划将第1 000所希望小学以"海尔希望小学"命名。海尔将联合集团各用户交互平台,以海尔回报社会为主题,结合海尔创新文化,在全国范围内形成用户交互和用户口碑,倡导一种关心支持教育事业发展的公益新风尚。

每个人在生活中都有自己的社会位置以及他们的社会责任。在该案例中,所提到的公益活动其实是指企业的社会责任。那么,什么是企业?什么是企业的社会责任?企业的利益相关者有哪些?企业的运营环境是怎样的?会计作为企业中的一员,又承担着怎样的角色?

资料来源:责任河北.真诚回报社会　海尔获中国企业社会责任最佳公益典范奖[EB/OL].(2015-01-22)[2024-01-02].https://mp.weixin.qq.com/s?__biz=MjM5MzMyOTgzOA==&mid=209239260&idx=2&sn=d0fd36c7bd06847aafebf36cc3b9c0d6&chksm=2f14bb1d1863320b07df8a5554bb5b90a61d6e3f3d1db445d27eae1d371fea7aaa655f7a3283&scene=27.

第一节　会计环境与会计角色概述

会计不能简单地理解为记账、结账、报表制作等,它是一门综合性、交叉性的应用学科,既是社会学科的组成部分,又是一门重要的管理学科。会计存在于一定的社会和经济环境中,也必然受环境因素的影响和制约。因此,我们不但要了解怎么去记账、结账,还要知道什么会计环境会影响记账方法和会计信息的披露方式。不但如此,会计环境的变化还会使得现行的会计方法和财务报告反过来对它所处的社会经济环境的变化起一定的促进作用。这就是为什么我们先要了解会计环境。

会计是社会环境的产物,几乎各行各业都需要会计,它是经济生活中不可或缺的角色。为了不断去适应市场经济变化,会计的角色也在不断地发生变化。在会计角色所涉及的内容不断外扩的今天,了解和学习会计的角色和职能显得尤为重要。

随着全球资本市场的发展和信息技术的改革,国内外企业舞弊的机会日益增多,舞弊的利益日益壮大,由此触发的经济危机、社会危机和政治危机此起彼伏。企业舞弊中有很大一部分是财务舞弊。因此,了解什么是财务舞弊,怎么去运用内部控制防范财务舞弊,也是我们了解和学习的主要内容。

第二节 企业的性质

想要了解会计环境,就要了解企业的性质。不同的企业,有着不同的组织架构与组织职能,不同的组织架构与组织职能,其会计所担任的角色也不尽相同,所以先要学习组织架构和组织职能,以及存在于其中的制度。这种制度可以称为管理制度,也就是怎么去治理公司。在现代社会,公司治理不仅要达到股东利益的最大化,还要协调企业与所有利益相关者(股东、债权人、职工、潜在的投资者等)的利益关系,以保证企业决策的科学性、有效性,从而最终维护企业各方面的利益,这也是企业的社会责任。

3-1视频:企业的性质

一、组织架构与组织职能

组织架构是企业的流程运转、部门设置和职能规划等最基本的结构依据,是在企业管理要求、管控定位、管理模式和业务特征等多因素影响下,在企业内部组织资源、搭建流程、开展业务、落实管理的基本要素。

组织职能是指按计划对企业的活动及其生产要素进行的分派和组合。组织职能对于发挥集体力量、合理配置资源、提高劳动生产率具有重要的作用。

常见的组织架构形式包括直线型、职能型、直线—职能制、事业部制、模拟分权制、矩阵制六种。

(一)直线型

直线型是一种最早也是最简单的组织架构形式。它的特点是企业各级行政单位从上到下实行垂直领导,下属部门只接受一个上级的指令,各级主管负责人对所属单位的一切问题负责。厂部不另设职能机构(可设职能人员协助主管人工作),一切管理职能基本上都由行政主管自己执行。

直线型的组织架构形式按照一定的职能专业分工,各级都建立职能机构担负计划、生产、人事、销售、财务等方面的管理工作,各级领导都有相应的职能机构作为助手,从而发挥了职能机构的专业管理作用。目前,我国绝大多数企业都采用这种组织架构形式。

(二) 职能型

职能型的组织架构,是指各级行政单位除主管负责人外,还相应地设立一些职能机构的组织架构形式。例如,在厂长下面设立职能机构和人员,协助厂长从事职能管理工作。这种组织架构形式要求行政主管把相应的管理职责和权力交给相关的职能机构,各职能机构有权在自己业务范围内向下级行政单位发号施令。因此,下级行政负责人除了接受上级行政主管人的指挥,还必须接受上级各职能机构的指挥。

职能型的组织架构形式的优点是能适应现代化工业企业生产技术比较复杂、管理工作比较精细的特点;能充分发挥职能机构的专业管理作用,减轻直线领导人员的工作负担。但是,其缺点也很明显:它妨碍了必要的集中领导和统一指挥,形成了多头领导;不利于建立和健全各级行政负责人和职能机构的责任制度,在中间管理层往往会出现"有功大家抢,有过大家推"的现象;在上级行政领导和职能机构的指导和命令发生矛盾时,下级就无所适从,影响工作的正常进行,容易造成纪律松弛,生产管理秩序混乱。由于这种组织架构形式有明显的缺陷,现代企业一般都不采用它。

(三) 直线—职能制

直线—职能制也称生产区域制或直线参谋制,是在直线型和职能型的组织架构形式的基础上,取长补短,吸取这两种组织架构形式的优点而建立起来的。目前,我国绝大多数企业都采用这种组织架构形式。这种组织架构形式是把企业管理机构和人员分为两类,一类是直线领导机构和人员,按命令统一原则对各级组织行使指挥权;另一类是职能机构和人员,按专业化原则,从事组织的各项职能管理工作。直线领导机构和人员在自己的职责范围内有一定的决定权和对所属下级的指挥权,并对自己部门的工作负全部责任。而职能机构和人员,则是直线领导人员的参谋,不能直接对部门发号施令,只能进行业务指导。

(四) 事业部制

事业部制最早是由美国通用汽车公司第八任总裁斯隆于1924年提出的,故其有"斯隆模型"或"联邦分权化"之称,是一种高度(层)集权下的分权管理体制。它适用于规模庞大、品种繁多、技术复杂的大型企业,是国外较大的联合公司所采用的一种组织架构形式。近几年,我国一些大型企业集团或公司也引进了这种组织架构形式。

事业部制是分级管理、分级核算、自负盈亏的一种组织架构形式,即一家企业按地区或按产品类别分成若干个事业部,从产品的设计、原料采购、成本核算、产品制造,一直到产品销售,均由事业部及所属工厂负责,实行单独核算、独立经营,总部只保留人事决策、预算控制和监督大权,并通过利润等指标对事业部进行控制。此外,有的事业部只负责指挥和组织生产,不负责采购和销售,实行生产和供销分立,但这种事业部正在被产品事业部所取代;有的事业部则按区域来划分。

(五) 模拟分权制

模拟分权制是一种介于直线—职能制和事业部制之间的组织架构形式。许多大型企业,如连续生产的钢铁、化工企业,由于产品品种或生产工艺过程有限,难以分解成几个独立的事业部。此外,由于企业的规模庞大,以致高层管理者感到采用其他组织架构形式都不容易管理,这时就出现了模拟分权制的组织架构形式。模拟,就是要模拟事业部制的独立经营、单独核算,而不是设立真正的事业部,实际上是一个个"生产单位"。这些生产单位有自己的职能机构,享有尽可能大的自主权,负有"模拟性"的盈亏责任,目的是要调动它们的生产经营积极性,达到改善企业生产经营管理的目的。需要指出的是,各生产单位由于生产上的连续性,很难将它们截然分开。以连续生产的石油化工为例,甲生产单位生产出来的"产品"直接就成为乙生产单位的原料,这当中无需停顿和中转,因此它们之间的经济核算,只能依据企业内部的价格,而不是市场价格。也就是说,这些生产单位没有自己独立的外部市场,这也是其与事业部的差别所在。

模拟分权制的优点除了调动各生产单位的积极性,还可以解决企业规模过大而不易管理的问题。高层管理者将部分权力分给生产单位,减少了自己的行政事务,从而把精力集中到战略问题上来。模拟分权制的缺点是不易为模拟的生产单位明确任务,造成考核上的困难;各生产单位领导人不易了解企业的全貌,在信息沟通和决策权力方面存在着明显的缺陷。

(六) 矩阵制

在组织架构形式中,把既有按职能划分的垂直领导,又有按产品(项目)划分的横向领导的组织架构,称为矩阵制组织架构。

矩阵制是为了改进直线—职能制横向联系差、缺乏弹性的特点而形成的一种组织架构形式。它的特点表现在围绕某项专门任务成立跨职能部门的专门机构上,如组成一个专门的产品(项目)小组去从事新产品开发工作,在研究、设计、试验、制造各个不同阶段,由有关部门派人参加,力图做到条块结合,以协调有关部门的活动,保证任务的完成。这种组织架构形式是固定的,人员却是变动的,"需要谁,谁就来",任务完成后就可以离开。项目小组和负责人也是临时组织和委任的,任务完成后就解散,有关人员回原单位工作。因此,这种组织架构形式非常适用于横向协作和攻关项目。

二、公司治理

(一) 公司治理概述

公司治理也称公司管治、企业管治,是一套程序、惯例、政策、法律及机构,影响着如何带领、管理及控制公司。从公司治理的产生和发展来看,公司治理可以分为狭义的公司治理和广义的公司治理两个层次。

狭义的公司治理是指组织架构与组织职能,即通过一种制度安排,合理地界定和配置所有者与经营者之间的权利与责任关系。公司治理的目标是保证股东利益的最大化,防止经营者与所有者利益的背离。其主要特点是借助股东大会、董事会、监事会及经理层所构成的公司治理结构来实现的内部治理。

广义的公司治理是指通过一整套包括正式或非正式的、内部的或外部的制度,协调企业与所有利益相关者(股东、债权人、职工、潜在的投资者等)的利益关系,以保证企业决策的科学性、有效性,从而最终维护企业各方面的利益。

(二) 公司治理的基本原则

1. 建立完善的组织结构

确认并公布董事会和管理层各自的作用和责任是奠定企业中管理和监督的坚实基础的方法之一。董事会和管理层的作用及人员个人责任的分配见表3-1。

表 3-1 董事会和管理层的作用及人员个人责任的分配

董事会和管理层的作用	人员个人责任的分配
董事会保留和授权管理层的事项的性质必然取决于企业的规模、复杂程度和所有权结构,以及其传统和企业文化	要清楚地理解企业对他们的期望
披露职责分工有助于那些受企业决策影响的人更好地了解特定企业董事会和管理层各自的责任和贡献	要有正式的董事任命书,并且列明有用的关键条款和情况
企业应当适当定期审查责任平衡,确保职能分工适合企业的需要	首席执行官和财务总监应有一个正式的职责说明和任命函,以说明他们的任期、职责、权利和责任,并有权终止其职务
董事会通常负责监督企业,包括企业控制和问责机制;任免首席执行官(或相应职位);批准任免财务总监(或相应职位);最终批准管理层关于企业的发展战略和业绩目标;审查和批准风险管理系统;内部遵循和控制;行为守则和法律的遵守情况;监测高管的业绩和战略的执行情况,并确保他们得到适当的资源;审批和监督主要资本支出、资本管理、并购及资产剥离的过程;审批和监督财务和其他报告	

2. 明确董事会的角色和责任

公司治理实践方面最重要的部分之一就是董事会的独立问题。董事会中大部分成员应当是独立董事。独立董事是指独立于企业的股东且不在企业内部任职,并与企业或企业经营管理者没有重要的业务联系或专业联系,能对企业事务作出独立判断的董事。只有保持董事会的独立,才可以确保董事会在为利益相关者的最佳利益行动时保持足够的客观性。独立性在确保董事会能够行使其监督或管理的首要责任方面(而不是过分参与企业的日常管理工作)起着关键的作用。

对上市公司来说,独立董事是指在上市公司担任独立董事之外,不再担任该公司任何其他职务,并与上市公司及其大股东之间不存在妨碍其独立作出客观判断的利害关系的董事。

3. 提倡正直及道德行为

正直及道德的行为主要体现在以下几个方面:

(1) 良好的公司治理最终需要讲诚信的人员。
(2) 企业可建立一套行为守则。
(3) 企业还可以披露董事、经理和员工对公司证券进行交易的政策。
(4) 企业应考虑采取适当的遵守标准和程序。

4. 维护财务报告的诚信及外部审计的独立性

(1) 企业应要求首席执行官(或相应职位)和首席财务官(或相应职位),以书面形式向董事会报告,企业的财务报告需要在所有重大方面按照有关的会计准则真实、公允地反映企业的财务状况和经营成果。

(2) 企业应该设置一个独立机构以核实和维护企业财务报告的诚信。它要求企业建立一个审查和授权的结构,以保证企业的财务状况得到真实、可靠的披露。该机构应当包括负责审查和审计的审计委员会和一个能够确保外部审计师独立性和胜任能力的程序。

(3) 对大型企业而言,审计委员会可能比董事会更加有效地关注有关验证和维护企业财务报告诚信的事项。这样的公司治理结构并没有削弱董事会对确保企业财务报告诚信的最终责任。

(4) 独立的审计委员会的存在已经被国际公认为是良好公司治理的一个重要特征。

(5) 审计委员会应审查企业财务报告的诚信和监督外部审计师的独立性。

(6) 审计委员会应当向董事会报告。报告应包含有关委员会的作用和责任的事项,如评估外部报告和评估支持外部报告的管理程序,挑选、任命和轮换外部审计师的程序,对聘用和解聘外部审计师的建议等。

(7) 保持外部审计师的独立性就是确定他们在为企业提供审计服务的同时,没有向企业提供某些可以影响其独立性的非审计服务,然而这不一定意味着外部审计师不能从事任何非审计工作。

5. 及时披露信息和提高透明度

(1) 所有投资者享有平等、及时地了解公司重大信息的权利。公司重大信息及其内容见表3-2。

表3-2　　　　　　　　　　　　公司重大信息及其内容

重大信息	内容
财务会计信息	包括企业的财务状况、经营成果、股权结构及其变动、现金流量等。财务会计信息主要被用来评价企业的获利能力和经营状况
非财务会计信息	包括企业经营状况、目标、政策、董事会成员和关键管理人员及其薪酬、重要可预见的风险因素、公司治理结构及原则等。非财务会计信息主要被用来评价公司治理的科学性和有效性
审计信息	包括注册会计师的审计报告、监事会报告、内部控制制度评估等。审计信息主要被用于评价财务会计信息的可信度及公司治理制衡状况

(2) 加强公司治理披露,可以通过下列途径实现(表3-3)。

表3-3　　　　　　　　　　　　公司治理披露途径

途径	内容
公司治理声明	为了告知股东公司治理结构、政策和执行的力度,上市公司及大型非上市公司可在其年度报告中提供一份公司治理的声明。这份有关公司治理的声明应当在年度报告中单独列报,并给予和董事报告同样的重视
分析董事的薪酬,并披露有关资料	为了提高董事薪酬的可比性和透明度,尤其是薪酬与企业的业绩的关联程度,应当在"绩效基础"和"非绩效基础"之间分析董事的薪酬,并披露有关董事股票期权资料

6. 鼓励建立内部审计部门

审计委员会应当向董事会就任免内部审计管理人员提供建议(不是直接任免),应具有监督内部审计的范围的权利,在管理层不在场的情况下了解内部审计职能。内部审计师应独立于外部审计师。内部审计部门应和管理层进行必要沟通,并具有从管理层获得信息和解释的权利。为了提高内部审计部门的客观性和业绩,内部审计部门应该直接向董事会或者审计委员会负责。

7. 尊重股东的权利

企业应当能够和股东有效沟通,使他们随时能够得到企业客观、公正和易于理解的信息,以及企业的计划,便于他们参加股东大会。为了尊重股东的权利,企业应当设计和披露沟通政策,以促进和股东之间的有效沟通,并鼓励股东有效地参与股东大会。企业公布企业的股东沟通政策,也将帮助投资者获取信息。企业可以考虑如何最好地利用新技术,提供更多的机会,以便更有效地与股东沟通并解决不能出席会议的股东的问题。

8. 确认利益相关者的合法权益

企业对于非股东的利益相关者,如员工、客户或顾客和社会整体具有很多法律和其他义务。企业可以通过管理自然、人文、社会和其他形式的资本来更好地创造价值。

9. 鼓励提升业绩

(1) 董事和主要管理人员应具备有关的知识和信息,他们必须有效地履行职责,而且个人和集体的业绩也需要进行定期和公平的审查。

(2) 董事会和主要管理人员的业绩应定期通过可计量和定性的指标进行审查。

(3) 提名委员会应负责评估董事会的业绩。

(4) 企业应实施岗前培训计划,让新的董事会成员尽早充分参与决策。

(5) 对新董事进行岗前培训,提名委员会应负责确保有效的岗前培训,并应定期审查其有效性。

10. 公平的薪酬政策

(1) 企业应保证薪酬具有充分合理的水平和结构,以及其与企业和个人绩效的关系。

(2) 企业必须采取能够吸引和挽留人才、激励董事及员工的薪酬政策,以促进企业业绩的提高。

(3) 披露薪酬政策是薪酬报告的基本要求。

延伸阅读 3-1

公司治理的重要性

公司治理是决定企业能否健康、可持续发展的基础性因素。良好的公司治理一方面能够降低代理成本;另一方面,也有助于保护员工的利益。很多失败的企业在内部控制和公司治理层面都存在很大问题,而绝大多数的成功企业都解决了两个根本问题:一是能持续确保企业经营的效率和效果;二是能持续确保企业资产的增值与安全。随着市场竞争的加剧和企业生存环境的变化,企业要想持续经营下去,就需要不断地提升竞争力和控制经营风险的能力。单纯依赖传统的会计控制已不能应对企业可能面临的经营风险,会计控制必须向企业内部控制体系发生转变,必须进行有效的风险管理,只有这样,才能有效提升企业持续经营的能力。

三、企业社会责任

企业社会责任是指企业在创造利润、对股东和员工承担法律责任的同时,还要承担对消费者、社会和环境等利益相关者的责任。企业社会责任要求企业必须超越把利润作为唯一目标的传统理念,强调要在生产过程中对人的价值的关注,强调对环境、消费者、对社会的贡献。

(一) 企业对政府的责任

在现代社会,政府越来越演变成社会的服务机构,扮演着为公民和各类社会组织服务和实施社会公正的角色。在这种制度框架下，要求企业扮演好社会公民的角色，自觉按照政府有关法律、法规的规定，合法经营、照章纳税，承担政府规定的其他责任和义务，并接受政府的监督和依法干预。

（二）企业对股东的责任

现代社会，股东队伍越来越庞大，遍及社会生活的各个领域，企业与股东的关系逐渐具有了企业与社会的关系的性质，企业对股东的责任也具有了社会性。首先，企业应严格遵守有关法律规定，对股东的资金安全和收益负责，力争给股东丰厚的投资回报。其次，企业有责任向股东提供真实、可靠的经营和投资方面的信息，不得欺骗投资者。

（三）企业对消费者的责任

企业与消费者是一对矛盾统一体。企业利润的最大化最终要借助消费者的购买行为来实现。作为通过为消费者提供产品和服务获取利润的组织，提供物美价廉、安全、舒适、耐用的商品和服务，满足消费者的物质和精神需求，是企业的天职，也是企业对消费者的社会责任。对消费者的社会责任要求企业对提供的产品质量和服务质量承担责任，履行对消费者在产品质量和服务质量方面的承诺，不得欺诈消费者和牟取暴利，在产品质量和服务质量方面自觉接受政府和公众的监督。

（四）企业对员工的责任

企业对员工的责任属于内部利益相关者问题。企业必须以足够的注意力来考虑员工的地位、待遇和满足感。在全球化背景下，劳动者的权利问题得到了世界各国政府及各社会团体的普遍重视。20世纪90年代，美国著名的牛仔裤制造商李维·斯特劳斯在严苛的工作条件下使用年轻女工的事实被曝光后，为了挽救其形象，推出了第一份企业社会责任守则，随之一些跨国公司为了应对激烈的全球化竞争，也纷纷效仿。

（五）企业对资源环境和可持续发展的责任

实践证明，工业文明在给人类社会带来前所未有的繁荣的同时，也给我们赖以生存的自然环境造成了灾害性的影响。企业对自然环境的污染和消耗不容小觑。近半个世纪以来的环境变化改变了企业对待环境的态度——从矢口否认对环境的破坏转为承担起不再危害环境的责任，进而希望对环境施加积极的影响。然而，环境日渐好转的情况仅仅发生在发达国家，人类并未走上可持续发展的道路，造成这种局面的根源在于新兴国家人口和经济的飞速增长没有与环境治理达到平衡。虽然这些政治和社会问题超出了任何一家企业的管辖和能力范围，但是集资源、技术、全球影响以及可持续发展动机于一身的组织又只有企业，所以企业应当承担起建设可持续发展的全球经济这个重任，进而利用这个历史性转型实现自身的发展。

（六）企业对社区的责任

企业是社会的组成部分，更是所在社区的组成部分，与所在社区建立和谐融洽的相互关系是企业的一项重要社会责任。企业对社区的责任就是回馈社区，如为社区提供就业机会、为社区的公益事业提供慈善捐助、向社区公开企业经营的有关信息等。有社会责任的企业意识到通过适当的方式把利润中的一部分回报给所在社区是其应尽的义务。世界著名的管理大师孔茨和韦里克认为，企业必须同其所在的社会环境进行联系，对社会环境的变化作出及时反应，成为社区活动的积极参加者。

延伸阅读 3-2

沃尔玛的企业社会责任

沃尔玛百货有限公司(以下简称沃尔玛)由美国零售业的传奇人物山姆·沃尔顿先生于1962年在美国阿肯色州成立。经过40多年的发展,沃尔玛已经成为美国最大的私人雇主和世界上最大的连锁零售企业。沃尔玛在全球27个国家开设了超过10 000家商场,下设69个品牌,全球员工总数220多万人,每周光临沃尔玛的顾客约2亿人次。

沃尔玛的企业社会责任主要体现在社区方面、雇员方面和环境方面。

(1) 社区方面:沃尔玛充分认识到,公司的可持续发展与社区的可持续发展息息相关,所以公司在做决定时都会考虑对社区的影响。

(2) 雇员方面:沃尔玛对雇员的责任主要体现在尊重雇员平等的社会地位、提供公平的培训及发展机会、制定行业内有竞争力的报酬体系、鼓励员工参与管理。沃尔玛是全球最大的私人雇主,但公司不把员工当作"雇员"来看待,而是视为"合伙人"和"同事"。

(3) 环境方面:沃尔玛积极参与各项环保公益项目,范围涵盖绿色能源利用、环保节能、噪音控制、植树造林等各个领域。100%使用再生能源、实现零浪费、出售对环境和自然资源无害的产品是沃尔玛在环保方面的目标。

第三节 利益相关者

本章第二节提到了公司治理与企业社会责任,其中公司治理的目标是协调企业与所有利益相关者(股东、债权人、职工、潜在的投资者等)的利益关系。而企业社会责任也涉及利益相关者一词,那么什么是利益相关者?利益相关者可能会产生什么冲突?又如何解决这些冲突?

一、利益相关者概述

"利益相关者"一词最早被提出可以追溯到1984年,弗里曼在《战略管理:利益相关者管理的分析方法》一书中明确提出了利益相关者管理理论。利益相关者管理理论是指企业的经营管理者为综合平衡各个利益相关者的利益要求而进行的管理活动。与传统的股东至上主义相比较,该理论认为任何一家企业的发展都离不开各个利益相关者的投入或参与,企业追求的是利益相关者的整体利益,而不仅仅是某些主体的利益。

3-2 视频:
利益相关者

利益相关者包括企业的股东、债权人、雇员、消费者、供应商等交易伙伴,也包括政府部门、本地居民、本地社区、媒体、环保主义等的压力集团,甚至包括自然环境、人类后代等受到企业经营活动直接或间接影响的客体。这些利益相关者与企业的生存和发展密切相关,他们有的分担了企业的经营风险,有的为企业的经营活动付出了代价,有的对企业进行监督和制约,企业的经营决策必须要考虑他们的利益或接受他们的约束。从这个意义上讲,企业是一种智力和管理专业化投资的制度安排,企业的生存和发展依赖于企业对各个利益相关者利益要求的回应的质量,而不仅仅取决于股东。

二、多方利益相关者的冲突

由于利益不同,利益相关者之间的冲突是很常见的。常见的利益相关者冲突有以下几点。

（一）股东与经营者

在以"所有权与控制权相分离"为特征的现代公司制企业里,股东与经营者之间的财务冲突几乎不可避免。尽管股东总是期望经营者能够从"股东利益最大化"的目标出发从事经营与财务管理活动,但现实生活中,经营者往往会从自身利益出发而牺牲股东的利益,使股东的期望和既定的财务目标异化,股东不得不负担一部分由经营者的利己主义行为而发生的成本,经济学家称之为代理成本。

（二）企业与员工

现代企业应对内部员工予以格外的重视和关注,树立并贯彻实施"以员工为中心"的管理理念,以此作为企业的领导哲学和基本价值观,以这些文化、惯例和过程来影响员工观念和员工行为,进而影响顾客和其他利益相关者的观念和行为,从而改进企业绩效、促进企业发展。为此,企业应对以下几个方面予以重视：第一,企业不要轻言改组和裁员。第二,企业需经常进行员工调查,了解员工所关注的与工作相关的事项、员工对公司的评价等。第三,要不断改革和完善人力资源政策,进一步加强企业文化建设。

（三）股东与债权人

股东与债权人的关系可以看作信息不对称委托代理关系。股东与经营者之间的代理风险和代理成本问题也存在于债权债务关系中。实际上,债权人的代理风险(即信用风险)有时比股东的代理风险还大。换句话说,企业经营中的道德风险对债权人的损害有时比对股权人的损害还要大。这是因为债权人是企业资金的主要供给者,但债权人通常并不像股东那样有权直接参与企业的经营管理,也就是债权人对负债企业的约束和控制手段与股东相比,影响较小。

股东损害债权人的方式通常有：股东不经债权人同意,投资比债权人预期风险要高的项目；股东为了提高利润,不征得债权人的同意而迫使管理当局发行新债,致使旧债权人蒙受损失。

三、利益相关者矩阵

利益相关者矩阵(图3-1)是当利益相关者产生冲突时,用来解决平衡和处理各个利益相关者的利益的一种工具。

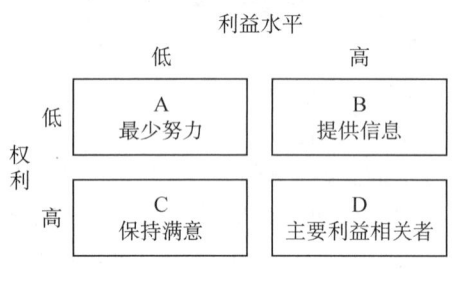

图3-1 利益相关者矩阵

图3-1指明了组织与利益相关者之间的不同类型。显然,在战略制定和实施过程中,应重点考虑主要参与者(D区)是否接受该战略。这是因为他们既有权力,又有兴趣。

关系最难处理的一类利益相关者是C区内的利益相关者,虽然总体说来他们是相对被动的,但却可能因某些特定事件而对战略产生兴趣,并施加有力的影响。因此,全面考虑C区利益相关者对未来战略的可能反应非常重要。如果低估了他们的利益而迫使其突然重新定位于D区内,并且阻止战略变革,那么情况就会很糟。

此外,需要正确地对待B区中利益相关者的需要,因为企业的经营业绩和战略,与他们的利益密切相关,而他们并没有太大的权力,所以可以通过保持信息交流来满足他们对利益关注的心理要求。

而 A 区的利益相关者的利益水平与权力都不高，所以企业可以适当降低对 A 区利益相关者的关注和努力。

相关思考 3-1

鸿基公司案例

鸿基公司是一家从事产品开发的企业，由三位志同道合的朋友共同出资 80 万元创立，三人平分股权比例。企业发展初期，创始股东都以企业的长远发展为目标，关注企业的持续增长能力，所以，他们注重加大研发投入，不断开发新产品，这些措施有力地提高了企业的竞争力，使企业实现了营业收入的高速增长。

然而，随着利润的不断快速增长，三位创始股东在收益分配上产生了分歧。股东王凯、张鸿倾向于分红，而股东隋吉则认为应将企业取得的利益用于扩大再生产，以提高企业的持续发展能力，实现长远利益的最大化。由此产生的矛盾不断升级，最终导致坚持企业长期发展的隋吉被迫出让其持有的 1/3 股份并离开企业。

但是，此结果引起了与企业有密切联系的广大供应商和分销商的不满，因为他们许多人的业务发展壮大都与鸿基公司密切相关，他们深信鸿基公司的持续增长将为他们带来更多的机会。于是，他们威胁如果隋吉离开企业，他们将断绝与企业的业务往来。面对这一情况，其他两位股东提出他们可以离开，条件是隋吉必须收购他们的股份。

隋吉的长期发展战略需要较多投资，这样做将导致企业陷入没有资金维持生产的境地。这时，众多供应商和分销商伸出了援助之手，他们或者主动延长应收账款的期限，或者预付货款，最终隋吉又重新回到了企业，成为掌门人。经历了股权变更的风波后，鸿基公司在隋吉的领导下，不断加大投入，实现了企业规模化发展，在同行业中处于领先地位，企业的竞争力和价值不断提升。

思考：
1. 隋吉坚持企业长远发展，而其他股东要求更多的分红，你认为隋吉的目标是否与股东财富最大化的目标相矛盾？
2. 拥有控制权的大股东与供应商和客户等利益相关者之间的利益是否矛盾？若有矛盾，应如何协调？
3. 利益相关者是否对企业的控制权产生影响？

第四节 企业的宏观与微观环境

一、企业的宏观与微观环境概述

3-3 视频：企业的宏观与微观环境

企业外部环境分为宏观环境和微观环境两个层次。宏观环境因素包括政治环境、经济环境、技术环境、社会文化环境等。这些因素对企业及其微观环境的影响力较大，一般都是通过微观环境对企业间接产生影响。微观环境因素包括市场需求、竞争环境、资源环境等，涉及行业性质、竞争者状况、消费者、供应商及其他社会利益集团等多种因素，这些因素会直接影响企业的生产经营活动。

在一般情形下，宏观环境因素决定微观环境因素，宏观环境常常通过微观环境作用于企业的营销活动。宏观环境中的不同因素又相互作用，对企业营销活动产生制约和影响。微观环境也对宏观环境有重要的反作用。

企业外部环境有三个显著的特征：第一个为波动性，即外部环境经常发生变化，难以预测。第二个为不可控性，即外部环境的变化不受单个企业的控制。第三个为差异性，即外部环境对不同类型的企业影响各不相同。

二、企业的宏观环境

如前所述,宏观环境因素有四类。此外,还有自然环境,即一家企业所在地区或市场的地理、气候、资源分布、生态环境等。自然环境因素的变化速度较慢,企业较易应对,因而不作为重点研究对象,此处不再赘述。

(一)政治环境

政治环境是指影响和制约企业的政治要素和法律系统,以及其运行状态,具体包括国家政治制度、政治军事形势、方针政策、法律、法令、法规、执法体系等。在稳定的政治环境中,企业能够通过公平竞争获取正当权益,得以生存和发展。国家的政策、法规对企业生产经营活动具有控制、调节作用,相同的政策、法规给不同的企业可能会带来不同的机会或制约。

(二)经济环境

经济环境是指构成企业生存和发展的社会经济状况及国家的经济政策,具体包括社会经济制度、经济结构、宏观经济政策、经济发展水平,以及未来的经济走势等。衡量经济环境的指标有:国内生产总值、国民收入、就业水平、物价水平、消费支出分配规模、国际收支状况,以及利率、通货供应量、政府支出、汇率等国家财政、货币政策。

(三)技术环境

技术环境是指与本企业有关的科学技术水平、发展趋势和发展速度,以及国家科技体制、科技政策等。在知识经济兴起和科技迅速发展的情况下,技术环境对企业的影响可能是创造性的,也可能是破坏性的,企业必须预见这些新技术带来的变化,采取相应的措施予以应对。

(四)社会文化环境

社会文化环境是指企业所处地区的社会结构、风俗习惯、宗教信仰、价值观念、行为规范、生活方式、文化水平、人口规模与地理分布等。社会文化环境对企业的生产经营有着潜移默化的影响,如文化水平会影响人们的需求层次;风俗习惯和宗教信仰可能抵制或禁止企业某些活动的进行;人口规模与地理分布会影响产品的社会需求与消费等。

三、企业的微观环境

微观环境是指企业生存与发展的具体环境。与宏观环境因素相比,微观环境因素更能够直接地给一家企业提供有用的信息,同时也更容易被企业所识别。

(一)市场需求

在商品经济条件下,环境向企业提出的需求主要表现为市场需求。市场需求包括现实需求和潜在需求。现实需求是指顾客有支付能力的需求;潜在需求是指处于潜伏状态的、由于某些原因不能马上实现的需求。现实需求决定企业目前的市场销量,而潜在需求则决定企业未来的市场。

(二)竞争环境

竞争环境包括竞争规模、竞争对手实力与数目、竞争激烈化程度等。竞争具体包括同行竞争、替代产品行业竞争、购买者竞争、供应者竞争等。

(三)资源环境

资源是指企业从事生产经营活动应投入的所有资源,包括人、财、物、技术、信息等。资源环境包括各种资源开发利用状况、资源的供应状况、资源的发展变化情况等。

另外,来自政府和社团的直接有关的政策、法律、法令、要求等,也对行业及企业直接约束和影响。

第五节 企业中会计的角色

本章第四节介绍了企业所处的宏观与微观环境,而会计是社会经济环境中不可或缺的一部分。那么会计到底扮演着什么样的角色?起着什么样作用?

3-4 视频:
企业中会计的角色

一、会计职能

会计角色是一种会计职能的体现,会计职能是会计在经济管理中所具有的功能。会计的基本职能是对经济活动进行核算和管理。会计核算是为经济管理搜集、处理、存储和输送各种会计信息。会计管理则是根据上述"核算"的结果对主体进行效益的引导、分析、规划和评价,并采取措施施加一定的影响,以实现预期的目标。

(一)核算职能

核算职能也称反映职能。会计的核算职能是通过一定的会计方法,遵照财务会计准则的要求,正确地、全面地、及时地、系统地将一个会计实体单位所发生的财务会计事项表现出来,并通过科学的分类方法,将不同性质的会计事项分门别类地、集中地表现出来,以达到揭示会计事项本质之目的。

会计的核算职能在客观上体现为通过会计信息系统对财务会计信息进行优化的过程,这个过程又具体划分为两个基本工作阶段:一是信息确认阶段,通过这个过程进行信息筛选,去伪存真,将虚伪假冒及失真的信息揭示出来,清除出去,为整个优化信息的过程奠定基础,确保财务会计信息的真实、可靠;二是核算工作阶段,核算过程包括制证、计量、记录、归类、组合、测试、编表等环节,这个过程体现为对若干会计方法的具体应用,如以货币为统一计量标准、设置账簿、会计科目,以及在编报前应用平衡公式进行测试等。

(二)管理职能

管理职能也称监督和控制职能。会计的管理职能应当明确的问题是现代会计控制的对象与所立定的管理目标。从现代会计控制的对象方面讲,它表现为对一个法定的会计实体进行控制。如果这个实体是指一家独立核算的企业,这家企业是由处于经营管理系统中的若干岗位或环节组合而成的,因此,为行使会计对企业经营活动过程及其结果的控制权力,并履行其受托责任,便自然而然地按这一专职岗位设置会计组织部门,由其具体组织会计控制工作。这样一来,会计的岗位职责与权力将统一在一起。

从现代会计控制所立定的管理目标方面讲,它集中体现为一个会计实体的经济效益的不断提高,并且这个会计实体的经济效益与社会经济效益要实现统一。如果把现代会计控制的对象与所立定的管理目标统一起来加以认识,便可作出这样的结论:会计组织部门为实现其既定控制目标,以法制为依据,以科学理论为指导,通过一定科学的程序,采用科学的方法与现代化手段,充分履行自己的受托责任与行使管理权力,使企业的经济活动过程与财务活动过程遵循经济活动规律及其经济活动规范运行。

二、会计的作用

(一) 提供决策有用信息

会计有助于提供决策有用信息,从而提高企业透明度、规范企业行为。对作为企业所有者的投资者来说,他们为了选择投资对象、衡量投资风险、作出投资决策,不仅需要了解企业包括毛利率、总资产收益率、净资产收益率等指标在内的盈利能力和发展趋势方面的信息,还需要了解有关企业经营情况方面的信息及其所处行业的信息。

对作为债权人的银行来说,它们为了选择贷款对象、衡量贷款风险、作出贷款决策,不仅需要了解企业包括流动比率、速动比率、资产负债率等指标在内的短期偿债能力和长期偿债能力,还需要了解企业所处行业的基本情况及其在同行业所处的地位。

对作为社会经济管理者的政府部门来说,它们为了制定经济政策、进行宏观调控、配置社会资源,需要从总体上掌握企业的资产负债结构、损益状况和现金流转情况,从宏观上把握经济运行的状况和发展变化趋势。

这一切全部都需要会计提供有助于决策者进行决策的有用信息,通过提高会计信息透明度来规范企业会计行为。

(二) 加强经营管理

会计有助于企业加强经营管理,从而提高经济效益、促进企业可持续发展。企业经营管理水平的高低直接影响着企业的经济效益、经营成果、竞争能力和发展前景,在一定程度上决定着企业的前途和命运。

为了满足企业内部经营管理对会计信息的需要,现代会计已经渗透到了企业内部经营管理的各个方面。例如,企业会计通过分析和利用有关企业财务状况、经营成果和现金流量方面的信息,可以全面、系统、总括地了解企业生产经营活动情况、财务状况和经营成果,并在此基础上预测和分析未来发展前景;可以通过发现过去经营活动中存在的问题,找出存在的差距及原因,并提出改进措施;可以通过预算的分解和落实,建立起内部经济责任制,从而做到目标明确、责任清晰、考核严格、赏罚分明。总之,会计通过真实地反映企业的财务信息,参与经营决策,为处理企业与各方面的关系、考核企业管理人员的经营业绩、落实企业内部管理责任奠定基础。

(三) 考核企业管理层经济责任的履行情况

企业接受了包括国家在内的所有投资者和债权人的投资,就有责任按照其预定的发展目标和要求,合理利用资源、加强经营管理、提高经济效益、接受考核和评价。会计有助于评价企业的业绩,考核企业管理层经济责任的履行情况。

(四) 保护财产

企事业单位的财产,是社会经济事业发展的物质基础。通过会计部门建立健全的会计制度,加强财产保管,确保财产的安全和完整。会计对保护财产、维护现代企业的法人财产权有着重要意义。

> **延伸阅读 3-3**
>
> **会 计 目 标**
>
> 会计目标概括来讲就是设置会计目的与要求。具体而言,会计目标就是对会计自身所提供经济信息的

内容、种类、时间、方式及质量等方面的要求。也就是说,会计目标是要回答会计应干些什么的问题,即对所从事的工作,先要明确其应符合的何时以何种方式提供何种信息。

会计目标指明了会计实践活动的目的和方向,同时也明确了会计在经济管理活动中的使命,成为会计发展的导向。制定科学的会计目标,对把握会计发展的趋势,确定会计未来发展的步骤和措施,调动和借助会计工作者的积极性和创造性,促使会计工作规范化、标准化、系统化,更好地为社会主义市场经济服务等都具有重要的作用。

会计目标与会计目的不同,会计目的是对会计实践活动而主观提出的,它不属于会计信息系统,是在该系统以外回答人们利用会计信息来干些什么。而会计目标则不是,它属于会计信息系统的组成部分,它一经明确,作为其具体化的会计职能就确定了。因为会计目标提出后,不论是从质的方面,还是从量的方面,都规定了会计能提供什么种类和内容,以及什么方式的信息。此时,会计目标不能超出这个范围,除非又提出新的目标。作为会计目标能深刻地反映会计目的,会计目的又反过来约束会计目标。没有高要求的会计目的,也就设计不出高要求的会计目标。即使设计了较高要求的会计目的,在会计自身要求不高的情况下,也无法为会计活动提出相应的高目标。因此,会计目的只能通过影响会计目标而促使我们去发展会计本身所具有的功能,并且借助其发展来促进会计目的的实现。

第六节 企业内部控制与财务舞弊防范

会计想要在经济活动中发挥作用,需要有企业作为载体,而企业的正常持续经营尤为重要。因此,这就需要企业内部控制系统作为保障。企业内部控制系统是保证企业正常经营的基础,它的好坏直接关系到一家企业的经营成败。

虽然有企业内部控制的保障,但是财务舞弊案件却时有发生,经济利益的驱动是产生财务舞弊的内部动因和根源。

一、企业内部控制系统

(一) 企业内部控制概述

根据财政部等五部门于2008年颁发的《企业内部控制基本规范》的规定,内部控制是指由企业董事会、监事会、经理层和全体员工实施的、旨在实现控制目标的过程。内部控制的目标是合理保证企业经营管理合法合规、资产安全、财务报告及相关信息真实完整,提高经营效率和效果,促进企业实现发展战略。

3-5视频:企业内部控制与财务舞弊防范

(二) 企业内部控制的基本要素

(1) 内部环境。内部环境是企业实施内部控制的基础,一般包括治理结构、机构设置及权责分配、内部审计、人力资源政策、企业文化等。

(2) 风险评估。风险评估是指企业及时识别、系统分析经营活动中与实现内部控制目标相关的风险,以合理确定风险应对策略。

(3) 控制活动。企业的控制活动应结合风险评估结果,通过手工控制与自动控制、预防性控制与发现性控制相结合的方法,运用相应的控制措施,将风险控制在可承受范围内。控制措施一般包括不相容职务分离控制、授权审批控制、会计系统控制、财产保护控制、预算控制、运营分析控制和绩效考评控制等。其中:

不相容职务分离控制要求企业全面系统地分析、梳理业务流程中所涉及的不相容职务,实施相应的分离措施,形成各司其职、各负其责、相互制约的工作机制。

授权审批控制要求企业根据常规授权和特别授权的规定,明确各岗位办理业务和事项的权限范围、审批程序和相应责任。

会计系统控制要求企业严格执行国家统一的会计准则制度,加强会计基础工作,明确会计凭证、会计账簿和财务会计报告的处理程序,保证会计资料真实、完整。

财产保护控制要求企业建立财产日常管理制度和定期清查制度,采取财产记录、实物保管、定期盘点、账实核对等措施,以确保财产安全。

预算控制要求企业实施全面预算管理制度,明确各责任单位在预算管理中的职责权限,规范预算的编制、审定、下达和执行程序,强化预算约束。

运营分析控制要求企业建立运营情况分析制度,经理层应当综合运用生产、购销、投资、筹资、财务等方面的信息,通过因素分析、对比分析、趋势分析等方法,定期开展运营情况分析,发现存在的问题,及时查明原因并加以改进。

绩效考评控制要求企业建立和实施绩效考评制度,科学设置考核指标体系,对企业内部各责任单位和全体员工的业绩进行定期考核和客观评价,将考评结果作为确定员工薪酬,以及职务晋升、评优、降级、调岗、辞退等的依据。

(4) 信息与沟通。信息与沟通是指企业及时、准确地收集、传递与内部控制相关的信息,确保信息在企业内部、企业与外部之间进行有效沟通。

(5) 内部监督。内部监督是指企业对内部控制建立与实施情况进行监督检查,评价内部控制的有效性,发现内部控制缺陷,并及时加以改进。

(三) 企业内部控制的目的与主要过程

实施企业内部控制的目的是提高企业经营管理水平和风险防范能力,促进企业可持续发展,维护社会主义市场经济秩序和社会公众利益。企业内部控制的主要过程包括预测、控制、监督。

(1) 预测。企业管理层根据资产、财务和企业经营活动中产生的各种数据,经过识别、分析,得出企业经营发展的相关风险,合理确定各种风险的应对策略。

(2) 控制。以企业预测结果为导向、以流程管理为方法,针对已经或者将要发生的风险进行提前控制。具体的控制对象包括:人力、财务、资源、物流等企业经营活动中产生风险的对象。

(3) 监督。监督是指企业针对内部控制建立与实施情况进行监督检查的过程。企业发现内部控制缺陷,应当及时加以改进,这是企业实施内部控制的重要保证。内部监督分为日常监督和专项监督。日常监督是指企业对建立与实施内部控制的情况进行常规、持续的监督检查。专项监督是指在企业发展战略、组织结构、经营活动、业务流程和关键岗位员工等发生较大调整或变化的情况下,对内部控制的某些方面进行有针对性的监督检查。

二、财务舞弊

(一) 财务舞弊概述

舞弊是指组织相关人员采用欺诈等不正当的手段,损害或牟取企业的经济利益,而为个人带来不正当经济利益的行为。舞弊是一种经过事先预谋、精心策划和运用非法手段作弊的一种故意行为。而财务舞弊是指有目的、有预谋、有针对性的财务造假和欺骗,从而导致会计报表产生不真实反映的故意行为。财务舞弊主要包括伪造、变造记录或凭证,侵占资产,隐瞒或删除交易事项,记录虚假的交易事项,蓄意使用不当的会计政策等。

(二)财务舞弊行为

1. 集体作弊,骗取资金

集体作弊主要是指钻政策和改革的空子,集体编造虚假凭证和报表,以骗取国家和财政资金的行为。例如,各类贷款贴息,一般情况上级部门只要求申报单位提供银行贷款的复印件,这就使单位有弄虚作假的可乘之机,有的单位突击编造虚假单位、虚拟项目可行性研究报告和资金支出预算,个别单位甚至连续作假,以达到套取资金的目的。

2. 编假造假,牟取私利

单位或个人往往利用发票管理混乱、内部管理松懈之机,自制或套开假发票、假收据,虚报冒领,中饱私囊。其中,大头小尾、鸳鸯发票和阴阳发票是常见的问题。例如,在现金交易中,同一发票分别套开,发票联金额大于存根联和抵扣联,使供方可以虚增销售收益,使买方增加成本费用,多抵扣增值税。又如,主动多付款项给下属单位或业务往来单位,双方达成默契,随后在该单位提取现金,报销消费品和旅游费用等。

3. 假借投资,变相消费

个别单位为了牟取个人或小集团利益,将国家财政资金以各种借口转移到本单位下属的经济实体或公司作为长期投资项目,而该项投资又长期不见收益入账。投资的真正目的就是转移资金,以便将本单位或个人的不当支出,如各项补贴超支的出国费用等,在下属的经济实体中列支,以逃避检查。

4. 虚报冒领,骗吃空额

有的舞弊者利用内部控制制度不健全的漏洞,在工资表中虚列员工名额,从中大饱私囊;也有的舞弊者以物资采购为名义,将钱转到商业企业,再以购货券的形式,用于变相消费或拉关系;还有的舞弊者搞"假采购,真付款",或者"假招标,真付款",将资金转回小金库。

5. 巧立名目,逃避税费

其主要表现在多计多列、多提多摊成本费用,虚减利润,不断调账、冲账、转账和偷换会计科目性质、篡改业务内容中作弊。

为达到发行债券股票、审批立项、申请贷款等目的,有的舞弊者任意篡改数据,虚列虚报收入、盈利和资产;还有的舞弊者设立多套会计账簿,编制多种报表,以应付各种检查、申请贷款、逃避纳税。

6. 变换方法,隐匿收入

其主要是通过变换计价方法、计价数额,以及随意改变固定资产折旧计提办法等调节盈利。例如,将销售商品虚报为亏损,或贪污私分,或设小金库。又如,多发售商品,少开发票,隐瞒和转移收入。在事业单位,主要是采取收费不入账、私设会计账簿、公款私存等方法,隐匿收入。

 延伸阅读3-4

财务舞弊的原因

1. 利益驱使是根本原因

财务报告舞弊的背后有着巨大的经济利益作为动力,上市公司通过提供虚假财务信息可骗取投资者、债权人、供应商、银行和政府等利益相关者的信任,并因此获得巨大的经济利益。

2. 舞弊收益大于舞弊成本

我国上市公司财务报告舞弊的目的主要是虚增利润,而虚增利润后的报表一旦对外公布,往往带来的就是流通股股价的上升。因此,流通市值的增加是舞弊回报的重要方面。当然,舞弊也有一定的成本。但是目前在我国,舞弊收益往往大于舞弊成本,这是很多上市公司铤而走险的一个重要原因。

3. 会计准则、会计制度的漏洞与执行的伸缩性

其一,会计准则为虚假会计信息提供了操作空间。其二,会计政策提供了越来越宽的选择范围,会计信息提供者总是在规定的范围内选择有利于自身绩效或其他目的的会计政策。其三,会计准则的滞后性为会计造假提供了契机。

4. 公司治理结构不完善

我国多数上市公司股权高度集中,股东大会成为"大股东会",形成"一股独大",客观上形成了财务造假的土壤。同时,董事会成员构成也不尽合理,"内部人控制"问题严重,董事会成员和经理人员往往互相兼任,董事会不但不能监督、约束管理层的行为,反而常常与管理层共同操纵上市公司,并在种种利益的驱动下,肆无忌惮地造假。另外,由于监事会成员的身份和行政关系不能保持独立,其工资、薪金、职位等基本都由经营者决定,难以担当起监督董事会和经营者的职责。

5. 注册会计师审未能发挥应有的揭露舞弊的作用

上市公司报表使用者众多,使用目的各不相同,注册会计师的责任已由对资本所有者负责扩大为对整个社会的责任。社会公众一方面要求注册会计师以社会公众利益为重,揭露管理当局的舞弊行为,承担起对社会的责任;另一方面却要求注册会计师自负盈亏,承担揭露舞弊的成本。当管理当局实际操控委托大权,即委托人与被审计人合二为一时,作为经济人的会计师事务所很难保持应有的独立性,从而无法保证审计质量,难以发挥应有的揭露舞弊的作用。

三、防范财务舞弊的措施

(一) 规范上市公司的治理结构,减少财务舞弊机会

首先,完善上市公司独立董事制度,充分发挥独立董事的作用。上市公司通过增大独立董事的比重、增加董事会中独立董事的人数、规范独立董事具备财务专业背景等方式,防止大股东对董事会的操纵,有效减少内部人员控制的影响。其次,应当有效发挥监事会的监控作用,监事成员不能仅从职工、董事会等企业内部选出,还应当由熟知法律、审计、财务和经营管理等专业知识的外部人员担任,保证其独立性。

(二) 建立健全的内部控制体系

建立健全的内部控制体系,可以帮助企业实行分级授权和科学决策,提高决策、整体管理水平,提升企业的竞争实力。一个完善的内部控制体系应贯穿整个经营活动过程,涵盖企业经营的各个岗位和部门。例如,销售和收款的内部控制、采购和付款的内部控制、生产和存货的内部控制、筹资与投资的内部控制、货币资金的内部控制,对每一环节严密控制,形成相互分离、相互制约、相互监督的机制,才能做到管理科学,从源头上遏制舞弊行为的发生。

(三) 完善信息披露及法律法规体系

首先,完善上市公司的信息披露制度,制定非自愿性信息披露的范围,增加信息透明度,使投资者及时掌握上市公司真实准确、合规合法的即时信息和内部信息。其次,完善法律法规的制度建设,明确舞弊的司法介入,加大财务舞弊的法律处罚,使得造假成本提高及造假无利可图,有助于降低上市公司和审计合谋情况的发生。

(四) 强化注册会计师的职业道德

注册会计师应当遵守独立性、保密性、客观公正、专业胜任能力的职业道德。职业道德

的质量高低,直接关系到审计报告的好坏。因而,注册会计师具备良好的职业道德十分关键。首先,保证审计的独立性。保证审计独立性是注册会计师在审计成功的关键。注册会计师对被审计单位进行审计时不仅要保证形式上的独立性,还要保证实质上的独立性。其次,提高注册会计师的专业胜任能力。注册会计师不仅要具备会计专业技能,并且要在实践中不断提升技能。在审计过程中,注册会计师要保持应有的职业怀疑,自觉保持执业谨慎,运用专业知识获取审计证据,对被审计单位出具恰当的审计意见及报告。

(五)掌握财务舞弊的识别方法

财务报告反映了上市公司的财务状况和经营成果,是人们获取上市公司信息的来源。财务报告是否真实可信,依据的是注册会计师出具的审计报告。注册会计师应掌握财务舞弊的识别方法,提升对财务报表的分析能力,以降低上市公司财务舞弊的可能。

本 章 小 结

本章的主要学习内容是会计环境与会计角色。通过本章学习,我们掌握了会计在企业中的作用及其职能、企业的宏观与微观环境;明确了企业的性质、企业内部控制与财务舞弊的防范;了解了利益相关者相关内容。

本章重要概念

公司治理　社会责任　利益相关者　内部控制　财务舞弊

3-6:第三章:会计环境与会计角色

第四章　会计的产生与发展

- 内容提要
- 重点难点
- 学习目标
- 知识框架
- 思政育人
- 第一节　会计的产生与发展的历史阶段
- 第二节　原始计量与记录的产生与发展
- 第三节　单式簿记的产生与发展
- 第四节　复式簿记的产生与发展
- 第五节　会计学的产生与发展
- 本章小结
- 本章重要概念

内容提要

本章主要介绍了会计的产生与发展不同历史阶段的特点,分别对原始计量与记录时代、单式簿记产生与发展时代、复式簿记产生与发展时代、会计学产生与发展时代的规律进行了总结。

重点难点

本章重点为会计的产生与发展的历史阶段;难点为会计在各个时代的发展规律。

学习目标

通过本章学习,学生应掌握会计的产生与发展的历史阶段,并理解每个时代会计发展的规律,以促进会计理论与技术的发展。

知识框架

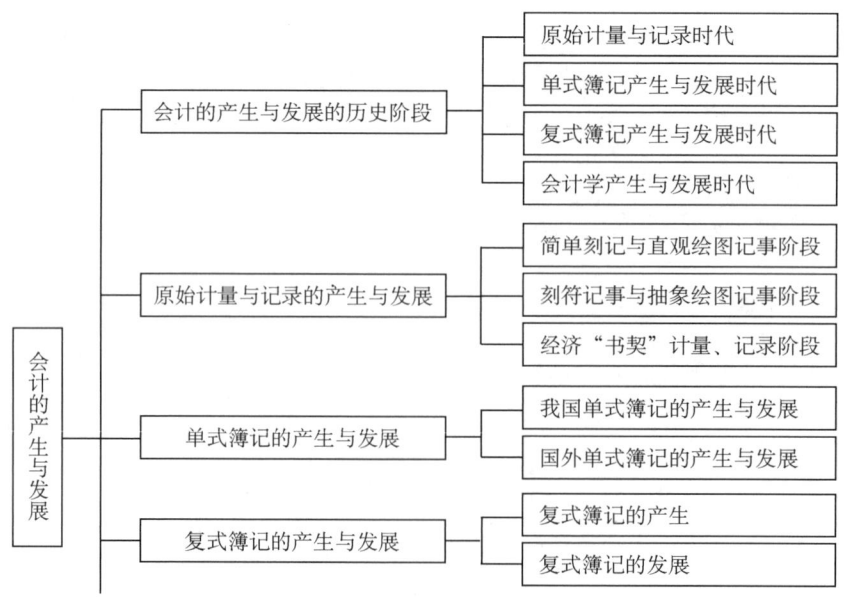

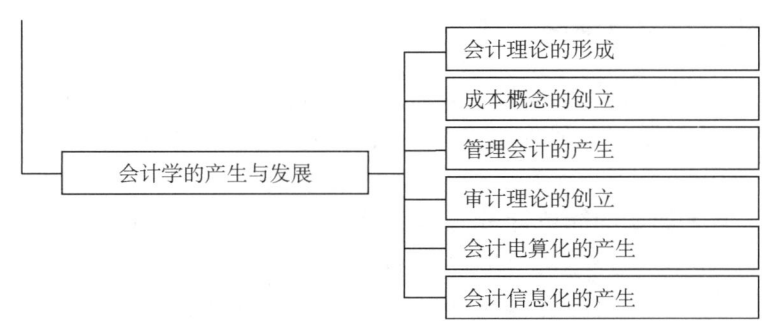

思政育人　　　　　做一个诚实守信的会计人

当会计,做财务,选择这个职业不容易,爱岗之后才能敬业,这成了你作为会计人的首要条件、必备条件。爱岗敬业后,你开始注重自己的会计操守,诚实守信是你最先要注重的,它将时刻陪伴你的会计人生。

孟子说:"诚者,天之道也;思诚者,人之道也"。说的是遵守承诺,言行一致,因为言能成诺方为"诚"。会计人不仅要口诚,还要心诚、意诚。诚实是前提,是因,守信是果,是具体表现。会计人一般处事比较严谨,从举手投足和言谈之中可以看出。会计人比一般人要沉稳,不张扬,也不夸夸其谈,要谈也是有理有据的谈,有数字、有依据的谈。这种沉稳,是在会计人说什么或做什么的时候,都在心中进行了思索和考量,因为其知道要为自己所说的话或所做的事负责。

实,是实事求是的实,是不掺杂任何水分的真实。因为实,会计人也许在外人的眼中,是木讷、呆板、花岗岩的代名词。这既是从会计人的形象上说的,又是从会计人的为人处事上说的。会计人做账要求实,做事也要求实,做人更要求实。先做诚实的人,再做诚实的事。会计人做的每一件实事,是其记录的每一笔会计分录。朴实、踏实、扎实,为人实诚,都是别人给会计人作出的总结性会计报表。

作为会计的学习者,需要我们秉承诚实守信的原则,做一个实事求是的会计人。

资料来源:杨良成.做一个诚实守信的会计[EB/OL].(2015-11-29)[2023-10-29]. https://shuo.news.esnai.com/article/201511/123495.shtml.

第一节　会计的产生与发展的历史阶段

会计作为一项记录、计算和考核收支的工作,在公元前 1000 年左右就出现了。但是,会计具体诞生在何时、发源于何地,至今尚很难确切地加以考证。人类要生存,社会要发展,就要进行物质资料的生产。生产活动一方面创造物质财富,取得一定的劳动成果;另一方面发生劳动耗费,包括人力、物力的耗费。一切社会形态中,人们进行生产活动时,总是力求以尽可能少的劳动耗费,取得尽可能多的劳动成果,做到所得大于所费,提高经济效益。为此,人们就必须在不断改革生产技术的同时,采用一定方法对劳动耗费和劳动成果进行记录、计算,并加以比较和分析,这就产生了会计。可见,会计是适应生产活动发展的需要而产生的,它与加强经济管理、追求经济效益有着不可分割的天然联系。

早期的会计只作为生产职能的附带部分,核算比较简单,仅对财物的收支进行计算和记录。随着社会生产的日益发展和科学技术水平的不断进步与发展,会计经历了由简单到复杂,由低级到高级的漫长过程,这个过程依次经历了原始计量与记录时代、单式簿记产生与发展时代、复式簿记产生与发展时代,以及会计学产生与发展时代。由于社会环境与经济条件的不同,每个时代都呈现出不同的特点。

一、原始计量与记录时代

自旧石器时代中晚期开始到奴隶社会繁盛时期,随着社会生产力水平的提高,人们捕获的猎物及生产的谷物等便有了剩余,人们就要计划将其食用或进行交换,从而需要进行简单的记录和计算。但由于文字还没有出现,人们只好"绘图记事",后来发展出"结绳记事""刻石记事"等方法。这些原始的简单计量、记录并不是单纯的、真正意义上的会计行为和会计方法。那时的会计还不是一项独立的工作,而只是生产职能的附带部分,即在生产时间之外,附带地把劳动成果、劳动耗费等事项记载下来。在会计的发展史上,这一时期被称为会计的萌芽阶段,或者称之为原始计量与记录时代。

二、单式簿记产生与发展时代

严格独立意义上的会计特征,是到奴隶社会的繁盛时期才表现出来的。那时,随着社会生产的进一步发展,劳动生产力的不断提高,劳动消耗和劳动成果的种类不断增多,生产活动中出现了剩余产品。剩余产品与私有制的结合,造成了私人财富的积累,会计逐渐从生产职能中分离出来,成为特殊的、专门委托有关当事人的独立职能。据马克思的考证,在原始规模小的印度公社,已经有一名记账员登记农业项目,登记和记录与此有关的一切事项。这时的会计,不仅通过职能以保护奴隶主物质财产的安全,而且还反映那些受托管理这些财产的人是否认真地履行了他们的职责。所有这些都要求采用较先进、科学的计量与记录方法,从而推动了原始计量、记录行为向单式簿记体系的演变。从奴隶社会的繁盛时期到15世纪末,单式簿记应运而生且得到了发展。在会计的发展史上,一般将这一时期的会计称为古代会计或单式簿记产生与发展时代。

三、复式簿记产生与发展时代

一般认为,从单式记账法过渡到复式记账法,是近代会计的形成标志。

15世纪航海技术的发明使人类开始地理大发现,从此掀开了人类文明的序幕。意大利的佛罗伦萨、热那亚、威尼斯等地的商业和金融业因此特别繁荣。日益发展的商业和金融业要求不断改进和提高已经流行于这三个城市的复式记账方法。复式记账技术最先来自银行的存款转账业务。为适应实际需要,1494年,意大利数学家卢卡·帕乔利的《算术、几何、比及比例概要》一书出版,该书系统地介绍了威尼斯的复式记账法,并给予理论上的阐述。复式簿记的历史由此开始。

随着美洲大陆的发现和东西方贸易的进行,加之各国建立了统一货币制度、阿拉伯数字取代了罗马数字、纸张的普遍使用等,复式簿记传遍整个欧洲,后又传遍世界各国。即使是现在,我们仍然采用复式簿记的方法,并最终完成了复式簿记的方法体系乃至理论体系的建设。与此同时,会计从特殊的、专门委托有关当事人的独立职能发展成一种职业。在会计的发展史上,一般将这一时期的会计称为近代会计或复式簿记产生与发展时代。

四、会计学产生与发展时代

由簿记时代向会计时代的转变发生在19世纪三四十年代。那时,簿记开始向会计演变,簿记工作开始向会计工作演变,簿记学开始向会计学演变。这些都标志着会计发展史上的簿记时代已经结束,人类已经进入了会计学产生与发展时代,即现代会计阶段。

随着经济活动更加复杂,生产日益社会化,人们的社会关系更加广泛,作为一门适应性学科的会计也发生了相应的变化。会计的作用,会计的目标,会计所应用的原则、方法和技术都在不断发展完善,并逐步形成自身的理论和方法体系。另外,科学技术水平的提高也对会计的发展起了很大的促进作用。现代数学、现代管理科学与会计的结合,特别是电子计算机在会计数据处理中的应用,使会计工作的效能发生了很大变化,它扩大了会计信息的范围,提高了会计信息的精确性和及时性。到了20世纪中叶,比较完善的现代会计已逐步形成。一般认为,成本会计的出现和不断完善、管理会计的形成以及与财务会计的分离,标志着会计的发展进入了一个全新的时代。

第二节 原始计量与记录的产生与发展

人类历史的产生与发展是由人类所进行的生产活动决定的,人类最早的会计思想、会计行为的产生也是人类进行生产活动直接影响的结果。

事实上,并非一有了人类的生产行为便立即产生了原始的计量、记录行为,原始计量、记录行为是社会发展到一定阶段的产物。

一、简单刻记与直观绘图记事阶段

在剩余产品出现之前,人类最初通过语言及配合的手势来传递信息,这种表达与表现方式还根本不具备人类最早的原始计量、记录行为的基本特征。到了旧石器时代的中晚期,生产剩余物品出现,为了组织生产与合理分配物品,仅仅依靠语言与手势的配合无法达到正确传递信息的目的,客观的现实迫使人们不得不在头脑之外的自然界去寻找帮助进行记事的载体,即进行计量、记录的方法。

(一) 简单刻记

简单刻记是古代原始人最初采用的一种计量、记录方法。人们通常以坚硬的石器等为刻具,在岩石等载体上刻画出简单、直观的条纹或缺口来反映一定的经济数量或事物。

(二) 直观绘图

直观绘图是与简单刻记并存的一种计量、记录方法。人们通常描绘所需记录事物或经济活动的具体形象来反映经济事物的数量。

在远古时代用简单刻记与直观绘图的方式来表达思想或记载经济事实,一度被认为是一种十分便利的方法,考古学上把它称为图画文字。在旧石器时代中晚期所出现的这些计量、记录符号尚十分简单,甚至可以说还是一种不规则、杂乱无章的原始标记。

 延伸阅读4-1

仰韶文化遗址

仰韶文化遗址,位于河南省三门峡市渑池县城北6千米处的仰韶村。仰韶村出土了大量彩陶,是仰韶文化独具的特征,因此仰韶文化也称彩陶文化。1921年,经中国政府批准,瑞典地质学家安特生和我国考古学家袁复礼等人在仰韶村进行了首次发掘,根据出土文物,确认是我国远古文化的遗存。按照考古学惯例,把首先发现地作为该文化类型的名称,故名"仰韶文化"。

1951年,中国科学院考古研究所对该遗址进行了小规模发掘,发现这里有四层文化层相叠压,自下而上是仰韶文化中期—仰韶文化晚期—龙山文化早期—龙山文化中期。

1961年3月,国务院将仰韶文化遗址定为国家重点文物保护单位。

1994年,中国历史博物馆组织中国和美、英、日等国的考古专家进行国际田野文物考察,在仰韶村附近的班村,发现了大量珍贵文物,其中最有价值的是数十斤① 5 000年前的小米,说明中国农业发展具有悠久的历史。

仰韶文化遗址从发现至今100余年间,共经过三次有计划的发掘。其主要出土器物有石器、骨器、陶器、蚌器。用于农耕的石器有斧、铲、凿、锛等工具;用于狩猎的有石镞、弹丸、石饼等;用于纺织的有线坠、纺轮、骨针、骨锥等。当时人们的生活用具均为陶质,出土器中物有鼎、罐、碗、盆、钵、杯、瓮、缸等。特别引人注目的是陶器上精美的装饰图案,其纹饰有宽带纹、网纹、花瓣纹、鱼纹、弦纹和几何图形纹等。这些纹饰充分反映了古代劳动人民的聪明智慧和对美好生活的追求。

资料来源:中国数字科技馆.仰韶文化点亮华夏文明的第一缕曙光[EB/OL].(2018-01-30)[2024-03-17]. https://www.cdstm.cn/gallery/media/mkjx/kx24xs/201801/t20180130_696994.html.

二、刻符记事与抽象绘图记事阶段

从中石器时代开始到新石器时代,人类的生产水平和生活水平都得到了显著的提高,原始计量、记录方法逐渐成熟,并为原始社会末期计量、记录方法的变革奠定了基础。

(一) 刻符计量、记录法

刻符计量、记录法是指采用一套刻化符号来表现所记经济事项的数量的方法,它既可帮助人们头脑记事,又可据以合理处理生产、分配、交换事项以及安排剩余物品的储备。刻符计量、记录法的历史进步在于形成了一整套计量、记录符号,并使刻划符号在一定区域内的使用趋向一致性和规范化,它对人类语言、原始文字和原始数学的促进,数码符号的创造起到重要的作用。

(二) 绘图计量、记录法

绘图计量、记录法是在旧石器时代中晚期人们所应用的直观绘图的基础上产生的,这种方法的历史进步在于,为了计量、记录的简便易行与易懂辨认,将复杂具体事物的形象抽象为简明扼要的图画符号,并最终以图画符号表现经济事项的数量关系,显示计量、记录的结果。如果说旧石器时代中晚期所看到的仅仅是人类原始会计行为——计量、记录行为的萌芽的话,那么在新石器时代所看到的则是这一萌芽的健康成长。

延伸阅读4-2

半坡陶器刻划符号

位于西安市东郊的半坡遗址,是我国黄河流域仰韶文化的典型代表。从1954年起,考古工作者对这一遗址先后进行了五次科学发掘,出土了一批极为重要的实物资料。刻划符号发现于直口钵的外口缘部分,多为碎片,完整的器形只有两件作为圆形瓮棺葬具的陶钵。据统计,刻划符号共有二十多种。这些符号,笔画较简单,形状规则。基本笔画有竖、横、斜、竖钩、箭头、T字形、倒钩状、树义状、乙字形、丰字形等。这些符号有的是在器物烧成前刻好的,有的是在烧成后或使用过一个时期后刻划上去的。

---

① 1斤=0.5千克。

郭沫若认为,刻划符号"无疑是具有文字性质的符号""是中国文字的起源"。于省吾对某些符号文字还作了解释,如"工作X,七作十,十作口,二十作ǁ,矛作↑,阜作㠯,……"这些符号文字都有一定的含义,在其他一些仰韶文化遗址中也有发现,它们的风格与写法也很相似。有人认为刻划符号是当时的象形文字,与其之后发现的甲骨文、金文有一定的渊源关系。

资料来源:诸史.陕西发现一种文字,比甲骨文早2 700年:中国有六千年文字史?[EB/OL].(2020-09-23)[2024-03-17]. https://www.sohu.com/a/419550513_351483.

三、经济"书契"计量、记录阶段

当人类由石器时代步入金属时代之后,伴随人类在农业、手工业、商业各方面一系列发明创造的产生,人类的文化建设也进入到一个新的历史阶段。其中,父系氏族社会的发展、私有制的产生、数学方法的改进以及文字的出现推动了原始计量、记录方法的变革。

(一)结绳计量、记录法

结绳计量、记录法是指原始人通过结绳计数的方式对经济事项进行计量、记录的一种方法,它是人类会计起源的重要标志之一。这种方法的着眼点不在于表现事物的形象,而在于反映事物的内容或事物的数量,广泛用于辅助记忆所征收的捐税、统计结算、日期,以及重大的历史事件。但是,这种结绳文字也如绘图文字一样,不是一种真正的文字,是社会生产力发展到一定阶段的产物。其在会计发展史上的意义就在于比绘图文字更明确地表现了会计萌芽阶段的形态。

随着社会经济的进一步发展,人们在生产实践中逐渐感到简单刻记与"结绳记事"的方法已不能适应社会经济发展的需要了。这时,人们逐步摸索创造出一种新的方法来替代它们,即人们开始向"书契"计量与记录的时代迈进。

(二)"书契"记录法

"书契"记录法也称刻契记数法,是人类在原始社会末期至奴隶社会初期所采用的一种反映经济事项的方法。这种方法显然是在刻符记事与抽象记事的基础上产生的。"书契"的出现是人类由原始计量、记录时代向单式簿记时代演进的一个关键性转折,它是人类进入文明时代前夜之际在原始计量、记录方法变革中产生的重要成果,它体现了会计发展史上首次变革的历史成就。"书契"记录法与"结绳记事"有本质上的区别,"书契"记录法必须是用文字记载的;必须是以刻记为主要特征;作为"书契"在记录时则须有一定的规则。

从旧石器时代中晚期到原始社会末期这一段漫长的历史进程中,人们为了维持共同生存而对劳动产品进行分配、交换、储备和消费时所采用的原始计量、记录方法,不仅与会计有关,而且还与数学、统计学以及其他学科有关。无论是简单刻记与直观绘图、刻符与绘图,还是结绳计量与"书契",这些方法的出现和运用一方面表现了会计的萌芽形态和发展趋势;另一方面也表现了数学、统计学以及其他相关学科的萌芽形态和发展趋势。但它并不具备严格意义上的会计特征,而会计特征只有到了奴隶社会繁盛时期才表现出来。这也是人们将这一时期称为会计发展史上的胚胎阶段——原始计量、记录时代的原因所在。

> **延伸阅读4-3**
>
> **结绳记事的典故**
>
> 古人为了要记住一件事,就在绳子上打一个结,以后看到这个结,就会想起那件事;如果要记住两件事,他就打两个结;要记住三件事,他就打三个结……如果他在绳子上打了很多结,恐怕他想记的事情也就记不住了,所以这个办法虽简单但不可靠。据说波斯王大流士给他的指挥官们一根打了六十个结的绳子,并对他们说:"爱奥尼亚的男子汉们,从你们看见我出征塞西亚人那天起,每天解开绳子上的一个结,到解完最后一个结那天,要是我不回来,就收拾你们的东西,自己开船回去"。
>
> 宋代词人张先写过"心似双丝网,中有千千结",以形容失恋后的女孩思念故人、心事纠结的状态。在古典文学中,"结"一直象征着青年男女的缠绵情思,人类的情感有多么丰富多彩,"结"就有多么千变万化。"结"在漫长的演变过程中,被多愁善感的人们赋予了各种情感愿望,托结寓意,用来表达美好的祝福和期盼。在汉语中,许多具有向心性聚体的要事几乎都用"结"字作喻,如结义、结社、结拜、结盟、团结等。对于男女之间的婚姻大事,也均以"结"表达,如结亲、结发、结婚、结合、结姻等。结是事物的开始,有始就有终,于是便有了"结果""结局""结束"。结饰已被民间公认为是达情感的定情之物,如"同心结"古以来便是男女之间表示海誓山盟的爱情信物;"绣带合欢结,锦衣连理文"等。"结发夫妻"也源于古人洞房花烛之夜,男女双方各取一撮长发相结以誓爱情永恒,"交丝结龙凤,镂彩结云霞,一寸同心缕,百年长命花"就是对此生动的描写。

第三节 单式簿记的产生与发展

原始人使用的生产工具特别简陋,生产力水平极为低下,只有全体氏族成员共同参加体力劳动,才能维持最低限度的生活需要。随着奴隶制经济的发展,大量的剩余产品的出现,以及文字、数学和实物计量单位在生产活动中的不断应用和发展,人类的会计也从原始计量与记录时代跃进到单式簿记产生与发展时代。单式簿记法曾经是人类历史上一种比较科学的方法,它在反映和监督奴隶制度经济和封建制经济中发挥过重要作用。没有单式簿记的产生和发展,便不会有复式簿记、现代会计的产生和发展。

奴隶制国家建立后,会计便成为一种国家行为。为了维护统治阶级的利益,官厅会计应运而生。一般来说,在单式簿记运用时代,会计以官厅会计为主,民间会计为辅。到人类进入复式簿记产生与发展时代以后,民间会计才取代官厅会计的支配地位。

一、我国单式簿记的产生与发展

4-1视频:古代会计阶段

关于夏代的官厅会计,虽因资料缺乏,看不出全貌,但根据当时贡赋的征收、度量衡的发展以及有关会计的传说可以看出,在以国王为中心的夏朝"百官"体系中,已经有专职官吏直接或间接地掌管全国的贡赋核算和会计收支核算。

商朝文字和数字发展处于初期,对经济活动的记录只能是最简单的文字叙述式,从商朝的甲骨文书契记录来看,商朝的会计记账方式已经有了"出""入"的概念。文字叙述式的记账方法从严格意义上来讲,并不是标准的会计记账方法,而是对当时经济活动的简单记录。商朝的会计记账方法既没有明确的记账符号,又没有固定的记账格式。但商朝的会计记账方法已经有了单式簿记的思想。

西周到春秋战国是会计记账思想从文字叙述式发展到定式简明式的阶段。到了春秋战国后期,从出土的战国楚简、秦简中可看出,当时的会计记账方法已越来越简单,一般采取流水账的形式。这种记账方法的采用与西周相比好像是一种退步。这是因为西周时期已经有明显的"出""入"作为记账符号,只是记账符号出现在会计记录中的不同位置;而从出土的春秋战国时期的文物来看,"出""入"在会计记录中作为记账符号已不再出现,这一方面反映出会计思想在当时处于混沌的萌芽状况,另一方面反映出会计思想在发展的过程中的迂回曲折的性质。但是无论如何,会计记账思想总是向前发展的,春秋战国时期已经具备了单式记账的最基本的原则。

从秦朝开始,定式简明会计记账法在官厅会计中被采用,明显的标志是记账符号"出""入"已经处于记账中的固定的显著位置,并被经常使用。这种记账符号的广泛使用说明当时的官厅会计所反映产权主体关系的变化只是封建政府间的简单的交换关系,官吏的目标是使自己官运亨通,在日常财物交换的会计记账中只要做到真实无误就可以了,官吏只是作为皇帝的代理人,管理好皇帝的资产即可。因此,官吏在管理时只要关注自己管理财物的状况,采用单式记账的直出直入法也就足够了,而没有必要对每一笔经济事项的来龙去脉进行反映。

西汉时期单式会计记账法与秦朝时期的定式简明会计记账法相比,"出""入"在会计记录中已经被民间会计和官厅会计广泛采用,在实际应用中仍然存在不统一的地方,如出现的"付""受""用"等符号,但这些符号一般都固定在首位。

唐宋时期单式会计思想发展趋于完善,四柱计算法已经在官厅会计中广泛应用,民间会计开始出现了复式记账思想的萌芽。

 相关思考4-1

会计就是简单的记账、算账吗

现代会计的主要工作不仅仅是记账、算账工作,还有其他的工作。记账、算账是会计的职能之一——记录。此外,会计的主要工作还有确认、计量和报告。

二、国外单式簿记的产生与发展

(一) 古埃及单式簿记

大约在公元前4000年初,埃及进入了奴隶社会。法老作为国家的最高统治者,独揽全国的政治、经济、军事、司法和宗教大权,建立了一套较为完善的中央集权君主专制制度。官厅会计是中央财政方面乃至整个国家行政机构中不可缺少的组成部分。

在古埃及财政机构中,最主要的角色是记录官。记录是由书写一词演变而来的,那些负责财政经济收支记录和计算的人就是记录官,这说明在古埃及的国家机构中已经适当配备了簿记官员,但并未设置独立的会计机构和配备专门名称并且责任明确的"簿记官"。

私有观念的出现,深深地刺激了当时的人们,尤其是商人们和庄园主们。他们为了能在动荡的奴隶制经济中管理好私有财产,进一步发展与他人交换的关系,开始注重计算和记录。当时,一个庄园通常要配备一名至数名"管家"。有的庄园还设有账房,专门负责全庄园的经济收支记录。管家经常要向主人呈递详尽的账目清单(报表)。考古学家在公元前26世纪南域遗族居住的厄勒蕃丁岛的房屋废墟下发现一些家庭文书和商业文书的残片。这些文书表明,商人们已经设置了某种形式的账簿,用来记录各种经济事项,民间会计就这样产生了。

（二）古巴比伦单式簿记

古巴比伦统治者与古埃及统治者一样，也十分重视官厅会计。古巴比伦上至中央、下到地方都建立了一套较为严密的经济管理机构，并拥有人数众多的行政管理人员、监督官和记录官。他们一方面从事王室的经济管理工作；另一方面致力于监督船夫、渔民、牧人和奴隶，严格控制实物税的征收。

汉谟拉比时代（约公元前1792年至公元前1750年），是两河流域历史上空前强大和繁荣的时期。国王汉谟拉比对国家实施铁腕统治，他在财政、立法诸多方面的某些措施在巴比伦历史上树立了不朽的丰碑。在其所颁布的《汉谟拉比法典》(The Code of Hammurabi)中，具有簿记意义的商业契约、授产契据、租地契约、地契、期票、利息、税捐、财产清单都是标准化的，深刻地影响着巴比伦当时及以后的簿记发展。

通过许多文献可知，由于古巴比伦人喜好组织管理，对簿记十分入迷，在神殿簿记、银行簿记和商业簿记上都有着巨大贡献。古巴比伦的绝大部分商业和信贷都是以寺院为中心进行的。金属、谷物和其他物品每天像流水一样源源不断地存入神殿仓库，它们有的是寺院的既定收入，有的是祭祀贡献的物品。人们一方面要将每笔业务做成记录；另一方面要及时入库加以保存。这些记录颇似现在的"流水账"。在当时的民间，人们已经充分地认识到"收入""支出"和"结余"三者之间的关系，并且在大量的场合都是采用"收入－支出＝结余"这一公式计算盈亏。

（三）古希腊单式簿记

在文明古国会计发展史上，古埃及人和古巴比伦人的后继者是古希腊人。

公元前630年，古希腊开始使用由城邦政府铸造的货币，为古希腊簿记的全面发展奠定了可靠的基础。而在古埃及及古巴比伦的簿记记录中，一般以实物量为主，货币量为辅，使得会计对象得不到统一的计量。这可以说是古埃及和古巴比伦在很长一段时期没有在簿记方法上更进一步的原因之一。

公元前5世纪至公元前4世纪的希腊雅典城邦时代，雅典民主政治是当时奴隶社会中较为进步的政体。在雅典的财政组织的官职表中，每个部落都有一名用抽签法选出的公卖官。当时在雅典已经有了一套较为健全的财政组织，产生了职责专一且拥有威信的簿记官。国家的财政收支已由诸官分担，构成一套较为严密的内部牵制制度，全部支出均以法律条文形式明确下来，并由议事会颁布。而且，雅典还出现了"公布财政"的重要概念，这在会计史上是第一次出现。

随着奴隶制经济的飞速发展，希腊与隔海相望的埃及和巴比伦发生了极为频繁的通商关系。在埃及和巴比伦盛极一时的国库簿记、商业簿记、神殿簿记和庄园簿记便被商人们和留学者们带到了希腊，并与希腊本土的簿记方法很快结合起来，创造了希腊的官厅簿记和民间簿记。

在古埃及和古巴比伦时代，人们登记账簿和编制报告并不要求对经济事项按照严格的分类来反映，而仅仅满足于以叙述式的文字表达。古希腊人改变了这种习惯。他们在登记账簿和编制报告时，开始按收入项目和支出项目进行大类反映，收支项目又进一步分成若干个小项来反映。这套账簿分类组织的建立，将人类运用账簿的水平推到了一个新的阶段。

(四)古罗马单式簿记

公元前510年,王政被推翻,统治者在罗马城建立了奴隶制共和国,开始了历史上的共和国时期。罗马共和国是最高行政机关,由两名权力相等的执政官掌握。其主要任务是指挥军队、召集元老院会议和公民大会。元老院由贵族和退任的执政官组成。当时主要的国库是萨特尼金库,内存各项经常收入和临时收入,必要的费用也从中开支。萨特尼金库名义上是在财务官的领导下,但实际上是由元老院控制的,没有元老院的同意,任何人均不得从中提款。

公元前30年,奥古斯都登上了罗马的政治舞台,改革了财政组织。为了加强国家财政收入的征收和管理,奥古斯都特设了财务代理官和簿记官。中央金库财务代理官作为总财务代理官直接对皇帝负责,负责管理皇帝的私有财产和世袭财产,而且还经常被皇帝委派到各地去征收赋税。簿记官掌管内廷的财政大权和各省的财政大权。公元5年左右,奥古斯都还制定了第一个政府预算制度。

民间簿记在古罗马开始于人口调查。古罗马按国民财产的多少来决定其公民的征收税额,因此监察官每隔5年就要对国民的姓名、家庭成员、年龄、财产数额进行一次普查,这就要求民众必须按照罗马法的规定,设置各种账簿来详细反映自己的现金收支财产状况。古罗马的民间簿记的账簿大致可分为家庭用账簿和家庭兼商业用账簿两类。古罗马人不仅对账簿的设置、分类技术和对账方法有比较深刻的认识,而且还对项目的分类记录和结算方法的运用也达到了比较高的水平。

延伸阅读4-4

《汉谟拉比法典》

《汉谟拉比法典》是中东地区的古巴比伦国王汉谟拉比(约公元前1792—公元前1750年在位)颁布的法律汇编,是最具代表性的楔形文字法典,也是迄今世界上最早的一部较为完整地保存下来的成文法典。

《汉谟拉比法典》原文刻在一段高2.25米,上周长1.65米,底部周长1.9米的黑色玄武岩石柱上,故又名"石柱法"。石柱上端是汉谟拉比王站在太阳和正义之神沙马什面前接受象征王权的权标的浮雕,以象征君权神授,王权不可侵犯;下端是用阿卡德楔形文字刻写的法典铭文,共3 500行、282条,现存于巴黎卢浮宫博物馆亚洲展览馆。

《汉谟拉比法典》由序言、正文和结语三部分组成,序言和结语约占全部篇幅的五分之一,语言丰富,辞藻华丽,充满神化、美化汉谟拉比的言辞,是一篇对国王的赞美诗。正文包括282条法律,对刑事、民事、贸易、婚姻、继承、审判等制度都作了详细的规定。

资料来源:趣历史.古巴比伦汉谟拉比法典简介:它为什么又被称为"石柱法"?[EB/OL].(2021-03-04)[2024-03-21].https://www.qulishi.com/article/202103/489151.html.

第四节 | 复式簿记的产生与发展

美国会计学者利特尔顿在他的著作《1900年以前的会计发展》中提出复式簿记产生的七大要素有:文字(由文字形成的书写方法)的产生、算术的产生、私有财产制度的产生、货币经济的产生、信贷的产生、商业的产生和资本的产生。

上述七大要素中的前三个要素,是簿记和簿记方法建立的基本要素,它们也是人类单式记账法产生的前提条件。当商品货币经济的发展逐渐在封建社会内部取得优势的时候、当资本主义作为一种政治力量显露头角的时候,"资本"来到了人间,资本主义经济关系便成为催促复式簿记产生的一个最为关键、最为积极的要素。由此可见,复式记账法产生的基本前提条件主要有两个:一是资本主义经济关系的产生与发展;二是单式簿记的发展和完善。

一、复式簿记的产生

借贷复式簿记是会计发展史上比较科学的一种复式簿记。在其未出现之前,人们应用的簿记方法都是单式的。借贷复式记账法起源于意大利北部城市,复式记账法从它的萌芽状态发展到了较为完备的形式,大致经历了200年左右的时间,并且这一演变过程都是在中世纪的意大利北部城市中进行的。它大致可以分为以下三个不同的发展阶段并分别采取了三种不同的表现形式。

(一) 佛罗伦萨式簿记

(1) 账簿设置。账簿设置有日记账(草账)和分录账两种。

(2) 分录账格式。佛罗伦萨银行的分录账采用"垂直型账页",即把每一账页分割为上下两个记账地位,对所有账目的登记,均按照这两个记账地位,采取上下顺列的方式摆列。上方为"借主"之地位,表示"人(客户)"欠"我(银行)"之数额;下方为"贷主"之地位,表示"我"欠"人"之数额,即银行应给客户的钱。

应当注意的是,当时的"借""贷"还不是作为记账标语的"借方""贷方",而是指"借主""贷主",借贷的含义是从银行方面认定的。

(3) 账户设置。当时仅有人名账户的设置,即按客户的名称,一位客户占据一张账页,反映债权、债务之清算。

(4) 记账方法。佛罗伦萨银行早期的业务还比较简单,除经营货币兑换业务外,便是代客户存款。针对存款业务,银行仅在账面上反映每一客户存款和取款情况,尚未代客转账,故这时的记录还是单式会计记录。

随着银行业务的发展,当银行代客户转账的业务发生之后,佛罗伦萨银行的会计记录便由单式转变为复式。这时,凡客户之往来,若委托银行转账,银行便可以根据债权、债务清算关系,在借贷这两个记账地位代客户转账,即从某一客户之贷方转入另一客户之借方,或从某一客户之借方转入另一客户之贷方,同时作出两笔相对应的会计记录。

(二) 热那亚式簿记

(1) 账簿设置。根据现今保存下来的总账考察,热那亚市政厅的账簿设置,除由被称为"马萨里(Massari)"的财务官记录的总账外,还有分录账和日记账的设置,对各类账目的整理大体上是在这三种账簿中进行的。

(2) 账户设置与运用。热那亚的总账不仅设置有反映债权、债务关系的人名账户,而且还设置有商品、现金以及用于计算盈亏的损益账户。由于这些账户的设置,热那亚的会计记录形式已不再是文字叙述式,而是按照账户(或科目)对不同经济业务进行归类反映。

(3) 账簿和账页格式。热那亚的总账大小为"41cm×30cm",是用木棉纸制作的,形同现在的日记本。一个账户占用一张账页,每一账页分割为左右两方,左为借方,右为贷方,一切经济事项均按照规定的账户区分借贷加以记录。对于这种实行左借右贷、左右相互对照的会计记录,后世学者称其为对照式会计记录,其账页则称为"两侧型"。这是当时借贷复式记录中的一种最进步的表现方法。

(4) 记账方法。对每一经济事项,均须在两个以上相对应的账户中区分借贷,作出会计记录,全面反映其来龙去脉,借贷两方所记数额必须相等。这种复式会计记录已接近于现代会计记录了。

(5) 平衡试算。热那亚官厅账簿中的人名账户所用的复式记录法尤为进步,它把收入列入借方,支出列入贷方,并运用借贷差额进行试算,查核借贷双方是否平衡。这种平衡试算原理的运用,对后来威尼斯式簿记法产生了直接影响。

(6) 盈亏计算。热那亚总账中所反映的盈亏计算方法,体现了中世纪盈亏计算的基本特点。由于当时地中海沿岸的商业经营具有一定的冒险性,故一般采取勤进快销,按商品大类(或经营次数)分批、及时计算盈亏的方法。每次交易告一段落、计算出盈亏之后,便把余额转入"总损益账户",并将原账关闭起来。

(7) 审计的萌芽。为反映监督市政厅财政收支,热那亚市政厅采用了一种相互牵制的办法。凡总账记录均分为一式两册,原始总账由两名称为"马萨里"的财务官记录;另一册总账由另外两名处于监督地位的"马萨里"的财务官按原账抄录,以便加以控制。这种建立经济牵制关系的思想和做法,可以说是意大利审计的萌芽。

(三)威尼斯式簿记

15世纪的威尼斯,是地中海沿岸一带的商业中心,威尼斯商人以擅长簿记技术而自成一派,其簿记技术号称威尼斯式(Method of Venice)。威尼斯式簿记把意大利借贷复式账法由创始时期推进到初步发展时期。安德烈亚·巴尔巴里戈父子商店的簿记,在意大利复式账法发展史上占有十分重要的地位,同时,它也是世界会计发展史上的重要篇章。

安德烈亚·巴尔巴里戈父子商店的簿记核算方法及主要进步包括:

(1) 三种主要账簿的设置,使有组织的复式记账体系得以建立。安德烈亚·巴尔巴里戈父子商店用日记账随时记录所发生的大小交易,一切力求详细记载,尽可能不让其内容遗漏;在分录账中区别借贷双方,但借贷交错记录,尚未区分开来。借方和贷方用两个前置词表示,即"Per"和"A";总账按照会计科目分类进行记录。这三种主要账簿相互衔接,成为一种既协调又比较简单的账簿组织体系。

(2) 全面设置账户,使账户的体系初步建立。在安德烈亚·巴尔巴里戈父子商店的总账中,有人名账户、手续费账户、工资账户、家事费账户、私用账户以及利润账户的设置;围绕着转账和试算平衡,又有资本账户和余额账户的设置。这种账户体系的初建是前所未有的。

(3) 规则的复式记录,使"有借必有贷、借贷必相等"的基本做法则得以建立。在安德烈亚·巴尔巴里戈父子商店1430年的账簿中,分录账的内容按账户集合的要求分解,与总账"两侧型"左右对照式会计记录吻合一致,加之通过转记参照页码的标出和日期的记录,使两者勾连环结,成为检验账目的主体线索。

虽然在这三种账簿中罗马数字和阿拉伯数字是混合运用的,给金额的查核带来了不便,但在账簿中专门设有金额栏,其栏目独立分明、数额记录集中,又弥补了这一不足之处。此外,记账标号的划一,也使会计记录的面貌焕然一新。

(4) 损益账户的专设和对利润形成因素的初步分解,使商业利润(亏损)的考核达到了一个新的水平。按商品大类计算损益,虽然仍旧是安德烈亚·巴尔巴里戈父子商店的基本做法,但在盈亏计算中对费用的分割已趋于细致,这表明了该父子商店经营管理工作的加强。各商品大类损益计算出来以后,不定期结转到总损益账户,其他各账结平。

(5) 通过年终转账,结平旧年各账户,既结清账目,又通过平衡试算勾稽了账目。例如,在第一册账簿记录中,安德烈亚·巴尔巴里戈父子已将 1430 年和 1432 年内损益账户的结余数额,转入 1434 年的损益账户,同时又将该账户之结余数转入资本账户;其后又将资本账户的结余数转入 1434 年的余额账户内,从而使全部账户达到平衡并关闭。在借贷平衡关系建立中,"余额账户"的设置起着十分重要的作用,它对于借贷复式账法的发展具有十分重要的历史意义。通过"余额账户"把各账户的结余额有机汇合在一起,一方为贷方余额,另一方为借方余额。由于复式记账,两者必然对等,根据这种方式建立起来的对等关系检验账目,会计学界称之为"平衡试算",而把集合余额的账户称为"平衡试算账户",这种账户是"借贷试算表"的始祖,是"资产负债表"的雏形。

二、复式簿记的发展

(一) 复式簿记在意大利的普及和发展

1494 年之前,借贷复式簿记在意大利北部城邦经历了萌芽、改进和初步完备三个发展阶段。但当时的意大利人对借贷复式簿记的认识还有一定的局限性。到 1494 年,意大利数学家卢卡·帕乔利的著作《算术、几何、比及比例概要》在威尼斯出版。随着帕氏簿记著作的出版,意大利复式簿记传遍了整个欧洲。

1534 年,也就是在帕乔利的著作发表的 40 年后,多梅尼科·曼佐尼编写的《威尼斯式总账和分录账》一书在威尼斯出版发行。为说明分录账和总账的用法,他特别设计了三百个实例加以说明。曼佐尼的著作是继帕乔利著作之后又一部对簿记有影响的专著。

1543 年,是借贷复式簿记发展史上极为重要的一年,帕乔利和曼佐尼的著作先后译成英文、法文、荷兰文,并传播到欧洲的一些主要国家。1545 年,曼佐尼的著作译成西班牙文,又于 1549 年,译为德文。

到了 16 世纪,意大利威尼斯的复式簿记已遍及全欧洲。其后,各国会计学者关于对簿记法和簿记理论的探讨,都是在意大利的簿记理论和实践的基础上加以发挥的。

(二) 复式簿记在荷兰的发展

1543 年,简·英平·克里斯托弗尔的会计著作《簿记论》在安特卫普出版,并于同年被译成法文。

《簿记论》共分两大部分,第一部分为簿记教程,由二十九章组成;第二部分为簿记实务,列有财产目录、总账、分录账的实例,以及关于总账字母表式索引。克里斯托弗尔明确地提出了在总账内开设余额账户,使总账完全独立的观点,这是他对帕乔利著作的一个补充,此外,他对资产负债表方法尤为重视,把资产与负债列入期初存货之中,这是一次比较成功的尝试。该书以一种货币作为统一的计量单位,把财产目录中一切形态的财产物资都换成金额,并把资产与负债区别开来。

1605 年至 1608 年,荷兰数学家西蒙·斯蒂文编著的《传统数学》一书问世,该书由两大部分组成,第一部分论述数学,第二部分论述簿记。斯蒂文以意大利簿记方法为基础,比较全面地继承并发展了意大利的簿记方法。他除强调主要账簿设置外,还注重采用辅助账,并十分明确地阐述了这两类账簿各自不同的作用和运用方法;全面而系统地设置反映商业经济活动的各种账户,并使它们在总账中有次序地摆列,对后来所进行的会计科目分类产生了重要启迪作用。斯蒂文在损益账的设置与核算方面有较大改善。斯蒂文还填补了文艺复兴时期的会计与现代会计之间的某些空白,他反对当时流行的实际做法,坚决主张年度平衡法。他的资产负债总表就是在总账之外编制而成的。此外,他的有关决算表编制方面的理论也起到了先驱者的作用。斯蒂文的会计著作,对英国 16 世纪复式账法的引进和发展产生了重要影响,到了 17 世纪,他的影响已波及全欧洲。

(三)复式簿记在德国的发展

15 世纪初,在未受意大利簿记法影响之前,德国已有一些有关簿记方面的书籍。但这些书籍所阐述的内容仍局限于德国固有的簿记方法。由于德国会计工作者排外思想的存在,意大利复式簿记在彼时还没有真正被德国人所接受。

16 世纪以后,是德国复式簿记的成长时期。1549 年,威尼斯式簿记被翻译到德国,对德国会计产生了深刻影响,从此德国进入到一个对意大利簿记法进行消化、吸收的时期。1549 年到 1594 年,诸多相关簿记著作出版,意味着当时的德国簿记已向意大利式簿记更进一步地靠拢了。但这种发展仍然是以德国固有的簿记方法为主,意大利的复式簿记依然未能取代德国传统的簿记方法。直到 17 世纪 20 年代以后,帕乔利的会计著作和意大利的复式记账法才进一步在德国产生影响。到了 17 世纪末,随着德国资本主义商品货币经济的进一步发展,德国固有的簿记方法终因不能满足商品货币经济的发展而被先进的意大利复式记账法所取代,其基本思想也被德国学者所接受。德国人对复式簿记的发展是从 18 世纪末到 19 世纪开始的。1772 年,会计学者迈克逊对"折旧"问题提出研究,引起巨大反响。随之,学术界又围绕账簿组织的建设和资产负债表的理论展开研究讨论,并取得显著成就。1806 年,会计学者提出对账簿组织进行改良,此为"大陆式账簿组织"之声。至 19 世纪后半期,德国会计理论的研究和发展进入其黄金时代。当时,德国会计学者把会计学的研究分为"簿记"理论和"资产负债表"理论两个系统,围绕着对这两个系统理论问题的讨论和研究,产生了许多会计名著。

(四)复式簿记在英国的发展

意大利式簿记大致是 16 世纪 40 年代开始在英国传播的。其标志是 1543 年由休·奥尔德卡斯尔编写的《实用簿记论述》一书的出版,它是第一本将帕乔利的著作及意大利式簿记介绍到英国的书。

17 世纪初期,荷兰会计实务对英国簿记和簿记教科书编写的影响达到了顶点。

18 世纪至 19 世纪,英国成为借贷复式簿记的发展中心,它自成一派,别具一格,与大陆派持久抗衡,平分秋色,成为推动借贷复式簿记向前发展的佼佼者。然而,到了 20 世纪初,随着资本主义经济世界霸权地位的转移,英国乃至整个欧洲会计发展的中心地位转移至美国。美国会计的发展也随之进入到它的黄金时代。

(五)复式簿记在美国的发展

美国在建国之前,曾是英国统治下的殖民地,其记账方法的普及程度和发展水平都是低下的。截至 1778 年,美国人还没有自己编写的簿记教科书。从 17 世纪到 19 世纪中叶这个漫长的岁月里,美国的中、小企业才采用从欧洲(主要是英国)传入的复式簿记。但由于货币制度的不发达,贸易界广泛实行了以簿记为媒介的物物交换。19 世纪末至 20 世纪初,美国会计进入其黄金时代。随着美国工商经济的发展,美国企业界对国外会计方法的引进已经有了明显的偏好。鉴于英式簿记的适用性及易接受性,美国在簿记实务、理论和审计方面更多师承于英国。当然,美国会计学者还非常注意学习德国的会计理论,尤其是德国人的资产负债表学说,并把这种学说同英国会计学融合在一起,独创美国自己的会计、审计学说,建立美国会计学的理论体系,从而使美国会计理论沿着自己的道路发展,并以自己独特的理论体系而著称于世。

(六)复式簿记在中国的发展

4-2视频:近代会计阶段

在世界古代会计发展史上,中国会计一度处于领先地位,但到了近代,由于社会经济水平的落后、封建思想的束缚,中国会计由先进退居落后。

1. 中国式复式簿记

自明朝中叶以后,社会经济中的一系列变化,如新的生产方式、经营方式和新的剥削关系的产生,客观上要求改变旧有的经营管理方式和会计核算方式,建立新的经营管理制度和新式会计核算方法,以与其相适应。正是为了适应这一需要,我国明代的"三脚账"和明末清初的"龙门账"便应运而生了。

"三脚账"是在中国传统的单式记账基础上演进而成的不完全的复式记账方法,账簿设有草账、流水账和底账(也称誊清账)。其记账规则是:凡是对外转拨的账项,必须同时记入"来账"和"去账",即一笔账项的发生,必须同时作两方面的记录。这是中式簿记由单式记账向复式记账转化的过渡阶段中所采取的一种记账方法。虽然它已经开始区分经济业务,并且将部分业务作成复式记录,但是没有从根本上克服单式记账的缺点,仍属不完全的复式记账方法。

正是由于"三脚账"的诸如此类的缺点,为解决这些问题,以适应商品经济的发展,中国固有的复式簿记——"龙门账"诞生了。

"龙门账"是在明末清初社会经济发展的促进和影响下产生的。它是在"三脚账"的基础上发展起来的,表现了我国固有的复式簿记的萌芽形态,代表着明清时代中式会计发展的最新水平,它也是我国会计发展史上具有划时代意义的一种复式记账方法。它把全部账目分为"进""缴""存""该"四个部分,以"进-缴=存-该"作为会计平衡等式,"进"相当于各类收入,"缴"相当于各种费用,"存"相当于各种资产,"该"相当于各种负债和资本。

"龙门账"与同一时期的西式复式簿记相比,在凭证运用、账簿设置、会计科目的运用、试算平衡,以及成本计算和结转方法等方面,还有一定的差距,因而只能说它还是一种不成熟的复式簿记法,或者说仅仅是中国固有的复式簿记的开端。

继"龙门账"之后,"四脚账"产生了。"四脚账"是在"龙门账"的基础上演进而来的,与"龙门账"相比,其主要进步表现在:

(1)"四脚账"建立了比较完善的账簿组织,基本实现了主、账、表三位一体,对内、对外反映兼顾,对现金与往来转账业务的考核并重。

(2)"四脚账"的基本原理与西式复式簿记相同,尤其是成本结转方面;盈亏计算、结册编制,以及平账原理运用等方面,其做法与西式复式簿记有异曲同工之妙。与"龙门账"相比,"四脚账"应是中国固有的比较成熟的复式簿记。但是,与借贷复式簿记相比,"四脚账"还存在许多不健全、不完善的地方,如账簿组织不够严密、会计核算项目设置不够科学等。

 相关思考4-2

单式簿记和复式簿记的区别有哪些

单式记账法和复式记账法的主要区别是单式记账法下账户设置不完整,账户之间缺乏对应关系;而复式记账法不仅可以了解每项经济业务的来龙去脉,而且还可以通过会计要素的增减变动,全面、系统地了解经济活动的过程和结果。

2. 借贷复式簿记在中国的发展

我国最早使用西式借贷记账法的企业,是那些由帝国主义控制强行在中国开办的工厂、商行和银行,以及根据不平等条约沦为帝国主义控制的我国的海关、铁路和邮政部门。

1905年,我国学者蔡锡勇所著的《连环账谱》一书,是我国介绍借贷复式簿记的第一部著作。1907年,谢霖与孟森合著的《银行簿记学》一书在日本东京刊印,该书是我国学者介绍借贷复式簿记的第二部著作。

我国运用借贷记账法始于1908年创办大清银行之时,此后,我国除了部分华侨银行、上海银行和广东银行采用欧美式借贷分录法,现金分录法在银行界普遍得到运用。1930年,国民政府颁发并推行借贷簿记法的统一办法,从此借贷记账法逐渐成为我国工商界、银行界习惯运用的记账方法之一。随后,资本主义国家的西式会计教科书和专门会计著作也传入我国。

总之,西式会计随着资本主义经济的发展,在我国半殖民地半封建社会里已逐渐发展起来。另外,我国于20世纪30年代所发起的改良中式簿记运动,发挥过积极作用。当时,这对大、中型企业来讲,以改良的中式簿记作为我国簿记过渡阶段是必要的;而对千万家小型私营企业来讲,这种改良之举无疑是雪中送炭。

3. 借贷复式簿记在我国的改革

借贷记账法的科学性和完整性不可否认,但是借贷记账法也有其不足之处,即由于其采用"借""贷"为记账符号,涉及现金支付业务会使一些会计的局外人感到莫名其妙。由于借贷记账法本身有晦涩难懂的缺点,中外会计界对此产生质疑。20世纪30年代,徐永祚会计师和章乃器先生对中式簿记进行了改良,在我国"龙门账"的基础上,提出了收付记账法。中华人民共和国成立前,我国有不少工商企业采用收付记账法。1949年后,银行系统、供销社系统、事业单位和不少工商企业均采用过收付记账法,人民公社初期的生产队也使用过这种记账方法。

1962年,党中央发出了重视会计工作、加强会计工作领导的指示。1963年,国务院颁布了《会计人员职权试行条例》。各地要求改革借贷记账法的呼声变得更加强烈。时任主管财贸工作的李先念副总理很重视这个问题,要商业部认真研究一下。商业部对各种记账方法进行了比较研究,经过选择,设计了增减记账法,准备在北京试行后逐步推广至全国。由于增减记账法通俗易懂,能及时反映经济事项的增减变化情况,一经公开,很受企业经理、职工、会计的欢迎。在1年左右的时间里,很多工业、交通、运输、农垦、粮食、供销社、水产、军队后勤等部门,也很快采用了这种记账方法。

进入20世纪80年代以后,随着经济体制改革的深入,我国会计强调与西方会计接轨,普遍推行了借贷记账法,取消了增减记账法和收付记账法。1992年11月30日,财政部颁布的《企业会计准则——基本准则》规定,自1993年7月1日起,我国所有企业均采用借贷记账法,继而借贷记账法在我国的政府和非营利组织的会计核算中被广泛采用。

 延伸阅读4-5

卢卡·帕乔利的生平

1445年,卢卡·帕乔利出生于意大利托斯卡纳地区的一座名叫博尔戈圣塞波尔罗的小镇。在其26岁时,他离家远游,并在威尼斯找到一份家庭教师的职业,一做就是6年。在此期间,他接触并了解了威尼斯簿记,并逐渐产生了浓厚的兴趣,为他后来在会计学上的杰出贡献打下了基础。1494年,帕乔利多年的心血结晶——《算术、几何、比及比例概要》，即《数学大全》出版。

15世纪是世界史发生重大转变的一个世纪，文艺复兴冲破了中世纪的黑暗统治，带来了科学的发展、艺术的繁荣，以及社会经济的深刻变化。

1466年，正当威尼斯式簿记在商业界与金融界运用自如之时，年方21岁的帕乔利离开故乡博尔戈圣塞波尔克罗来到威尼斯。这时，他已走进数学王国，并开始在数学教育方面发挥着作用。在威尼斯的德克岛上，他为教授富商安东尼奥的三个儿子，撰写了其第一部数学手稿。帕乔利在这册手稿中不仅初次崭露了他在数学方面的才华，而且还反映了他从数学与经济管理结合的角度，对威尼斯式簿记进行了比较深入的研究。帕乔利从考察中知道威尼斯式簿记是在佛罗伦萨式、热那亚式簿记的基础上发展起来的，它已在当时的商品经济中发挥重要作用。他认为，作为一名精明的商人绝不可以不熟悉簿记，并应具有数学头脑，使自己成为一名优秀的记账员，以通过簿记洞察经营情况，寻求管理对策，争取良好的效益；而对一名簿记工作者来讲，又不能不掌握数学的基本方法，按照科学的程序进行正确的计量、考核，以进行账目平衡总结，充分发挥簿记在经营管理中的作用。正是从这个时候起帕乔利把簿记看作应用数学之重要组成部分，确定了复式簿记的科学性、系统性和重要性，为其后来从理论与实务两方面研究借贷复式簿记奠定了思想基础。

1475年是帕乔利一生中发生重大转折的一年，这一年他不仅成为一名知名学者，受聘于佩鲁贾大学，成为该校首席数学讲师，而且还毅然走进教堂，拜倒在上帝的面前，成为一名虔诚的修道士。在1481年以前，帕乔利先后发表了他的三部数学论著，为数学基本理论的建设、数学方法在社会实践中的运用，以及数学知识的传播与普及作出了重要贡献。

1482年，帕乔利开始在佩鲁贾大学撰写《数学大全》一书，这时他已成为该校的著名教授。他把教学实践作为他致力于研究的最佳场所，把传道授业作为他后半生应尽的社会职责，而又始终以社会经济领域作为他探索应用数学奥秘的基地。帕乔利关于簿记的论著之创作基础来自15世纪发展起来的商品货币经济、来自威尼斯的簿记工作实践，他正是在当时商品货币经济与复式簿记工作实践之间找到了应用数学与经济管理工作的结合点。1482年至1490年这八年间，他往来于罗马、那不勒斯、比萨与威尼斯等城市之间，实地考察了复式簿记在商品货币经济发展中的种种表现，不断完善和深入研究，完成由簿记实践向簿记理论的转变，并使簿记方法科学化、系统化，以最终实现簿记理论对实践的指导作用。

到了16世纪，帕乔利已成为一名富有神秘色彩的传奇式人物，他在这个阶段所出版的11部著作中，不仅涉及数学、簿记学方面的内容，而且还涉及军事战略、国际象棋、牌技，以及魔方方面的内容，他的渊博学识使世人惊叹不已，他的高尚品德又使世人无限景仰。他既是一名伟大的数学家、会计学家、艺术家和当时意大利一流的教授，又是一名虔诚的修道士。他历经了人世的艰辛，领略了世间的险恶，在与大风大浪拼搏中度过了一生。到桑榆暮景之年，他悄然回到博尔戈圣塞波尔克罗。1517年，帕乔利与世长辞，安葬于佛罗伦萨的圣比亚乔教堂里，丧钟敲响，人们默哀祈祷，并歌颂他一生所从事的伟大事业。帕乔利虽辞世而去，然而他所开创的事业却犹如日月，永远光照人间。1543年，《数学大全》先后译成荷兰文、德文、法文、英文、俄文，该书传遍了整个欧洲，其后又传遍整个世界。帕乔利所建立的簿记学说，为后世学者所继承、发展，并逐步把帕乔利时代推进到一个新的历史时期。

第五节　会计学的产生与发展

在会计发展的历史长河中，簿记和会计是两个相互联系但又有区别的发展阶段。簿记侧重记账的技术和方法，缺乏完整的理论体系，也就是说，簿记仅是一种应用技术，尚未形成一门科学。会计是在簿记的基础上演变和发展起来的，它把记账技术、经营管理实践和经济理论三者有机地结合在一起，形成了一门以财务信息处理为中心，以服务于投资者的决策为宗旨，以提高经营效率和经济效益为目标的应用性管理科学。因此，簿记是会计的初始阶段和发展上的历史起点,而会计则是簿记的发展和必然性的延伸。由簿记向会计的历史性转变,是技术向理论境界的升华。

由簿记向会计的历史性转变,大致发生在19世纪到20世纪30年代,历经一个世纪又30年。在19世纪之前,会计的发展始终没有突破簿记的范围。到了18世纪末至19世纪初,由于科学技术、社会经济结构和企业组织形式等会计环境发生了根本性的变化,簿记已无法满足经济管理和社会发展的需要,也就直接导致了簿记时代的结束和会计时代的诞生。

一、会计理论的形成

会计工作发展到一定阶段才产生会计理论。这个阶段的基本标志是会计工作已是一项重要的专门工作,有会计机构和专门的会计人员;会计工作是分工,会计人员已积累了较丰富的工作经验;会计工作建立了一定的会计规章制度;会计工作有从事会计工作研究的人员。

早期会计思想的启蒙者及会计理论的开拓者,已在19世纪簿记学原理的基础上,创立了属于会计学基础方面的理论。这种理论的立足点在于确定一系列的会计概念,并在这些概念之间建立起逻辑结合关系,从而跳出以往簿记方法论的圈子。同时,他们开始从管理方面来研究会计方面的问题,并论证了会计在经济管理工作中的地位与作用。

20世纪二三十年代,一些跨世纪的学者又进一步扩大了会计基础理论的研究范围,并着重围绕资产负债表理论与实务问题展开研究,从而确立了会计学原理的基本框架。进入20世纪40年代后,美国著名会计学者凯斯特、派登与芬尼等所著《会计学原理》已成为举世公认的经典著作。

在此之后,经过利特尔顿、坎宁等一批有影响、有贡献的会计学家的不懈努力,到了20世纪五六十年代,财务会计理论体系基本形成。

20世纪80年代,一些美国学者提出了现代会计的概念结构,系统界定了会计理论的各个要素及其内在联系,提出了完整的理论框架,为会计准则的制定奠定了基础;英国和澳大利亚学者也提出了自己的概念结构;中国学者也在从事会计概念结构的研究,这意味着会计概念结构的形成与成熟,表明了当代会计理论的系统化。

21世纪进入知识经济时代,新的要求、新的任务给会计带来新的挑战,专家、学者们开始重新构建知识经济时代会计理论创新体系。

二、成本概念的创立

20世纪以前的成本会计一直停留在对产品成本的计算与考核方面,因而学者们通常称其为"成本簿记"发展阶段。在19世纪与20世纪之交,学者们围绕完善"工厂制度",开始着重从核算与控制的结合方面研究成本问题,自此成本簿记研究开始向成本会计研究方面转变。1911年,美国管理学家、工程师泰罗在他发表的论文的基础上,出版了他的名著《科学管理原理》,在此之后,诸如"标准成本""差异分析""预算控制"之类的概念及方法便被引进到会计体系中来,逐步形成了较为科学的"成本制度"及其"成本控制系统"。至20世纪三四十年代,美国著名会计学者劳伦斯、陀尔等所著的《成本会计》也已成为成本会计研究方面的经典之作。

20世纪50年代,随着管理现代化、运筹学、系统过程、电子计算机等的广泛应用,成本会计的重点已转移为如何预测、决策和规划成本,形成以管理为主的现代成本会计。

20世纪80年代以来,电脑技术的进步、生产方式的改变、产品周期的缩短、全球竞争的加剧,成本会计的领域扩展到了与客户之间的利益关系,包括产品设计生命周期的管理,也更加注重内部组织的管理。为获取最大限度的市场竞争优势,战略型相关成本管理信息已成为成本管理系统不可缺少的部分。

如今,成本的定义已不再仅仅局限于产品成本的范畴,成本的外延除了包括产品成本的概念与内容,还可以包括劳务成本、工程成本、开发成本、资产成本、资金成本、质量成本、环保成本等。此外,由于成本管理的不同目的,形成对成本信息的不同需求,使成本有各种各样的组合。同时,人们对成本的认识也是日趋深化的。目标成本、可控成本、责任成本、相关成本、可避免成本等新的成本概念源源不断地涌现,形成了多元化的成本概念体系。

三、管理会计的产生

管理会计作为现代会计的一大分支,其产生时间可追溯到19世纪末20世纪初。当时产业革命加速了资本主义经济的发展,其生产规模日益扩大,生产专业化、社会化程度和自由竞争日益激烈,原来那种单凭经验和主观臆断的管理方法已不能适应企业管理的需要。

1919年,美国全国成本会计师协会(1957年更名为全国会计师协会)成立,标准成本迅速得以推广,并逐渐制度化。1922年,奎因坦斯出版了《管理会计:财务管理入门》一书,第一次提出"管理会计"一词。1924年,麦金西出版了《管理会计》一书。同年,布利斯出版了《通过会计进行经营管理》一书。以上几部著作被看成是管理会计初步形成的标志。

第二次世界大战以后,由于美国的经济发生了一系列重大变化,企业规模越来越大,跨国公司普遍出现,科学技术迅速发展,企业生产经营速度加快,市场竞争加剧,资本利润率下降,资金紧张,筹资困难,所有这些因素都对企业的经营和会计工作提出了新课题,为了解决这些问题,专门为企业内部管理服务的管理会计就逐渐形成了,从财务会计体系中分离出来,成为一门独立的边缘科学,并不断发展完善。20世纪60年代,电子计算机与信息科学的发展,产生了"决策会计"与"业绩会计"。到了20世纪70年代,美国学术界对于管理会计理论体系的研究可谓达到了高峰,管理会计形成了以"决策与计划会计"和"执行会计"为主体的管理会计结构体系。

20世纪80年代以后,卡普兰作为创新学派的代表人物,开始在管理会计实务中使用大量复杂的数学模型致力于管理会计信息相关性的研究,从此迎来了以"作业"为核心的"作业管理会计"时代。与波特提出的"价值链"观念相呼应,管理会计借助于"作业管理",又致力于如何为企业"价值链"优化服务。综观20世纪80年代的发展,现代管理会计沿着"效率—效益—价值链优化"的轨迹发展。

进入20世纪90年代,变化是世界经济环境的主要特征。基于环境的变化,管理会计信息搜集的任务从管理会计人员转移到这些信息的使用者,这时,管理会计的主题已经从单纯的价值增值转向企业组织对外部环境变化的适应性上来。管理会计的研究趋势分为以下三个研究领域:管理会计在组织变化中的地位与作用、管理会计与组织结构之间的共生互动性、管理会计在决策支持系统中的作用。此时,还出现了诸如对平衡计分卡的研究。

进入21世纪以来,管理会计也根据具体经济环境的变化产生了新的发展。环境管理会计、行为管理会计、战略管理会计的产生和快速发展印证了管理会计的发展动力。管理会不只是在方法、手段上不断充实，还在应用领域上不断扩充、在高度上逐渐上升。经济全球化的发展，萌生了国际管理会计等分支。另外，管理会计的研究重心开始逐渐转移到管理会计体系的建立以及管理会计人才队伍的建设。2014年10月27日，财政部印发《关于全面推进管理会计体系建设的指导意见》（财会〔2014〕27号，以下简称《意见》）。《意见》分为全面推进管理会计体系建设的重要性和紧迫性，指导思想、基本原则和主要目标，主要任务和措施，工作要求四部分内容，明确要全面推进管理会计理论体系、管理会计指引体系、管理会计人才队伍，以及管理会计的信息系统建设。

四、审计理论的创立

在19世纪70年代以前，对审计问题的研究与簿记学一样，主要关注有关实务的操作程度、技术处理与方法运用方面。在19世纪的最后30年间，随着股份制公司的发展，股票上市交易中经济诉讼案件的日益增加，德国与英国的会计学者、会计师和律师，不仅开始展开对基本审计理论问题的研究，而且还密切结合会计基本理论来研究审计基本理论问题，这对会计学的发展产生了深远影响。

在20世纪的前30年里，美国学者在审计基本理论研究方面显示出后来居上的优势，他们既注重研究英国与德国的审计理论成果，并恰当地引进这些成果，又根据本国实际创新发展，对推动审计理论的发展作出了重要贡献。

20世纪50年代之前，许多人一致认为审计职业主要依靠审计实务来保持其地位，建立一套科学的审计理论体系来支持审计实务是没有必要的。为了反驳此观点，美国审计学家莫茨和夏拉夫于1961年合著《审计哲理》（又名《审计理论结构》），开始了纯粹审计理论研究。《审计哲理》中的审计思想，对审计理论研究的影响是深远的，对审计基本概念、审计基本假设、审计方法论研究的影响更是深远的。《审计哲理》作为一部经典的、里程碑式的著作，为20世纪后半期审计科学的发展产生了巨大的推动作用，成为推动整体审计科学发展的动力。

20世纪七八十年代，民间审计准则体系日趋完善，同时政府审计准则、内部审计准则相继出现和不断完善。

20世纪80年代至今，各个国家制定和颁布审计准则，而且致力于研究和开展审计准则的国际协调（趋同）工作。

五、会计电算化的产生

进入20世纪以来，随着社会经济的不断发展与科技的不断进步，市场需求和生产经营方式发生了诸多的变化，社会各方对会计所提供的经济信息，不仅在需求数量上有了大幅度的增加，而且还在时间上和质量上都有了更高的要求。会计数据处理的工作量也越来越大，从客观上产生了改革会计手工处理形式的需要。

1946年，第一台计算机问世，实现了20世纪一项划时代的变化。此后，计算机在航空航天、工业、生物、医学、教育、经济等领域迅速得到广泛应用。1954年，美国通用电气公司首次利用计算机计算职工薪金的举动，开创了人们利用计算机进行会计数据处理的新纪元，引起了会计数据处理技术的变革，会计电算化也应运而生了。

20世纪60年代中期以后，计算机硬件、软件的性能得到了进一步的改进，可操作性不断增强,为计算机在会计领域的普及创造了条件。特别是微型计算机的问世,数据库与计算机网络技术的迅猛发展,使人们充分认识到电算化数据处理有优越性。在新技术、新方法不断呈现的同时,专业会计软件不断翻新,会计电算化的理论研究不断完善和成熟,会计电算化系统逐渐成形。

在我国,将计算机应用于会计数据处理的工作起步较晚。1979年,第一汽车制造厂大规模信息系统的设计与实施,成为我国会计电算化发展过程中的一个里程碑。1981年8月,在财政部、原第一机械工业部、中国会计学会的支持下,中国人民大学和第一汽车制造厂联合召开了"财务、会计、成本应用电子计算机问题讨论会",第一次正式提出了"电子计算机在会计工作中的应用"的问题,引入了"会计电算化"的概念。

六、会计信息化的产生

随着信息技术、通信技术,特别是网络技术的发展,会计电算化已经越来越不能适应现代信息管理发展的要求。在我国,会计信息化是不同于会计电算化的全新理念,会计信息化可以说是从会计电算化、会计信息系统概念的基础上派生的。会计信息化是会计与信息技术的结合。

20世纪80年代,随着国家改革开放的步伐,我国理论界开始研究计算机在会计中的应用,当时采用和推行的是非商品化定点开发的初始性软件,会计软件在技术和应用上都处于探索阶段。20世纪90年代,会计软件不再是简单地以模块的多少加以区分,而是推出了类似这些子系统的会计核算软件,这使我国会计软件跨入商品化发展阶段。随着单项业务处理型软件的商品化,推进了软件的不断改进、提高和完善,进而扩展对软件的项目和功能的开发,实现了核算型软件发展阶段的到来。1999年,谢诗芬在第11期《湖南财政与会计》上发表《会计信息化:概念、特征和意义》一文,强调会计信息化的本质是一个过程,利用的手段是现代信息技术,其目标是建立现代会计信息系统,作用是提高会计信息的有用性。这种观点符合演绎推理的思维逻辑,先定位会计信息化的概念,然后再设计其内容。

20世纪90年代以后,随着信息技术不断创新、信息产业持续发展、信息网络广泛普及,信息化成为全球经济社会发展的显著特征。在这样充满竞争的大环境中,会计人员不仅要深谙会计学的基本原理、掌握会计电算化技术,而且还要学习一些组织观念、行为因素、决策过程和通信技术等方面的基本理论。2003年,杨周南在第10期《会计研究》发表的《会计管理信息化的ISCA》一文中,讨论了现代信息技术环境下传统会计电算化向会计管理信息化转变的理论问题。她认为,"会计电算化"应该改称为"会计管理信息化"(简称"会计信息化")较为确切。她提出了会计管理信息化的ISCA(Information System, Control and Auditing)模型。

21世纪以来,企业的科学管理对会计工作的要求日益提高,同时在软件研制开发及其商务竞争的推动下,会计软件由核算型转向管理型,为企业经营管理、控制决策和经济运行提供充足、实时、全方位的信息。会计信息化与传统的会计工作相融合,在业务核算、财务处理等方面发挥作用,它还包含有更深的内容,如会计基本理论信息化、会计实务信息化、会计教育的信息化、会计管理信息化等。

时代在不断进步,经济在不断发展,会计在不断变革,随着互联网的深入及大数据的产生,未来会计信息化呈现出财务业务一体化、处理全程自动化、内外系统集成化、操作终端移动化、信息提供频道化、处理规则国际化、会计信息标准化、会计组织共享化、风险威胁扩大，以及处理平台云端化等诸多新趋势。

会计信息化代表了一种全新的会计思想与观念，是传统的会计理论和现代信息技术、网络技术等相结合的产物，是现代会计发展的必然趋势。人们只有抓住机遇、迎接挑战，才能推进中国会计信息化的发展。尽管会计信息化这一概念在中国提出的时间不长，对其本质和内涵还有待进一步研究，但不可否认，随着信息社会的到来，会计信息化已是一个不可阻挡的必然趋势，会计信息化对当前的会计无论在理论上还是在实践上，都会产生很大的影响。

本章小结

本章的主要学习内容是会计的产生与发展。通过本章学习，我们熟悉了会计的产生与发展的历史阶段、原始计量与记录的产生与发展；掌握了单式簿记、复式簿记产生与发展时代的规律总结，以及会计学产生与发展时代的规律总结。

本章重要概念

原始计量与记录　单式簿记　复式簿记　借贷记账法　龙门账　会计学　会计信息化

4-3 第四章：会计的产生与发展

第五章 会计、财务管理和审计的概念及相互关系

- 内容提要
- 重点难点
- 学习目标
- 知识框架
- 思政育人
- 第一节 会计及其特征与内容
- 第二节 财务管理及其特征与内容
- 第三节 审计及其特征与内容
- 第四节 会计与财务管理、审计的关系
- 第五节 会计学科体系及会计学科与相关学科的关系
- 本章小结
- 本章重要概念

内容提要

本章主要讲解了会计、财务管理、审计的内涵、特征和内容;会计与财务管理、审计之间的关系;会计学科体系及会计学科与相关学科的关系。

重点难点

本章重点为会计、财务管理、审计的内涵、特征和内容;难点为会计与财务管理、审计的关系,会计学科体系及会计学科与相关学科的关系。

学习目标

通过本章学习,学生应掌握会计、财务管理、审计的概念,能通过其各自包含的内容对三者之间的主要区别有深刻的理解;熟悉会计、财务管理、审计各自的特征及会计与其他两者之间的关系;了解会计学科体系的构成及会计学科与其他相关学科之间的关系。

知识框架

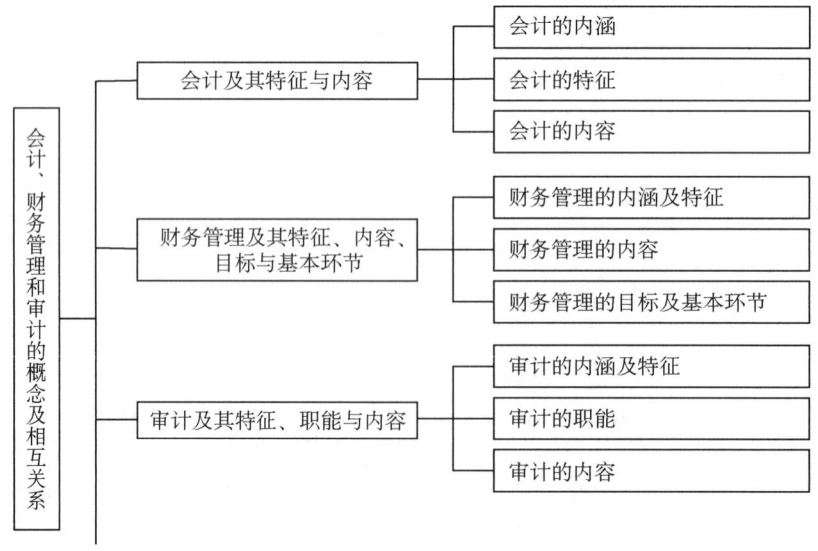

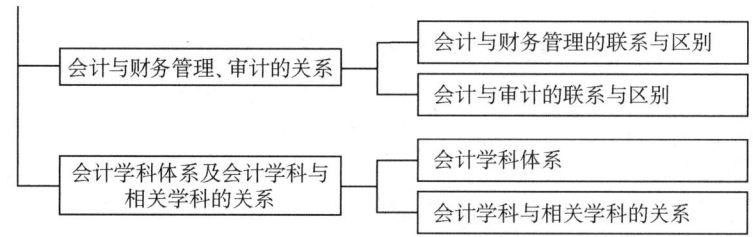

 **思政育人**　　　　　**帮康美药业造假**
——广东正中珠江会计师事务所被罚 5 700 万元

2018 年 4 月 29 日，康美药业发布了一份《关于前期会计差错更正的公告》。该公告具体阐述了公司 2017 年年报中出现的 14 项会计错误，其中最主要的有以下几点：财务数据出现会计差错，造成 2017 年营业收入多计入 88.98 亿元，营业成本多计入 76 亿元，销售费用少计入 5 亿元，财务费用少计入 2 亿元，销售商品多计入 102 亿元，货币资金多计入 299 亿元，筹资活动有关的现金项目多计入 3 亿元。

然而，康美药业的审计机构广东正中珠江会计师事务所，为康美药业出具了保留意见的审计意见。

2019 年 5 月 9 日，广州正中珠江会计师事务所被中国证券监督管理委员会（以下简称中国证监会）广东监管局立案调查。

2019 年 5 月 17 日，中国证监会公布康美药业披露的 2016 年至 2018 年财务报告存在重大作假：一是使用虚假银行单据虚增存款；二是通过伪造业务凭证进行收入造假；三是部分资金转入关联方账户买卖本公司股票。康美药业涉嫌违反《中华人民共和国证券法》相关规定。

2019 年 5 月 21 日起，康美药业（600518）交易时只能卖不能买，公司股票简称变更为"ST 康美"。

2021 年 3 月 19 日，中国证监会发布了对康美药业年报审计机构——广东正中珠江会计师事务所的行政处罚决定，合计 5 700 万元的高额罚单再一次将审计推向舆论的风口浪尖。注册会计师的行业形象遭受重创，严重影响社会公众对注册会计师行业的信任度。作为社会经济活动的监督者，牢记初心与使命、回归社会责任本源、坚守职业道德底线、重视专业能力建设、严格审计质量控制是审计履行好资本市场"看门人"角色的关键。康美药业造假案给相关方面及人员造成了巨大损失，给资本市场带来了很大影响。广东正中珠江会计师事务所没有保持审计的独立、客观、公正、诚信等职业道德要求，最终自食其果。然而，近年来频频出现的财务造假事件使得资本市场面临史无前例的信任危机，审计失败、审计职业道德沦丧和社会责任缺失向财会审人员敲响警钟。

央视焦点访谈《财务造假须严惩》专题报道点名了康得新、康美药业、辅仁药业等一批上市公司涉嫌财务造假的违法违规行为。往严重里说，帮助上市公司造假其实是一种犯罪行为。由于案发时间是在新的证券法实施之前，这次中国证监会的处罚是按照 2005 年的《中华人民共和国证券法》，采用没收收入并处三倍罚款的方式，对这些会计师个人处 3 万～10 万元的罚款。广东东方金源律师事务所金律师认为，这种处罚应该说在当时的法律里已经是采取了最重的处罚，但是远远达不到惩戒的效果，因此期待新的证券法能发挥出更好的效果。

资料来源：证券时报网. 罚没 5 700 万！帮康美药业造假的这家会计师事务所收到了行政处罚决定书！[EB/OL]. (2021-03-20)[2023-11-06]. http://www.stcn.com/article/detail/337588.html.

第一节 会计及其特征与内容

一、会计的内涵

物质资料的生产是人类存在和发展的基础,会计是适应人类生产实践和经营物质资料的生产管理的客观需要产生并发展起来的。会计作为一种社会现象,作为一项记录、计算和汇总工作,它产生于管理的需要,并且一开始就以管理的形式出现。作为一种经济管理活动,会计与社会生产发展有着不可分割的联系,会计的产生和发展离不开人们对生产活动进行管理的客观需要,社会越发展,会计越重要。

在原始社会,人们为了计算生产成果和生活需要,逐步产生了计数和计算的要求。在文字产生以前,这种计算是用"结绳记事""刻木记事",或凭人们的记忆来进行的。在文字产生以后,人们对物质资料的生产与消耗开始了文字记载,于是就产生了会计。奴隶社会和封建社会的会计主要是用来核算和监督政府开支,为官方服务。随着商品货币经济的发展,特别是在欧洲产业革命以后,由于资本主义生产的发展,生产日益社会化,生产规模日趋扩大,人们更需要由会计从价值量上来全面、完整、系统地反映和监督生产经营的全过程。人类发展到现在,全球信息化、经济全球化使作为"国际商业公共语言"的会计内涵及外延不断丰富发展。

现在会计的概念可以表述为:会计是以货币为主要计量单位,以凭证为依据,运用一系列专门方法,对一定主体的经济活动进行全面、综合、连续、系统地核算和监督,并向有关方面提供会计信息的一种经济管理工作。

5-1视频:会计的含义及特征

二、会计的特征

1. 会计以货币作为主要计量单位

经济活动中通常使用劳动计量单位、实物计量单位和货币计量单位三种计量单位。劳动计量和实物计量只能从不同的角度反映企业的生产经营情况,计量结果通常无法直接进行汇总、比较;而货币计量便于统一衡量和综合比较,能够全面反映企业的生产经营情况。因此,会计需要以货币作为主要计量单位。

2. 会计采用一系列专门的方法

会计方法是用来核算和监督会计对象、实现会计目标的手段。会计方法具体包括会计核算方法、会计分析方法和会计检查方法等。其中,会计核算方法是最基本的方法。其具体包括设置会计科目和账户、复式记账、填制和审核会计凭证、登记会计账簿、成本计算、财产清查和编制财务会计报告七个方面。

3. 会计具有核算和监督的基本职能

会计一方面要按照会计法规制度的要求,对经济活动进行确认、计量和报告;另一方面要对经济活动的合法性、合理性进行审查。会计核算是会计工作的基础,会计监督是会计工作质量的保证。会计核算和监督贯穿于会计工作的全过程,是会计的基本职能,也是会计管理活动的重要表现形式。

4. 会计的本质就是管理活动

会计是一种经济管理活动,为企业经济管理提供各种数据资料,而且通过各种方式直接参与经济管理,对企业的经济活动进行核算和监督。

相关思考 5-1

会计职能有哪些

现代会计职能可以概括为:核算(反映)经济活动、监督经济业务、控制经济过程、评价经营业绩预测经济前景、参与经济决策。

三、会计的内容

会计包括三方面的内容,即会计核算、会计监督和会计分析。

1. 会计核算

会计核算贯穿于经济活动的全过程,是会计的基础环节,主要是通过一系列专门的核算方法,对经济业务进行完整的、连续的、系统的记录和计算,为经营管理提供所需的会计信息。会计核算的内容主要包括:

(1) 款项和有价证券的收付。
(2) 财务的收发、增减和使用。
(3) 债权、债务的发生和结算。
(4) 资本、基金的增减。
(5) 收入、支出、费用、成本的计算。
(6) 财务成果的计算和处理。
(7) 需要办理会计手续、进行会计核算的其他事项。

相关思考 5-2

成本计算和财产清查的含义是什么

成本计算是指归集一定计算对象上的全部费用,借以确定各对象的总成本和单位成本的一种专门方法。

财产清查是通过盘点实物、核对账目来查明各项财产物资和资金的实有数,并查明实有数与账存数是否相符的一种专门方法。

2. 会计监督

会计监督是指会计在其核算过程中,对经济活动的真实性、合法性和合理性所实施的审查工作。

真实性审查是指检查各项会计核算是否根据实际发生的经济业务进行。

合法性审查是指检查各项经济业务是否符合国家有关法律法规、遵守财经纪律、执行国家的各项方针政策,以杜绝违法乱纪行为。

合理性审查是指检查各项财务收支是否符合客观经济规律及经营管理方面的要求,保证各项财务收支符合特定的财务收支计划,实现预算目标。

3. 会计分析

会计分析是指根据会计核算提供的会计信息,运用一定的分析方法,对企业的经营过程及其经营成果进行定量和定性的分析工作。会计分析的结果是进行会计预测和会计考核的主要依据,它是会计核算的继续和发展,是企业经济活动分析的组成部分。

会计核算、会计监督、会计分析三者之间既相互联系、相互补充,又有其相对的独立性,只有把这三部分内容有机地结合起来,才能构成完整意义上的会计。

 延伸阅读5-1

会计分析的方法

(1) 定性分析。它是指分析人员运用自己的主观判断,对企业的资金成本、利润等方面进行分析的一种方法。它一般适用于缺乏历史会计资料或其他资料的分析。常用的定性分析方法有:调查分析法、经验分析法。

(2) 定量分析。它是指运用统计技术,考察事物的规定性,从而把握事物性质的一种分析方法。常用的定量分析方法有:比较分析法、时间序列分析法和因果分析法等。

(3) 静态分析。它是指对已发生的经济活动成果,进行综合性的对比分析的一种分析方法。常用的静态分析方法有:相对数分析法、平均数分析法、比较分析法、结构分析法、因素替换分析法、综合计算分析法和价值系数分析法等。

(4) 动态分析。它是指对企业正在进行的经济活动进行分析的一种方法。常用的动态分析方法有:指数分析法、发展速度分析法、ABC分析法、平均递增率分析法、季节变动分析法、网络分析法、移动平均数分析法和费用效益分析法等。

(5) 预测分析。它是指对企业经济活动未来发展趋势进行分析的一种方法。常用的预测分析方法有:最小损益值分析法、最大损益值分析法、回归分析法、矩阵分析法、决策树分析法和马尔可夫分析法等。

(6) 经验分析。它是指分析人员根据自己的实践经验和专业知识,对企业预测的资料进行分析,并作出评价判断的一种方法。常用的经验分析方法有:专家意见法、历史类比法和直觉测定法。

第二节 财务管理及其特征、内容、目标与基本环节

一、财务管理的内涵及特征

(一) 财务管理的内涵

1. 财务

"财务",顾名思义,是指有关钱与物资的事情。"财"用"贝"字偏,说明与钱、货币有关;"务"是指事情。从"财务"英文看,"finance"或"financial affairs",一词源于拉丁文"finis",意为货币。财务目前有财政、金融、财务三种含义。

人们对财务尚未形成统一的认识,对其有多种不同的理解,如将其理解成资金运动及其形成的经济关系、价值运动及其形成的价值关系、对价值的分配、货币资金的流转等。

在日常生活中,也有人为了简化,把财务管理简称为财务。

2. 财务管理

财务管理是在一定的整体目标下,关于资产的购置(投资)、资本的融通(筹资)、经营中现金流量(营运资金),以及利润分配的管理。它直接关系到企业的生存与发展,从某种意义上讲,财务管理是企业可持续发展的一个关键因素。

财务管理是企业管理的一个组成部分,它是根据财经法规制度,按照财务管理的原则,组织企业财务活动、处理财务关系的一项经济管理工作。

(二) 财务管理的特征

1. 财务管理的基本特征是价值管理

财务管理主要运用价值形式对经营活动实施管理,通过价值形式,把企业的一切物质条件、经营过程和经营结果都合理地加以规划和控制,以达到企业效益不断提高、财富不断增加的目的。

2. 财务管理与企业各方面具有广泛的联系

企业的一切经营活动都涉及资金的收支,财务管理的触角常常伸向企业经营的每个角落,每个部门都会通过资金的使用与财务部门建立联系,财务部门也因对各部门合理使用资金、节约资金支出、提高经济效益进行管理而与各部门密切合作。

3. 财务管理是一项综合性的管理

财务管理所运用的指标统称财务指标,它是以价值形式综合反映企业经营的能力、成果和状态。企业的决策是否得当、经营是否合理、技术是否先进、产销是否顺畅等,都可迅速地在财务指标中得到反映。

二、财务管理的内容

财务管理的对象是企业生产经营过程中的资金运动(循环和周转),其主要内容有筹资管理、投资管理、营运资金管理、利润分配管理。财务管理内容是财务管理对象的具体化。

5-2 视频:
财务管理
的内容

(一) 筹资管理

筹资是指企业为了满足投资和资金运营的需要,筹集所需资金的行为。在筹资活动中,企业需要根据战略发展的要求和投资规划确定不同时期的筹资规模,并通过不同筹资渠道和筹资方式的选择,合理地确定筹资结构,降低筹资成本和风险,以保持和提升企业价值。企业筹资通常形成权益资金和债务资金两种不同性质的资金来源。

(二) 投资管理

投资是指企业根据项目资金需要,将所筹集的资金投放到所需项目的行为。广义的投资包括企业投资购买其他公司的股票、债券,或与其他企业联营,或投资于外部项目等对外投资,以及购置固定资产、无形资产、流动资产等企业内部使用资金。企业在投资过程中,必须考虑投资规模,正确选择投资方向和投资方式,以确定合适的投资结构,提高投资效益,降低投资风险。投资是实现投资者财产价值升值的手段。

(三) 营运资金管理

营运资金是指企业日常经营活动中的资金收付行为。相对于其他财务活动,资金营运活动是最频繁的财务活动。资金营运活动围绕着营运资金展开,如何加快营运资金的周转、提高营运资金的利用效果,是资金营运活动的关键。资金营运活动既包括支付工资、营业费用及其他各项费用的现金支出,又包括企业销售产品或提供劳务所取得收入的现金回收。从资金的运动状态看,资金营运活动既表现为资金的流出,又表现为资金的流入。

(四) 利润分配管理

企业通过投资和营运资金的活动所获得的各项收入,先用于弥补生产经营消耗,缴纳税金后,再依法对剩余收益进行分配。财务活动中的收入分配,体现了企业履行相应的经济责任。广义的分配是指企业各种收入进行分割和分派的行为；而狭义的分配仅指对企业净利润的分配。企业实现的净利润可分配给投资者或留存企业转增资本。在分配利润时，企业应合理确定分配规模和分配方式，以确保企业取得最大的长期收益。

三、财务管理的目标及基本环节

财务管理理论受市场经济理论的发展、企业组织形式的变化而不断演变。财务管理目标根据环境的变化而调整，它是财务管理理论结构中的基本要素和最高层次，是财务管理实践中财务决策的出发点和归宿点。

（一）财务管理的目标

1. 利润最大化

利润最大化是指企业通过对财务活动和经营活动的管理，不断增加企业利润。利润代表企业新创造的财富。企业利润历经了会计利润和经济利润两个阶段。利润最大化是西方微观经济学的理论基石。古典经济学认为，在完美市场中，市场可以替代所有者制约经理行为，因此不会出现经营者偏离财务目标的现象。

企业追求利润最大化就必须讲求经济核算、加强管理、改进技术、提高劳动生产率、降低产品成本。这些措施都有利于资源的合理配置，有利于经济效益的提高。但是，利润最大化的财务管理目标存在以下缺陷：忽略利润实现的时间、资金的时间价值；没能有效考虑风险；不能反映企业未来的盈利能力；决策带有短期行为的倾向。

2. 股东财富最大化

股东财富最大化是指企业通过财务上的合理运营为其股东带来更多的财富。该目标认为企业主要由股东出资形成，股东创办企业的目的是扩大财富，股东是企业所有者，企业发展应该追求股东财富最大化。

与利润最大化目标相比，股东财富最大化目标具有以下积极作用：考虑资金的时间价值和风险因素；一定程度上能够克服企业在追求利润上的短期行为，因为股票价格反映企业未来现金流量的现值，利用股票市价来计量，有利于对管理者的业绩考核。

然而，单纯追求股东财富最大化目标也受到了质疑：股东虽是剩余索取者并承担企业经营风险，但股东只承担有限责任而非全部风险；企业价值增值的资源不仅是财务资本，还有人力资本，职工与股东一样承担企业经营效益相关的风险；越来越多的企业，尤其是大型企业股权分散、流动性大，由于信息不对称、监督的收益及成本不对称，个体股东关注企业经营效益的动力减弱，甚至引致"搭便车"行为，经理有可能以损失股东的利益为代价作出逆向选择；企业内外部诸多群体的利益受企业经营业绩的影响，企业演变为"社会企业"。

3. 社会价值最大化

企业目标的实现，不能仅从企业本身来考察，还要从企业所处的社会系统来考察。企业要在竞争环境中生存，必须与其周围的环境，包括与股东、债权人、员工、社区、政府等利益相关者构建和谐关系。企业必须承担一定的社会责任，包括解决社会就业、讲求诚信、保护消费者、支持公益事业、环境保护和完善社区建设等。社会价值最大化要求企业在追求企业价值最大化的同时，实现预期利益相关者的协调发展，形成企业的社会责任和经济效益间的良性循环关系。这一目标兼容了时间性、风险性和可持续发展等重要因素，体现了经济效益和社会效益的统一。

> **延伸阅读 5-2**

苹果公司供应商的社会责任

自 2007 年发布首款智能手机 iPhone 以来,苹果公司取得了极大的成功,其市值在 2015 年 3 月达到 7 360 亿美元,超过微软与谷歌的市值总和。在取得如此巨大成功的同时,苹果公司也在推动着企业社会责任的发展。由于苹果公司产品的生产制造基本上外包给代工企业来进行,苹果公司通过自身的影响力及其在行业内的话语权不断督促、推动其供应商履行社会责任,并通过发布报告的形式向社会公布相关信息。苹果公司要求供应商重视劳动权益与人权、重视环境保护与员工安全、加强对员工的教育发展。

2016 年,苹果公司发布了其第十份供应商社会责任发展报告,报告详述了苹果公司通过遏制超时工作,解决抵债劳工和童工问题,在维护人权领域取得的巨大进展;还介绍了苹果公司通过安全使用化学品,保护自然资源、提升能源效应、利用可再生能源,以及在保护环境方面作出的种种努力。苹果公司的首席运营官杰夫·威廉姆斯(Jeff Williams)对外表示:在 2015 年,苹果公司供应商的工时合规率已高达 97%,这个比率在业界可谓前所未有。2008 年以来,超过 920 万名工人接受了关于自身权益的培训,超过 40 万人参加了苹果教育计划。苹果公司推行更严格的环保标准,并鼓励在生产中使用可再生能源,这些努力已卓见成效:供应商已分流了超过 73 000 吨废弃物,使它们免于进入填埋场。在苹果公司实行能效计划第一年里,供应商减少了超过 13 800 吨的碳排放量。苹果公司不但帮助供应商提高能效,还通过清洁能源方案(Clean Energy Program)支持他们采用可再生能源为工厂提供电力。2013 年以来,苹果公司的环境、健康和安全学院(EHS Academy)的学员们已启动了超过 2 400 个 EHS 项目。

(二) 财务管理的基本环节

财务管理环节是指财务管理的工作步骤与程序。一般说来,企业财务管理包括以下几个基本环节。

1. 财务预测

财务预测是指财务人员在财务战略的指导下,在认识财务活动过去和现在的基础上,发现财务活动的客观规律,并据此推断财务活动的未来状况和发展趋势的过程。本环节的主要任务在于:测算各项生产经营方案的经济效益,为决策提供可靠的依据;预计财务收支的发展变化情况,以确定经营目标;测定各项定额和标准,为编制计划、分解计划指标服务。财务预测工作主要包括以下步骤:①明确预测目标;②收集相关资料;③建立预测模型;④实施财务预测。

2. 财务决策

财务决策是指财务人员在财务目标的总体要求下,采用专门的方法从若干备选方案中选择出最佳方案的过程。在市场经济条件下,财务管理的核心是财务决策,财务预测是为财务决策服务的,财务计划是财务决策的具体化。财务决策的准则是"满意或足够好",财务决策的方法主要有经验判断法和定量分析法两种。财务决策工作主要包括以下步骤:①确定决策目标;②提出备选方案;③选择最优方案。

3. 财务预算

财务预算是指财务人员运用科学的技术手段和数量方法,对目标进行综合平衡,制订主要的计划指标,拟定增产节约措施,协调各项计划指标的活动的过程。财务预算是以财务决策确立的方案和财务预测提供的信息为基础编制的,是财务预测和财务决策的具体化,是控制财务活动的依据。财务预算工作主要包括以下步骤:①分析财务环境,确定预算指标;②协调财务能力,组织综合平衡;③选择预算方法,编制财务预算。

相关思考5-3

预算与预测一样吗

预算与预测不一样。预算是对企业未来的财务状况与经营成果,以及现金收支等价值指标所进行的反映;而预测是以过去的历史资料和现在所能取得的信息为基础,运用自身所掌握的科学知识和多年的实践经验,推测事物未来发展的可能趋势或结果。

4. 财务控制

财务控制是指对财务预算进行执行和监督,并对执行过程中出现的问题进行调整和修正,以便实现预算指标的过程。实行财务控制是落实预算任务、保证预算实现的有效措施。一般而言,财务控制工作主要包括以下步骤:①制定控制标准,分解落实责任;②实施追踪控制,及时调整误差;③分析执行差异,设立考核奖惩制度。

5. 财务分析

财务分析是指根据财务报表等有关资料,运用特定方法,对企业财务活动过程及其结果进行分析和评价的过程。通过财务分析,可以掌握各项财务预算的完成情况,评价企业财务状况,以及部门和各级管理人员的经营业绩;研究和掌握企业财务活动的规律性,完善财务预测、决策、预算和控制;建立和完善激励机制,提高企业管理水平和经济效益。财务分析工作主要包括以下步骤:①占有资料,掌握信息;②指标对比,揭露矛盾;③分析原因,明确责任;④提出措施,改进工作。

第三节 审计及其特征、职能与内容

一、审计的内涵及特征

(一) 审计的内涵

审计是通过客观地获取和评价与经济活动和经济事项的认定有关的证据,以确认这些认定与既定标准之间的符合程度,并把审计结果传达给利害关系人的系统过程。它可以从以下几个方面理解:

(1) 经济活动和经济事项的认定。引起被审计单位的资产、负债、所有者权益,以及收入和费用发生增减变化的活动就是经济活动或经济事项。

(2) 客观地获取和评价证据。证据是注册会计师用来确定被审计单位的认定与既定标准是否一致的资料。

(3) 认定与既定标准之间的符合程度。这种符合程度既可以用数量表示,又可以用质量表示。

(4) 审计结果。审计结果的传达一般采用书面报告形式,如有关财务报表的审计报告。

(5) 利害关系人。利害关系人包括所有与被审计单位有利害关系的用户,如股东、管理层、债权人、政府机构和一般社会公众等。

(6) 系统过程。审计是一种遵循顺序、逻辑严密的活动。

(二) 审计的特征

审计的特征是指审计区别于其他管理活动的独特之处。它的特征集中体现在独立性和权威性两方面。

1. 独立性

《中华人民共和国宪法》规定,审计机关在国务院总理的领导下,依照法律规定独立行使审计监督权,不受其他行政机关、社会团体和个人的干涉。

审计的独立性主要表现在三个方面:

(1) 机构独立。机构独立是指审计机构不能受制于其他部门和单位,尤其是不能成为国家财政部门和各机构财务部门的下属机构。

(2) 业务工作独立。业务工作独立首先是指审计工作不能受任何部门、单位和个人的干涉,应独立地对被审查的事项作出评价和鉴定;其次是指审计人员要保持精神上的独立,自觉抵制干扰,对审计事项作出客观、公正的结论。

(3) 经济独立。经济独立是保证机构独立和业务工作独立的物质基础。

2. 权威性

审计组织的权威性是审计监督正常发挥作用的主要保证。审计机构的独立性决定了它的权威性。审计机构或人员以独立于被审计者的身份进行工作,恪守独立、客观、公正的原则,按照有关法律、法规,根据一定的准则、原则、程序进行审计。因此,审计人员出具的审计报告具有一定的社会权威性。

二、审计的职能

审计的职能是指审计本身固有的内在功能。它是由审计本身的特征和地位所决定的,是审计本质的客观反映。

审计具有经济监督职能、经济评价职能和经济鉴证职能。

1. 经济监督职能

监督是监察和督促的统称。经济监督是指有制约力的单位或机构监察和督促其他经济单位,使其全部或部分经济活动符合一定的标准和要求,按照预定的方向合理运行。经济监督职能是审计最基本的职能。

2. 经济评价职能

经济评价职能是指审计机构通过审核检查,评定被审计单位财政、财务收支及其经济活动是否合理、合法;计划、预算、决策、方案是否先进、可行;内部控制制度是否健全、有效;经济效益是优、是劣,并在此基础上,有针对性地提出意见和建议,促使被审计单位改善经营管理,提高经济效益的职能。

3. 经济鉴证职能

审计的经济鉴证职能是指审计人员对被审计单位的各项经济活动及会计报表等相关资料进行审查和验证后,取得确凿的证据,客观、公正地作出审计结论,并出具可以信赖的审计报告,从而取得审计委托人或授权人的信任的职能。经济鉴证职能是审计的主要职能。

三、审计的内容

(一) 审计的分类

1. 按审计主体分类

审计主体,即审计的执行者。按审计主体分类,审计可以分为政府审计、内部审计和注册会计师审计三类。

(1) 政府审计也称国家审计,是指国家审计机关依法所进行的审计,是国家审计机关代表政府依法对国务院各部门、地方各级政府的财政收支,对金融机构和企事业组织等的财务收支,进行审计监督。政府审计机关在独立行使审计监督权的过程中,不受其他行政机关、社会团体和个人的干涉。

(2) 内部审计是指组织内部专职审计机构或人员实施的审计,是组织内部的一种独立、客观的监督和评价活动。它通过审查和评价经营活动及其内部控制的适当性、合法性和有效性来促进组织目标的实现。

(3) 注册会计师审计也称民间审计、社会审计,是指由中国注册会计师协会审核批准成立的会计师事务所进行的审计工作。

2. 按审计实施的时间分类

(1) 按审计与被审计单位经济业务发生的时间之间的关系,审计可以分为事前审计、事中审计和事后审计。

(2) 按是否规定审计时间,审计可以分为定期审计和不定期审计。

3. 按审计目的和内容分类

按审计的目的和内容分类,审计可以分为财务报表审计、经营审计和合规性审计。

(1) 财务报表审计的目标是注册会计师通过执行审计工作,对财务报表是否按照规定的标准发表审计意见。

(2) 经营审计是注册会计师为了评价被审计单位经营活动的效果和效率,而对其经营程序和方法发表审计意见。

(3) 合规性审计的目的是确定被审计单位是否遵循了特定的程序、规则或条例。

4. 按审计执行的地点分类

按审计执行的地点分类,审计可以分为报送审计和就地审计。

(1) 报送审计也称送达审计,是政府审计机关进行审计的重要方式。

(2) 就地审计也称现场审计,是国家审计机关、民间审计组织和内部审计部门进行审计的主要类型。

5. 按照审计所依据的基础和使用的技术分类

按照审计所依据的基础和使用的技术分类,审计可以分为账项基础审计、制度基础审计和风险导向审计。

(二) 审计的方法

审计的方法是审计人员检查和分析审计对象、收集审计证据,并依据审计证据形成审计结论和意见,从而实现审计目标的各种专门手段的总称。

我国审计方法体系由两大部分组成,即审查书面资料的方法和证实客观事物的方法。

5-3 视频:审计的方法和作用

1. 审查书面资料的方法

按审查书面资料的顺序划分,审计的方法可分为顺查法和逆查法。

(1) 顺查法是指按照会计核算的处理顺序依次进行检查核对的一种方法。其流程如下:①取得原始凭证;②填制记账凭证;③登记会计账簿;④编制会计报表。

顺查法的优点在于方法简单,从原始凭证入手,审查的内容系统、全面,不易造成重大疏漏;其缺点在于工作量大、烦琐,不易抓住重点。顺查法适用于规模较小、业务量较少或内部控制制度较差的单位。

（2）逆查法也称倒查法，是指按照与会计核算程序相反的顺序依次进行审计的一种方法。

逆查法的优点在于节约人力和时间，提高审计效率；其缺点在于不够系统、全面，容易造成遗漏问题。逆查法适用于规模较大、业务量多或内部控制制度较健全的单位。

按审查书面资料的数量和范围划分，审计的方法可分为详查法和抽查法。

（1）详查法是指通过对原始凭证、记账凭证、账簿、会计报表逐一进行全面、详细的审查而达到审计目的的一种方法。

详查法的优点是能够全面查清被审计单位存在的问题，审计风险小；其缺点是工作量大，审计成本高。

（2）抽查法是指从被审计单位一定时期内的全部会计资料中，选择其中某一部分或某段时期的会计资料进行审查的一种方法。

抽查法的优点是审计成本低，审计效率高；其缺点是审计结果过分依赖所审查部分的情况，审计风险高。抽查法仅适用于规模较大、业务较复杂、内部控制健全和会计基础好的单位。

按审查书面资料的技术内容划分，审计的方法可分为审阅法、核对法、分析法、复算法。

（1）审阅法是指审计人员认真阅读和审查凭证、账簿、会计报表，以及计划、预算、经济合同等书面资料，借以查明财务收支和各项经济活动的合规性、合法性、真实性和正确性的一种方法。它是审计工作中常见的一种方法，也是最基本的取证方法。

（2）核对法是指对被审计单位的书面资料按照其内在联系相互对照检查，从中获取审计征集的一种方法，其主要内容包括证证核对、账证核对、账表核对和账实核对。

（3）分析法是指通过对会计资料有关指标的观察、推理、分解和综合，以揭示其本质和了解其构成要素的相互关系的一种方法。

（4）复算法也称验算法，是指审计人员对被审计单位的书面资料的有关数据进行重新计算，用来验算原计算结果是否正确的一种方法。

2. 证实客观事物的方法

证实客观事物的方法通常包括盘点法、调节法、观察法、查询法和鉴定法。

（1）盘点法也称盘存法，是指根据账簿记录对各项财产物资进行实地清查盘点，以确定账存与实存是否相符的一种方法。

（2）调节法是指在审查某个项目时，通过调节有关数据，证实所需证明数据正确性的一种方法。

（3）观察法是指审计人员通过对被审计单位的实地观察来取得书面资料以外的审计证据的一种方法。

（4）查询法是指审计人员对审计过程中的疑点和问题，通过向有关人员询问和质疑等方式来证实客观事实或书面资料，并取得审计证据的一种方法。

（5）鉴定法是指运用化验分析、物理检验等专门技术对书面资料的真伪、实物的质量等进行分析、鉴别，以获取审计证据的一种方法。

（三）审计的作用

审计的作用是指根据自身的功能去完成审计任务所产生的客观效果。审计实践证明，审计具有制约、促进和证明的作用。

1. 制约作用

制约作用是指通过被审计单位的财务收支活动及经营管理活动的审核检查,审计人员进行经济监督和鉴证,揭发贪污舞弊、弄虚作假、损失浪费的不良行为,保证国家的各项方针、政策和法规贯彻执行,保证被审计单位报出的各种信息资料正确、可靠,保护国家财产的安全与完整;制约被审计单位的经济活动向歧途发展,维护社会主义经济秩序,确保市场经济正常运转。

制约作用主要体现在:一是揭示差错和弊端;二是维护财经法纪。

2. 促进作用

促进作用是指通过对被审计单位的审核检查,审计人员作出客观、公正的评价,对于合理的方面,继续实施和推广;对于不合理的方面,提出意见和切实可行的建议,促进和提高经济效益和社会效益。

促进作用主要体现在:一是改善经营管理;二是提高经济效益;三是加强宏观调控。

3. 证明作用

证明作用是指通过审计,审计人员证明被审计单位提出的各种信息资料的合法性、公允性,从而提高会计信息资料的真实性和可靠性。

第四节 会计与财务管理、审计的关系

一、会计与财务管理的联系与区别

(一) 会计与财务管理的联系

(1) 两者都运用货币为主要计量单位。会计和财务管理均是通过货币的形式进行计量、计价以及评价的,均与企业的经济管理活动相关。

(2) 两者都是经济管理的一个组成部分。在当前,大多数企事业单位把会计部门和财务管理部门结合在一起,属于合署办公。会计和财务管理均是为了实现企业经营管理的最终目标和提高企业的经济效益。

(二) 会计与财务管理的区别

(1) 两者的管理方式不同。会计主要是一个信息系统,会计管理通过会计信息、会计制度等间接展开;而财务管理是在商品货币经济条件下对企业经营活动的一个特定方面——财务活动进行计划、组织、协调和控制的一种管理活动,是一种直接的价值管理活动。

(2) 两者采用的方法不同。会计主要采用核算、制度和信息参与的方法;财务管理则采用预测、分析、决策等经济和行政方法。财务管理作为一个完整的系统,其管理方法主要包括财务预测、财务决策、财务预算、财务控制、财务分析和财务检查及监督等。它侧重于事前的预测、决策、预算和事中的控制、分析、检查及监督。而会计作为信息处理系统,则侧重于对事后经济事项进行反映和监督。它以设置会计科目和账户、复式记账、填制和审核凭证、登记账簿、成本计算、财产清查和编制会计报表等为主要方法。由此,财务会计通过收集、存贮、传输和加工会计数据,输出财务信息,满足信息用户的需求。财务管理可以在此基础上,对会计信息作进一步加工,并利用加工后的信息参与经济管理。

(3) 两者的目标不同。会计的目标主要是提供有用的会计信息;财务管理的目标为有

效的理财、提高经济效益。财务管理的目标是对企业财务工作的科学组织和对资源配置使用所要达到的具体标准,是企业财务行为的导向。在有效市场的前提下,努力做好资本运营,追求企业价值最大化是财务管理的最终目标。会计系统的目标是会计系统运行的方向,也是连接外部环境和会计系统的纽带。在决策有用观的背景下,会计系统就是向信息决策者提供有用的信息,不仅包括提供财务信息,还包括提供加工利用后的信息。因此,会计是会计信息生成系统和会计信息加工利用系统的有机统一。

(4) 两者的职能不同。会计的基本职能是反映和监督,是对企业已经发生的经济业务进行货币计量的一个过程,其重点是对过去的财务信息的核算,而不对价值运动进行直接的管理。财务管理则是直接对企业的财务活动(价值运动)进行管理,它具有一般管理所固有的职能,即计划、组织、协调和控制。

(5) 两者的对象不同。对象不同是财务管理与会计两者存在区别的根本原因。会计作为一个信息系统,它的处理对象是价值运动信息。财务管理的目的是根据价值运动规律,为企业带来尽可能大的收益,所以,其管理的对象就是价值运动本身。

总之,会计与财务管理既有区别,又有联系。但联系并不等于相同。在理论上,它们是两个不同的概念和学科;在实践上,它们是两个不同的职能部门。会计与财务管理必须相互独立,分别对待。

二、会计与审计的联系与区别

(一) 会计与审计的联系

(1) 两者都与企业及其他单位的经济活动或财务收支及其结果有关。会计与审计的客体(对象)具有相关性。审计的主要对象是会计资料及其所反映的财政、财务收支活动。

(2) 两者的工作对象都是会计资料。不管是会计工作还是审计工作,两者开展工作的依据都是经济发生的原始凭证,即会计资料。审计是检查会计在做账、核算过程中运用的方法是否正确,是否有违法行为出现,即对会计资料及其所反映的财政、财务收支活动的真实性、合法性进行审查和评价。审计必须以会计资料为前提和基础展开工作。

(3) 两者都借助会计方法和会计技巧。会计方法是用来核算和监督会计对象、执行会计职能、实现会计目标的手段。会计记账、试算平衡、存货计价、固定资产折旧、产品成本的计算、坏账准备的计提,以及编制财务报表等会计活动都需要运用会计方法和会计技巧。而审计的复核和审查会计工作,是在掌握会计方法和会计技巧的基础上进行的。

(4) 两者都涉及货币计量问题。会计是以货币为主要计量单位,反映和监督一个单位经济活动的一种经济管理工作。审计是对以货币反映的会计资料及其所反映的财政、财务收支活动的真实性、合法性进行审查和评价的一种工作。

(5) 两者都对经济管理活动进行监督。会计工作贯穿于整个单位经济活动的全过程,会计工作在实施过程中也有其自己的监督体系,如会计凭证、会计账簿都需要由单独的审核人员按照会计工作的发生时间进行同步的审核,检查是否符合会计准则的规定,及时发现错误和违规的行为。所以,会计工作不仅仅只反映单位日常经济活动信息,还同样负责监督这些业务是否符合会计准则和法律法规的规定;审计是对单位所有的经济活动进行审查和监督,审计活动同样贯穿于单位经济活动的全过程,它伴随着单位的经济活动和会计工作同步地执行其审查监督职责。

(6) 两者都要求提高经济效益。尽管会计和审计的工作目标具有一定的区别,但究其最终目标来看是一致的,即都是为了满足企业经营管理者的需求,实现利益相关者价值最大化;都是为了理顺经济环境中的各种关系,切实改善企业的管理,不断提高经济效益。

(二)会计与审计的区别

(1) 两者产生的基础不同。会计是为了加强经济管理,适应对劳动耗费和劳动成果进行核算和分析的需要而产生的。审计是生产资料所有权与经营权分离后或管理者内部出现分层次管理后而出现的,是因经济监督的需要,即为了确定经营者或其他受托管理者的经济责任的需要而产生的。

(2) 两者的对象不同。会计的对象主要是经济活动中的资金运动过程,通过货币形式对经济运行过程及其结果进行记录和核算。而审计的对象主要是审查、鉴证的会计资料和其他经济信息所反映的经济活动。

(3) 两者的活动主体不同。会计的活动主体为会计机构与会计人员;审计的活动主体则为审计机构和审计人员。

(4) 两者的方法和程序不同。会计方法体系由会计核算、会计分析、会计检查三部分组成;审计方法体系由规划方法、实施方法、管理方法等组成。

(5) 两者的职能不同。会计的职能有核算和监督,是通过审核原始凭证,填制记账凭证,登记总账、明细账、清查资产和编制会计报表等形式对所产生的各项经济业务进行登记、分类、清算和汇总等,并将所形成的会计资料和结果等数字依据提供给管理者和决策者,为领导和经营管理者服务。而审计的职能有监督、评价和鉴证,是依据会计资料获取审计证据,编写审计报告,提出审计意见,依法作出审计决定,通过审计监督、评价和鉴证,改善经营管理,提高经济效益。

(6) 两者的目的不同。会计的基本目的是为会计信息使用者提供有用的信息;审计的目的是对被审计单位会计资料的真实性、公允性和会计处理方法的一贯性发表意见,以保证会计信息的可靠性。

(7) 两者的责任不同。会计的责任是建立健全内部控制、保护财产的安全与完整、保证会计资料的真实、合法、完整;审计的责任是出具真实、合法的审计报告。

(8) 两者的性质不同。会计是经营管理的重要组成部分,是对生产、经营和管理中的一切经济活动进行反映和监督。审计则是对财政、财务收支及其他经济活动的真实性、合法性和效益性进行审计检查,是对经济活动的监督。

综上所述,会计与审计既有较大的区别,又有紧密的联系,因此,必须正确认识和处理两者之间的关系,才能真正实现两者的协调与配合,从而促进企业的发展和国家经济的增长。

第五节 会计学科体系及会计学科与相关学科的关系

一、会计学科体系

根据我国教育部发布的《学位授予和人才培养学科目录(2018年)》,按照科学规范、主动适应、继承发展的修订原则,目前我国高校专业培养上按学科门类共分为13个门类,111个二级学科,并在学科下设置492个专业。学科不断发展变化,学科的分立、合并、交叉现象经常发生,以上划分仅供参考。

学科门类包括:01(门类代码,下同)哲学、02 经济学、03 法学、04 教育学、05 文学、06 历史学、07 理学、08 工学、09 农学、10 医学、11 军事学、12 管理学、13 艺术学。其中,管理学门类包括的二级学科有:管理科学与工程、工商管理、农业经济管理、公共管理、图书情报与档案管理5个。工商管理学科下又包括如下专业:工商管理、市场营销、会计学、财务管理、国际商务、人力资源管理、审计学、资产评估、劳动关系、物业管理、文化产业管理等。

会计学是随着会计的发展而发展的。当前由于社会经济的高度发展,会计发展到一个新的水平,会计学的内容也不断丰富,已经形成一个较为完整的知识体系,这就是会计学科体系。会计学科体系有以下几种分类。

1. 按其研究的内容划分

会计学科体系往往涉及会计课程体系。虽然从理论上讲,会计学科体系与会计课程体系是既有联系又有区别的两种不同体系的主要表现形式,通过分析会计课程体系,能够较好地掌握会计学科体系。

会计课程体系按其研究的内容划分,可分为基础会计学、财务会计学、成本会计学、管理会计学、财务管理学、审计学、会计制度设计、会计理论、会计史、国际会计学和会计电算化等多门课程。其中,基础会计学、财务会计学、成本会计学、管理会计学、财务管理学、审计学和会计电算化是会计学科的主干课程。

传统的会计学科体系,按其研究对象分类,包括会计基础学科、企业会计学科、政府及非营利组织会计学科、特殊领域会计学科、综合性会计学科。

2. 按其从事的领域划分

会计学科体系按从事的领域划分,可分为营利组织会计和非营利组织会计。营利组织会计即企业会计,由财务会计和管理会计组成。非营利组织会计也称行政事业会计,是指学校、医院、科研机构、图书馆和各级政府机构等采用的会计。

3. 按会计主体划分

会计学科体系按会计主体划分,可分为微观会计学和宏观会计学。微观会计学是以具体的微观单位为核算范围,包括营利组织会计和非营利组织会计。宏观会计学是以一个国家或某一地区为核算范围,核算该国或该地区的经济活动与成果,包括总预算会计、社会会计和国际会计等。

研究会计学及其学科体系,对于了解会计研究的内容、把握会计研究的方向、掌握每个分支学科在整个会计学科体系中的位置都具有十分重要的意义。

会计学科体系并不是一成不变的,随着科学的发展和技术的进步。自然科学和社会科学相互渗透、边缘科学或交叉科学的出现,以及人类社会生产实践和会计实践活动的不断丰富,传统的会计理论将会被新的会计理论所替代、现行的会计学科将会被改造,适应会计实践需要的新会计理论和学科体系将会出现并展现出其强大的生命力。

二、会计学科与相关学科的关系

(一) 会计相关学科的构成

1. 直接相关学科

会计的直接相关学科有理学门类中的数学和统计学、法学门类中的经济法、经济学门类和管理学门类中包括的全部学科、工学门类中的计算机科学与技术等。

2. 间接相关学科

会计的间接相关学科有哲学门类中的哲学、逻辑学;理学门类中的心理学;历史学门类中的历史学、世界历史;文学门类中的相关学科知识;工学门类中的相关学科知识等。

(二) 会计学科与直接相关学科的关系

1. 会计与数学的关系

会计与数学的关系表现为以下几点:

(1) 会计的起源与数学紧密相连。会计的产生与发展是先由"附带职能"到原始会计,再由原始会计发展成一门独立的会计学科。而原始会计是一种原始形式的经济计算,后来随着商品经济的发展,会计逐渐从数学学科中分离出来,成为一门独立的学科。因此,会计原本是孕育在数学中的。

(2) 数学能够让人形成严密的逻辑思维能力、理智行事的能力和计算能力。

(3) 数学是会计学科的基本工具之一。会计学是一门反映经济活动中以价值表现的经济数量关系的科学。会计,尤其是财务会计,从产生之日起,就离不开数学。数学方法在会计学科中的运用使会计职能的扩大成为可能,加强了会计在经济管理中的作用。

总之,会计学科需要数学理论的基础作向导,作为一门使用科学要求具有高度的精确性和严密的逻辑性。数学在会计中具有重要作用,会计数学化促使会计学成为一门真正的科学。

2. 会计与统计学的关系

统计学是应用数学的一个分支,主要通过利用概率论建立数学模型,收集所观察系统的数据,进行量化的分析、总结,并进而进行推断和预测,为相关决策提供依据和参考。它被广泛地应用在各门学科上,从物理到社会科学再到人文科学,它甚至被用于工商业及政府的情报决策之上。

会计学是在研究财务活动和成本资料的收集、分类、综合、分析和解释的基础上形成协助决策的信息系统,以有效地管理经济的一门应用学科,可以说它是社会学科的组成部分,也是一门重要的管理学科。

统计学与会计学具有以下共同特点:

(1) 数量性。数量性是会计学和统计学的共同特点之一,统计活动和会计活动都离不开数字,它们是通过对事物量的研究去揭示事物本质和内在发展变化规律。

(2) 具体性。任何社会经济现象,都是在一定的时间、地点和条件下发生的。因此,其量的表现都带有特定的条件,具体情况具体分析,是会计学和统计学认识事物的另一个重要特点。

(3) 社会性。会计活动和统计活动都是通过对社会经济现象的调查、记录和分析等活动,来认识人类社会的社会经济现象的。统计活动描述的是物质资料的占有关系、分配关系、交换关系以及其他的社会关系。

(4) 监督功能。会计是利用货币量度的计算来监督社会经济活动的,而统计的监督和会计基本相似,它是通过信息反馈来评判、检查和调整决策方案。

综上所述,统计使用各种量度来测定、描述各种现象,与会计一样具有反映职能,但统计侧重于非货币量度,重点寻找数据分布的规律。统计学也为会计学提供了方法论基础,在实际工作中,统计工作往往与会计工作密不可分。

3. 会计与法学的关系

法是调整人们相互权利、义务关系的行为规范。经济法规则是对人们经济关系中所发生的权利、义务用以调整的规范。在进行会计核算时,每一笔核算,无论所涉及的经济事项是对公或对私,都必然涉及有关各方的权、义关系,因此,就必须遵循国家所颁布的有关法律和法令,特别是有关的财经法规和制度。此外,会计部门本身也是执法部门,有依法监督、管理的职责。税收法规和工商管理法规是与会计直接相关的法规,掌握经济法、税法是对会计人员的基本要求之一。

4. 会计与经济学的关系

经济学是一门研究人类行为及如何将有限或者稀缺资源进行合理配置的社会科学,它研究人和社会做怎样的抉择来使用稀缺资源生产各种商品,并把它们分配给社会成员使用。会计学科是反映这种使用和分配行为及其结果,以及从价值角度来管理这种使用和分配过程。经济学为会计学科提供理论基础和指导,学好经济理论,将会为开展会计工作提供广阔思路。

会计与经济学的关系表现为以下几点:

(1) 经济学的核心概念构筑了会计理论框架。20世纪20年代,经济学家通过借鉴和引入经济学中的收益的概念,界定了会计学中的核心概念和相应的方法。20世纪70年代以后,西方会计重心的转移构筑了理论构架,即逐步建立起以资产负债表为中心、以资产为会计的核心概念的一个较为完整的财务会计与报告理论框架。

(2) 经济学的实证分析成为实证会计研究的方法。在现代会计学科领域,会计学科与经济学理论的连接越来越密切。例如,从经济学角度解释会计目标和全面收益理论、用经济学观点研究会计准则、以经济学立场剖析会计诚信缺失,以及将经济学的实证方法用于会计学研究等,经济学对会计学科的支持加深了会计学科的深度,会计学科对经济学的应用拓宽了会计学科的广度。正确处理会计学与经济学理论的关系,有助于进一步提升和推进会计理论研究,更好地为会计实务服务。

5. 会计与管理学的关系

管理学是系统研究管理活动的基本规律和一般方法的科学。管理学是适应现代社会化大生产的需要产生的,它的目的是:研究在现有的条件下,如何通过合理的组织和配置人、财、物等因素,提高生产力的水平。管理学是一门综合性的交叉学科。会计学与管理学的关系表现在以下方面:

(1) 会计学是管理学门类的一个组成部分。

(2) 会计学本身就包含着很多管理学的内容,不仅会计学有管理的成分,管理会计、财务管理、审计等还直接具有管理的内涵。

(3) 管理学是会计学的理论基础。

6. 会计与计算机学科的关系

会计是经济发展的产物,现代信息技术,尤其是网络技术在会计领域的应用和发展,预示着会计技术手段跨越到会计信息化阶段。而随着现代计算机技术、网络技术和信息技术的飞速发展,世界经济已经开始进入"信息经济"的时代,计算机在会计工作的应用是会计史上又一次重大改革,让计算机代替人们去完成人工难以实现的处理功能,为会计工作开辟新的工作领域创造了良好的条件。会计作为一个提供财务信息为主的信息系统,在企业经营管理中起着重要作用。会计与计算机学科的关系表现为以下几个方面:

(1) 计算机是做好会计工作的现代化工具之一。其具体表现为以电子计算机代替手工会计下用人工记录和处理数据等工作。运用计算机进行会计处理,缩短了数据项的长度,减少了数据占用的存储空间,从而提高了会计数据处理的速度和精度。

(2) 计算机改变了会计信息生成、传递、存贮的形式,给会计带来了深刻的变革。各种原始凭证将从书面形式转变成电子数据,原始凭证的传递将从手工的或磁盘的方式转变成网络的方式。原始数据能够快速和准确地搜集,促使了财务管理及数据处理集中化的实现。

(3) 计算机扩大了会计功能。计算机的广泛应用将导致会计的内涵和外延发生革命性的变化,由于传统会计核算的一些操作流程无法及时提供互联经济时代企业管理经营和投资者需要的信息,必须探索新的模式弥补传统会计核算流程过于复杂的先天不足。由此可见,计算机对会计内涵和外延的影响将使会计的功能扩大化。

会计电算化是为了满足现代企业制度的需要,应用电脑与信息技术等现代科技与方法对传统会计进行改造和整合后产生的。会计电算化的普及和应用,是会计核算工作现代化的过程,是促进会计工作标准化、制度化、规模化的过程,也是促进会计、会计工作改革和发展的过程,同时还是一个观念更新、推进企业管理现代化的过程。会计电算化的实施,大大提高了会计信息处理的速度和准确性,能为用户提供及时、准确的会计信息,是会计发展史上一次史无前例的飞跃。

(三) 会计学科与间接相关学科的关系

(1) 哲学、社会学、文学、史学等,是开展会计工作的思想方法基础,也是对会计人员的综合素质要求。会计人员掌握了这些相关知识,可以正确地对待事物、扩展思路,以较高的人文素质和形象,与社会各方打交道、处理好经济关系。

(2) 工学、理学等会涉及会计对象方面的知识,如电子、化工、机械、建筑等知识,这就关系到生产经营过程的反映、成本核算、组织资金运动等,如果不了解这些方面的知识就不易做好与之相关的会计工作。

掌握间接相关学科的知识有助于会计人员扩展工作思路,跳出会计的框架去更全面、多角度地分析问题。

5-4 第五章:会计、财务管理、审计的概念及相互关系

本 章 小 结

本章的主要学习内容是会计、财务管理和审计的基本概念。通过本章学习,我们掌握了会计、财务管理、审计的内涵,会计、财务管理、审计各自的特征及会计与其他两者之间的关系;熟悉了会计学科体系的构成及会计学科与其他相关学科之间的关系。

本章重要概念

会计　核算　监督　财务管理　审计　会计学科体系

第六章 会计规范、会计职业道德与会计组织

- 内容提要
- 重点难点
- 学习目标
- 知识框架
- 思政育人
- 第一节 会计法律规范
- 第二节 会计准则和会计制度
- 第三节 会计职业道德
- 第四节 会计机构和会计人员
- 本章小结
- 本章重要概念

内容提要

本章主要讲解了我国的会计法律规范体系、会计准则和会计制度、会计职业道德、会计机构和会计人员等内容。会计人员必须具备良好的会计职业道德,全面掌握会计法律规范的基本内容,依照会计准则和会计制度的相关规定,进行会计核算工作。

重点难点

本章重点为我国的会计法律规范体系的构成、企业会计准则的内涵、会计职业道德的主要内容、会计机构和会计人员的职责划分;难点为我国的会计法律规范体系的具体内容、会计准则与会计制度的联系与区别。

学习目标

通过本章学习,学生应掌握我国会计法律规范体系的内容、企业会计准则和政府会计准则的内涵、会计职业道德的含义及主要内容、会计机构的设置原则、会计人员的职责划分;理解会计准则与会计制度的联系与区别、会计职业道德的建设途径;了解会计准则的国际趋同问题。

知识框架

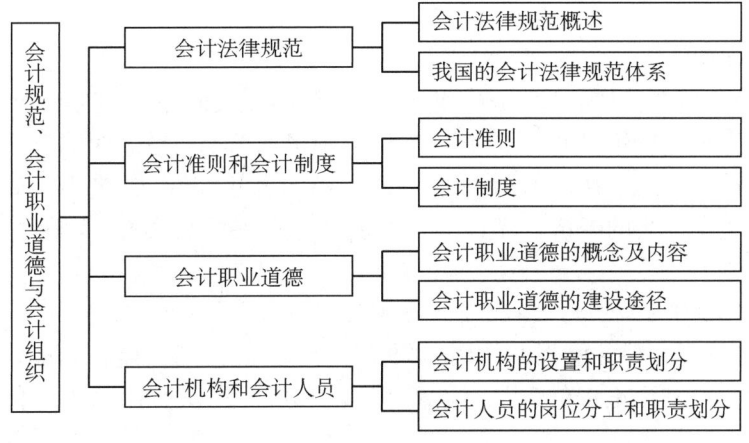

思政育人　　会计玩忽职守受审　警示百余名机关干部

2018年3月6日下午,原宁波市规划局海曙分局办公室会计吕某因涉嫌玩忽职守罪被提起公诉。海曙区纪委、区监委组织机关干部、财务人员100余人参加该案庭审旁听,以身边案例让党员干部触动心弦,感触法纪的威严,增强守规意识。

吕某作为一名国家机关财务人员在履行职务过程中,严重不负责任,致使原宁波市规划局海曙分局法规监督科副科长兼办公室出纳彭某多次使用现金支票提现挪用单位公款未被发现,导致公共财产400余万元的重大损失。被告人吕某被法院当庭判处有期徒刑2年缓刑3年。与该案相关的出纳彭某,因犯挪用公款罪已被法院判处有期徒刑7年6个月。

资料来源:浙江省纪委省监委网站.宁波海曙:会计玩忽职守受审　警示百余名机关干部[EB/OL].(2018-03-09)[2024-01-24].http://www.zjsjw.gov.cn/yixiankuaixun/201803/t20180309_2607393.shtml.

第一节　会计法律规范

一、会计法律规范概述

(一)会计法律规范的概念

会计法律规范是指国家权力机关和行政机关制定的各种会计规范性文件的总称,包括会计法律、会计行政法规、会计规章等。它是调整会计关系的法律规范。

在我国,会计法律规范是由全国人民代表大会及其常委会制定并颁布的会计法律、国务院制定并颁布的会计行政法规、财政等部门制定并颁布实施的会计部门规章,以及各地方人民代表大会与地方政府制定并实施的地方性会计法规等共同构成的。

(二)会计法律规范的作用

1. 规范会计行为

会计行为是指会计机构和会计人员有目的的会计核算与财务收支活动,也就是运用货币量度,对经济活动过程中使用的财产物资和发生的劳动耗费等进行的一系列计算、记录、分析和检查等活动。随着经济的发展,会计行为涉及面越来越广,对国家、企业、个人的经济利益,社会经济秩序和国际贸易都有着重大影响,所以,规范会计行为是会计法律规范的首要宗旨。

2. 保证会计资料的真实性、完整性

会计资料是记录会计核算过程的结果和重要载体,是反映单位财务状况和经济成果、评价经营业绩、进行投资决策的重要依据。会计资料的真实性、完整性不只是单位的内部事务,它影响到会计资料的使用者有效利用会计资料的合法权利,影响到会计工作的方方面面,从而影响到整个社会的经济秩序,因此,保证会计资料的真实性、完整性,是对会计工作的基本要求。

3. 加强经济管理和财务管理,提高经济效益

会计对经济管理和财务管理的作用主要是基于会计的核算、监督功能。会计通过对真实、完整的会计资料进行正确的确认、计量、记录和报告,提供有用的会计信息明确经济责

任,考核经济业绩,改善经营管理,促进经济活动合理、有力地运行,提高经济效益。因此,会计法律规范在会计核算中起到重要的约束作用。

4. 对维护社会主义市场经济秩序发挥保障作用

在社会主义市场经济条件下,建立和发展良好的经济秩序,首先要依靠国家的相关法律、法规予以保证;其次要依靠全体公民,各企事业单位和其他组织自觉遵守法律、法规来实现。通过会计法规来规范会计行为,保证会计资料的真实性、完整性,既维护了社会公共利益和经营者的合法权益,又促进了会计工作更好地维护社会经济秩序稳定、正常、健康的发展。

 延伸阅读6-1

中华人民共和国成立前会计法规的概况

我国是世界上四大文明古国之一,会计发展的历史源远流长,会计法的发展同样也具有悠久的历史。我国最早的一部完整的封建法典——战国时期的《法经》,已对会计问题作出相关规定;之后的秦律、唐代的《唐律疏议》、明代的《大明律》、清代的《大清律》等都对会计问题作出了具体的规定。北洋政府于1912年起先后两次拟就了《会计法草案》;1913年3月公布《会计法条例》,同年10月2日对其重新修订并改称为《会计法》,共9章37条。这是中国独立进行会计立法的首次尝试。1935年8月14日,国民政府重新发布了《中华民国会计法》。我国台湾地区现行的会计法有两部,一部是1935年8月14日公布的《中华民国会计法》,适用于预算单位;另一部是1948年1月7日公布的《商业会计法》,用于以营利为目的的工商企业。

资料来源:中国会计证考试网. 我国会计法的形成和发展[EB/OL]. (2009-05-04)[2024-03-27]. https://www.51test.net/show/681809.html.

二、我国的会计法律规范体系

目前,我国的会计法律规范体系的构成主要包括四个层次,即会计法律、会计行政法规、国家统一的会计制度和地方性会计法规。

(一) 会计法律

会计法律是指由全国人民代表大会及其常务委员会经过一定立法程序制定的有关会计工作的法律,是调整我国经济生活中会计关系的法律总规范。例如,1999年10月31日,九届全国人民代表大会常务委员会第十二次会议修订通过的《中华人民共和国会计法》(以下简称《会计法》)。我国目前有两部会计法律,即《会计法》和《中华人民共和国注册会计师法》。

(二) 会计行政法规

会计行政法规是指由国家最高行政管理机关——国务院制定并发布,或者国务院有关部门拟订并经国务院批准发布,调整经济生活中某些方面会计关系的法律规范。其制定的依据是《会计法》,它通常以条例、办法、规定等具体名称出现。例如,国务院于1990年12月31日发布的《总会计师条例》;财政部于1992年11月16日经国务院批准,同月30日发布的《企业会计准则》;国务院于2000年6月21日发布的《企业财务会计报告条例》等。

(三) 国家统一的会计制度

国家统一的会计制度是指国务院财政部门根据《会计法》制定的关于会计核算、会计监督、会计机构和会计人员,以及会计工作管理的制度,包括会计部门规章和会计规范性文件。

(1) 会计部门规章是根据《中华人民共和国立法法》规定的程序，由财政部制定，并由部门首长签署命令予以公布的制度办法，如财政部发布的《财政部门实施会计监督办法》《会计从业资格管理办法》《企业会计准则——基本准则》等。

(2) 会计规范性文件是指主管全国会计工作的行政部门，即国务院财政部以文件形式印发的制度办法，如《企业会计制度》《金融企业会计制度》《会计基础工作规范》，以及财政部门与国家档案局联合发布的《会计档案管理办法》等。

（四）地方性会计法规

地方性会计法规是指省、自治区、直辖市人民代表大会及其常务委员会在与会计法律、会计行政法规不相抵触的前提下制定的地方性会计法规，它是我国会计法律制度的重要组成部分。

我国的会计法律规范体系的构成见表 6-1。

表 6-1　　　　　　　　　　我国的会计法律规范体系的构成

内容	制定机关	主要表现形式
会计法律	全国人民代表大会及其常务委员会	《会计法》；《中华人民共和国注册会计师法》等
会计行政法规	国务院制定，或者国务院有关部门拟定并经国务院批准发布	《总会计师条例》；《企业财务会计报告条例》等
国家统一的会计制度	国务院财政部门	《企业会计准则——基本准则》；《会计基础工作规范》；《会计档案管理办法》等
地方性会计法规	地方性人民代表大会及其常务委员会	《山东省实施〈中华人民共和国会计法〉办法》等

6-1 视频：会计法律制度

第二节　会计准则和会计制度

一、会计准则

我国会计学术界明确地提出会计准则的概念，并将其作为一个重要的会计理论问题进行研究，是从 20 世纪 70 年代末和 20 世纪 80 年代初开始的。一直以来，不同会计学者对会计准则的定义有着不同的看法，但至少应该包括以下三点：

(1) 会计准则是反映经济活动、确认产权关系、规范收益分配的会计技术标准，是生成和提供会计信息的重要依据。

(2) 会计准则是资本市场的一种重要游戏规则，是实现社会资源优化配置的重要依据。

(3) 会计准则是国家社会规范乃至强制性规范的重要组成部分，是政府规范经济秩序和从事国际经济交往的重要手段。

目前，我国会计准则由企业会计准则、小企业会计准则、政府会计准则等组成。

（一）企业会计准则

为了规范企业会计确认、计量和报告行为，保证会计信息质量，财政部根据《会计法》和其他有关法律、行政法规,制定了企业会计准则。企业会计准则适用于在中华人民共和国境内设立的企业(包括公司),其包括基本准则、具体准则、应用指南和解释四部分内容。

1. 基本准则

基本准则是企业会计准则的概念基础,是具体准则、应用指南和解释的制定依据,其地位十分重要。基本准则在企业会计准则中起统驭作用,其主要规范了会计的目标、会计的基本假设、会计信息质量要求、会计要素的定义及其确认、会计计量、财务报告原则等。基本准则的作用是指导具体准则的制定及其实际工作的开展,并对以后新出现的业务提供处理原则。我国现行的《企业会计准则——基本准则》(财政部令第33号)是由财政部于2006年2月15日公布,自2007年1月1日起施行的。2014年7月23日,基本准则根据《财政部关于修改〈企业会计准则——基本准则〉的决定》(财政部令第76号)进行了相应的修订。

2. 具体准则

具体准则主要规范了企业发生的具体交易或事项的会计处理,具体准则的制定应遵循基本准则。在我国,具体准则分为一般业务准则、特殊业务准则和报告类准则三类。我国企业会计准则具体准则目录表(截至2023年12月)见表6-2。

表6-2　　　　　　　我国企业会计准则具体准则目录表(截至2023年12月)

序号	具体准则名称	备注
第1号准则	存货	
第2号准则	长期股权投资	2014年修订
第3号准则	投资性房地产	
第4号准则	固定资产	
第5号准则	生物资产	
第6号准则	无形资产	
第7号准则	非货币性资产交换	2019年修订
第8号准则	资产减值	
第9号准则	职工薪酬	2014年修订
第10号准则	企业年金基金	
第11号准则	股份支付	
第12号准则	债务重组	2019年修订
第13号准则	或有事项	
第14号准则	收入	2017年修订
第15号准则	建造合同	自2018年1月1日起执行2017年版新14号收入准则,原建造合同准则同时废止
第16号准则	政府补助	2017年修订
第17号准则	借款费用	
第18号准则	所得税	

(续表)

序号	具体准则名称	备注
第19号准则	外币折算	
第20号准则	企业合并	
第21号准则	租赁	2018年修订
第22号准则	金融工具确认和计量	2017年修订
第23号准则	金融资产转移	2017年修订
第24号准则	套期会计	2017年修订
第25号准则	原保险合同	2020年修订
第26号准则	再保险合同	
第27号准则	石油天然气开采	
第28号准则	会计政策、会计估计变更和差错更正	
第29号准则	资产负债表日后事项	
第30号准则	财务报表列报	2014年修订
第31号准则	现金流量表	
第32号准则	中期财务报告	
第33号准则	合并财务报表	2014年修订
第34号准则	每股收益	
第35号准则	分部报告	
第36号准则	关联方披露	
第37号准则	金融工具列报	2017年修订
第38号准则	首次执行企业会计准则	
第39号准则	公允价值计量	2014年发布
第40号准则	合营安排	2014年发布
第41号准则	在其他主体中权益的披露	2014年发布
第42号准则	持有待售的非流动资产、处置组和终止经营	2017年发布

（1）一般业务准则：主要规范各类企业普遍适用的一般经济业务的确认和计量，如存货、固定资产、投资、无形资产、资产减值、收入等的确认和计量。

（2）特殊业务准则：主要规范特殊行业中特定业务的确认和计量，如石油天然气、农业和保险合同等的确认和计量。

（3）报告类准则：主要规范普遍适用于各类企业通用的报告类的准则，如现金流量表、合并财务报表、中期财务报告、分部报告等。

3. 应用指南

应用指南是对具体准则相关条款的细化和对有关重点、难点问题提供操作性规定，它还包括会计科目、主要财务处理等内容。

4. 解释

解释是对具体准则的重点、难点和关键点作出的解释性规定。

上述四部分内容既相对独立,又互为关联,构成我国完整的企业会计准则体系。

 相关思考6-1

会计准则如何处理好中国特色与国际趋同的关系

随着全球经济一体化的不断深入,会计信息作为公共信息资源和国际通用商业语言,要求国际财务报告准则的国际趋同化已成为一种趋势。但是,在会计准则国际趋同的过程中,我们不能忽视国情,既要坚持中国特色,又要妥善处理好与国际财务报告准则的趋同问题,具体措施为:

(1) 对于国际财务报告准则的规定,只要与我国的经济环境和法律规定不冲突,同时又能与我国的经济实情相结合,均在我国会计准则中体现;而对于那些通常只在发达市场经济环境中才能有效运用的规定,我国会计准则采取了"适度引入"的做法,如投资性房地产的后续计量偏重于成本计量而非公允价值计量的模式。

(2) 对于国际财务报告准则中不太符合我国经济实际情况和监管环境的规定,我国会计准则采用了"暂不趋同"的做法。例如,我国不允许部分长期资产减值损失转回。

(3) 对于国际财务报告准则、其他国家会计准则通常不作为准则组成部分的概念框架,我们将其纳入企业会计准则体系,作为该体系的重要组成部分。如果不这样处理,在中国的法制环境下,不仅实现不了其制定初衷,也难以得到社会公众、政府监督部门的认可。

(4) 我国会计准则的条文和框架结构遵从中国法律、法规的习惯,采取"章节""条款"方式,而不是国际财务报告准则所采用的"引言""目标""主要内容""披露"等方式;同时,在条文的表达上,尽可能中国化、规范化和通俗化,便于理解和操作,促进并实现有效趋同。

资料来源:齐齐文库.我国会计准则与国际会计准则的比较研究[EB/OL].(2019-04-19)[2024-02-14]. https://wenku.so.com/d/3219e7cf6f79ee87b8cf5015f8333068.

(二) 小企业会计准则

为了规范小企业会计确认、计量和报告行为,促进小企业可持续发展,发挥小企业在国民经济和社会发展中的重要作用,根据《会计法》及其他有关法律和法规,财政部于2011年10月18日制定了《小企业会计准则》(财会〔2011〕17号),自2013年1月1日起在小企业范围内施行。《小企业会计准则》包括总则、资产、负债、所有者权益、收入、费用、利润及利润分配、外币业务、财务报表、附则,共十章九十条条款。

《小企业会计准则》适用于在中华人民共和国境内依法设立的、符合《中小企业划型标准规定》所规定的小型企业标准的企业。下列三类小企业除外:

(1) 股票或债券在市场上公开交易的小企业。
(2) 金融机构或其他具有金融性质的小企业。
(3) 企业集团内的母公司和子公司。

 延伸阅读6-2

《小企业会计准则》的特点

(1) 简化核算要求。在会计计量方面,要求小企业采用历史成本计量;在财务报告方面,不要求提供所有者权益变动表。

(2) 满足税收征管信息需求与有助于银行提供信贷相结合。以税务部门和银行作为小企业外部财务报告信息的主要使用者,基于这两者的信息需求确定会计核算的基本原则;减少了职业判断的内容,消除了小企业会计与税法的大部分差异。

(3) 与企业会计准则合理分工、有序衔接。对于小企业非经常性发生的,甚至基本不可能发生的交易或事项,一旦发生,可以参照企业会计准则的规定执行;规定了转为执行企业会计准则应满足的条件和基本衔接原则。

(三) 政府会计准则

为了规范政府的会计核算、保证会计信息质量,财政部根据《会计法》《中华人民共和国预算法》和其他有关法律、行政法规,制定了政府会计准则,其由基本准则、具体准则、应用指南和政府会计制度组成。

(1) 基本准则主要对政府会计目标、会计主体、会计信息质量要求、会计核算基础,以及会计要素的定义、确认和计量原则、列报要求等作出规定。我国现行的《政府会计准则——基本准则》(财政部令第78号),自2017年1月1日起实施。

(2) 具体准则主要规定政府发生的经济业务或事项的会计处理原则,具体规定经济业务或事项引起的会计要素变动的确认、计量和报告。

(3) 应用指南主要对具体准则的实际应用作出操作性规定。

(4) 政府会计制度主要规定政府会计科目及其使用说明、会计报表格式及其编制说明等,便于会计人员进行日常核算。

自2019年1月1日起,政府会计准则制度在全国各级各类行政、事业单位全面施行。执行政府会计准则制度的单位,不再执行《事业单位会计准则》(财政部令第72号)、《行政单位会计制度》(财库〔2013〕218号)、《事业单位会计制度》(财会〔2012〕22号)、《医院会计制度》(财会〔2010〕27号)、《基层医疗卫生机构会计制度》(财会〔2010〕26号)、《高等学校会计制度》(财会〔2013〕30号)、《中小学校会计制度》(财会〔2013〕28号)、《科学事业单位会计制度》(财会〔2013〕29号)、《彩票机构会计制度》(财会〔2013〕23号)、《地质勘查单位会计制度》(财会字〔1996〕15号)、《测绘事业单位会计制度》(财会字〔1999〕1号)、《国有林场与苗圃财务制度(暂行)和国有林场与苗圃会计制度(暂行)》(财农字〔1994〕371号)、《国有建设单位会计制度》(财会字〔1995〕45号)等制度。

军队、已纳入企业财务管理体系执行企业会计准则或小企业会计准则的事业单位和执行《民间非营利组织会计制度》(财会〔2004〕7号)的社会团体,不执行政府会计准则制度。

 延伸阅读6-3

《政府会计准则——基本准则》的重大制度理论创新

(1) 构建了政府预算会计和财务会计适度分离并相互衔接的政府会计核算体系。相对于实行多年的预算会计核算体系,《政府会计准则——基本准则》(以下简称《基本准则》)强化了政府财务会计核算,即政府会计由预算会计和财务会计构成,前者一般实行收付实现制,后者实行权责发生制。通过预算会计核算形成决算报告,通过财务会计核算形成财务报告,全面、清晰地反映政府预算执行信息和财务信息。

(2) 确立了"3+5要素"的会计核算模式。《基本准则》规定预算收入、预算支出和预算结余3个预算会计要素,以及资产、负债、净资产、收入和费用5个财务会计要素。其中,首次提出收入、费用2个要素,有别于现行预算会计中的收入和支出要素,主要是为了准确反映政府会计主体的运行成本,科学评价政府资源管理能力和绩效。同时,按照政府会计改革最新理论成果对资产、负债要素进行了重新定义。

(3) 科学界定了会计要素的定义和确认标准。《基本准则》针对每个会计要素,规范了其定义和确认标准,为在政府会计具体准则和政府会计制度层面规范政府发生的经济业务或事项的会计处理提供了基本原则,保证了政府会计标准体系的内在一致性。特别是《基本准则》对政府资产和负债进行界定时,充分考虑了当前财政管理的需要。例如,在界定政府资产时,特别强调了"服务潜力",除了自用的固定资产等,将公共基础设施、政府储备资产、文化文物资产(于2023年11月更名为文物资源)、保障性住房和自然资源资产等纳入政府会计核算范围;对政府负债进行界定时,强调了"现时义务",将政府因承担担保责任而产生的预计负债也纳入会计核算范围。

(4) 明确了资产和负债的计量属性及其应用原则。《基本准则》提出,资产的计量属性主要包括历史成本、重置成本、现值、公允价值和名义金额,负债的计量属性主要包括历史成本、现值和公允价值。同时,《基本准则》强调了历史成本计量原则,即政府会计主体对资产和负债进行计量时,一般应当采用历史成本。采用其他计量属性的,应当保证所确定的金额能够持续、可靠计量。这样规定,既体现了资产负债计量的前瞻性,又充分考虑了政府会计实务的现状。

(5) 构建了政府财务报告体系。《基本准则》要求政府会计主体除按财政部要求编制决算报表外,至少还应编制资产负债表、收入费用表和现金流量表,并按规定编制合并财务报表。同时强调,政府财务报告包括政府综合财务报告和政府部门财务报告,构建了满足现代财政制度需要的政府财务报告体系。

二、会计制度

会计制度是处理会计事务的规章、规则、程序和办法等的总称,它不仅包括会计核算方面的科目和报表,还包括会计工作的组织管理、基本规则、成本核算、会计档案管理、会计监督办法、会计人员的职权与任免管理及奖惩等方面,是基层会计人员执行会计基础工作的规范和作会计事务处理的指南。

(一) 会计制度的分类

(1) 会计制度有广义和狭义之分。狭义的会计制度,一般仅指会计核算制度。广义的会计制度,包括会计核算制度、会计监督制度、会计机构和会计人员管理制度、会计工作管理制度等四个方面。

(2) 按会计制度的适用范围、制定的主体,会计制度可以分为宏观会计制度和微观会计制度。宏观会计制度也就是国家统一的会计制度,具有法律上的强制性和广泛的适用性,由国家有关部门根据法律、法规,按照法定程序制定。例如,《企业会计制度》《事业单位制度》等。微观会计制度也就是单位会计制度,仅在各单位适用,由各单位根据国家统一的会计制度制定并组织实施,是国家统一的会计制度在各单位的具体化。

(二) 会计制度与会计准则的联系与区别

《企业会计制度》和企业会计准则两者均属于行政规范性文件,均对会计要素的确认、计量、披露和报告等作出规定,均由财政部制定并公布,均在全国范围内实施,均属于国家统一的会计核算制度的组成部分。

但会计制度是以特定行业的企业或所有的企业为对象,着重对会计科目的设置、使用和会计报表的格式及其编制加以详细规范;会计准则是以特定的经济业务(交易或事项)或特定的报表项目为对象,它详细分析各项业务或项目的特点,规定所引用概念的定义,以确认与计量为中心并兼顾披露,对围绕该业务或项目有可能发生的各种问题作出处理的规范。两者之间的不同之处在于:

(1) 适用范围不同。企业会计准则大多只适用于股份有限公司,有些也适用于其他企业。而《企业会计制度》适用于所有符合条件的大、中型企业。

（2）规范目标不同。会计准则对会计要素的确认、计量、披露或报告方面作了原则性的规范，侧重于确认和计量，重点规范会计决策过程。而会计制度则侧重于对会计要素的记录和报告作可操作性规范，确认和计量的内容只是有机地体现在会计科目及使用说明中。即会计制度重点规范会计的行为与结果。

（3）结构体系不同。统一的会计制度自成体系，而会计准则中的各具体准则之间相互独立，分别就企业的某项业务或某一方面核算内容作出规定。

（4）规范形式不同。会计准则的规范形式、语言表述比较符合国际通用形式，并已构成国际通用会计惯例的一个组成部分。而会计制度的科目、报表的规范形式则符合我国广大会计人员长期形成的思维方式和习惯，具有明显的中国特色。

（5）对会计人员的素质要求不同。由于可操作性程度不同，会计准则要求会计人员具有较高的职业判断能力，而会计制度对这方面的要求相对较低。

第三节 会计职业道德

一、会计职业道德的概念及内容

（一）会计职业道德的概念

会计职业道德是指在会计职业活动中应遵循的、体现会计职业特征的、调整会计职业关系的职业行为准则和规范。会计职业道德是一般社会道德在会计职业中的特殊表现形式，它既有社会道德的共性，又有会计自身职业的特性。其特点表现出利益的相关性、发展的稳定性、广泛的社会性、较高的约束性等。

（二）会计职业道德的主要内容

会计职业道德作为职业道德体系的一个组成部分，涵盖了会计人员与会计主体、职业与职工、职业与职业之间的关系。其主要内容包括爱岗敬业、诚实守信、廉洁自律、客观公正、坚持准则、提高技能、参与管理、强化服务。会计职业道德要求会计人员在实践中自觉遵循，并不断充实和发扬光大。

1. 爱岗敬业

爱岗敬业是所有职业道德规范的共同要求。对会计人员来说，就是要热爱会计工作，专心致志地对待会计事业。其具体要求包括会计人员应热爱会计工作、安心本职岗位、忠于职守、尽心尽力、尽职尽责。爱岗敬业是会计人员做好本职工作的基础和条件，是最基本的道德素质要求。

2. 诚实守信

诚实守信要求会计人员在职业活动中应当做老实人、说老实话、办老实事，执业谨慎，信誉至上，不为利益所诱惑，不弄虚作假，不泄露秘密。诚实守信是会计职业道德的基本工作准则，它包括：

（1）会计人员在工作中要养成实事求是的工作作风，做老实人、说老实话、办老实事，从原始资料的取得、凭证的整理、账簿的登记、报表的编制到经济活动的分析，都要做到实事求是、如实反映、正确记录；严格以经济业务凭证为依据，做到手续完备、账目清楚、数字准确、编报及时；严格按照国家统一的会计制度记账、算账、结账、报账，做到账证、账账、账表、账实相符。

(2) 会计人员要坚持职业操守,讲信用、守诺言,保密守信,不为利益所诱惑,不弄虚作假,不泄露秘密。不论是单位的会计人员,还是注册会计师,都应对在执业中所获得的商业秘密和会计信息保守秘密。除法律规定和单位负责人同意外,不得自行对外提供或披露保密信息。

3. 廉洁自律

廉洁自律要求会计人员公私分明、不贪不占、遵纪守法、清正廉洁,它是会计职业的特点所决定的,是会计职业道德的内在要求和行为准则。会计活动涉及国家、单位、投资者、债权人等各方利益,会计人员只有自身做到廉洁自律,才能理直气壮地行使核算和监督的会计职能,保证会计活动的正常进行。廉洁自律包括:

(1) 树立正确的人生观和价值观。廉洁自律,要求会计人员应以马克思主义、毛泽东思想、邓小平理论、"三个代表"重要思想为指导,树立科学的人生观和价值观,自觉抵制享乐主义、个人主义、拜金主义等错误的思想。

(2) 公私分明,不贪不占。公私分明是指会计人员严格划分公私界限,公是公,私是私;不贪不占是指会计人员不贪污、不挪用公款、不监守自盗。

(3) 遵纪守法、清正廉洁。即会计人员在从事会计工作时,要按照国家法律、法规履行职责,自尊、自爱、自律,珍惜会计人员的身份、品质和荣誉,严格约束自己的行为,不以权谋私,不违法乱纪,并且一身正气,抵制行业不正之风,敢于同违法违纪的现象作斗争。

4. 客观公正

客观公正要求会计人员端正态度、依法办事、实事求是、不偏不倚、保持应有的独立性。对会计职业活动而言,客观主要包括两层含义:

(1) 真实性,即以实际发生的经济活动为依据,对会计事项进行确认、计量、记录和报告。

(2) 可靠性,即会计核算要准确、记录要可靠、凭证要合法。

在会计职业活动中,由于涉及对多方利益的协调处理,公正就是要求各企事业单位管理层和会计人员不仅应当具备诚实的品质,而且还应公正地开展会计核算和会计监督工作,即在履行会计职能时,摒弃单位、个人私利,公平公正、不偏不倚地对待相关利益各方。作为注册会计师在进行审计鉴证时,应以超然独立的姿态,进行公平公正的判断和评价,出具客观、适当的审计意见。

5. 坚持准则

坚持准则要求会计人员熟悉国家法律、法规和国家统一的会计制度,始终坚持按国家法律、法规和国家统一的会计制度的要求进行会计核算、实施会计监督。这里所说的"准则",泛指有关会计的法律、法规和国家统一的会计制度。因此,坚持准则就是坚持依法办理会计事务。会计人员要做到坚持准则,必须:

(1) 熟悉准则,即应了解和熟练掌握准则,正确领会准则的精神实质,只有这样才能按照准则办事。

(2) 遵循准则,即执行准则不走样。

(3) 坚持准则,即在依法办理会计事务受到干扰、阻碍和挑战时,仍应当依法办理、坚持准则。

6. 提高技能

提高技能要求会计人员增强提高专业技能的自觉性和紧迫感,勤学苦练、刻苦钻研、开拓进取,不断提高业务水平。会计是一门专业性很强的管理科学,而且由于新的经济业务不断涌现、会计改革不断深入,会计专业性和技术性日趋复杂,对会计人员所应具备的职业技能要求也越来越高,这就需要所有会计人员持续学习,不断提高会计职业技能,包括会计及相关专业理论水平、会计实务操作能力、沟通交流能力和职业判断能力等方面,使自己的知识和技能胜任所从事的工作。

7. 参与管理

参与管理要求会计人员积极、主动地向单位领导反映本单位的财务、经营状况及存在的问题,主动提出合理化建议,积极地参与市场调研和预测,参与决策方案的制定和选择,参与决策的执行、检查和监督,为领导的经营管理和决策活动当好助手和参谋。如果没有会计人员的积极参与,企业的经营管理就会出现问题,决策就可能出现失误。会计人员,特别是会计部门的负责人,必须强化自己参与管理、当好参谋的角色意识和责任意识。

8. 强化服务

强化服务要求会计人员树立服务意识、提高服务质量、努力维护和提升会计职业良好的社会形象。强化服务的基本要求包括:

(1) 树立强烈的服务意识。会计人员要树立强烈的服务意识,为管理者服务、为所有者服务、为社会公众服务、为人民服务。不论服务对象的地位高低,都要摆正自己的工作位置,管钱、管账是自己的工作职责,参与管理是自己的工作义务。会计人员只有树立了强烈的服务意识,才能做好会计工作、履行会计职能,为单位和社会经济的发展作出应有的贡献。

(2) 提高服务质量。强化服务的关键是提高服务质量。单位会计人员的服务质量表现在:是否真实地记录单位的经济活动,向有关方面提供可靠的会计信息;是否积极、主动地向单位领导反映经营活动情况和存在的问题,提出合理化建议,协助领导决策,参与经营管理活动。注册会计师的服务质量表现在是否以客观、公正的态度正确评价委托单位的财务状况、经营成果,出具恰当的审计报告,服务好社会公众及信息使用者。

二、会计职业道德的建设途径

要抓好会计职业道德建设,关键在于加强和改善会计职业道德建设的组织和领导,并使之切实得到贯彻和实施。各级政府及其财政部门、会计职业组织、各单位、社会各界要充分认识到加强会计职业道德建设对于促进实现《会计法》立法宗旨的重要性,积极探索会计职业道德建设组织与实施的制度与机制,齐抓共管,保证会计职业道德建设的各项任务和要求落到实处。

(一) 财政部门的组织与推动

《会计法》第七条规定:国务院财政部门主管全国的会计工作,县级以上地方各级人民政府财政部门管理本行政区域内的会计工作。会计职业道德建设是会计管理工作的重要组成部分,是实现《会计法》立法宗旨的德治建设的重要组成部分,必须发挥财政部门的主导作用,使我国的会计职业道德建设朝着正确的方向前进,财政部门可以从以下方面组织实施会计职业道德建设。

6-2 视频:会计职业道德

1. 模范履行会计职业道德

坚持从"三个代表"重要思想、"立党为公,执政为民"理念出发,从市场经济条件下会计管理工作的需要着手,转变观念,改进工作作风,依法行政,提高服务意识。财政部门的会计管理工作者,应以高度的责任感和事业心,适应新时期的要求,努力学习会计法律知识,不断提高自己的理论水平和服务质量。会计管理工作者在工作中应求真务实,依法办事,廉洁奉公,勤政为民,以身作则,率先垂范,树立良好的职业道德。

2. 坚持依法行政、严格执法,为会计职业道德建设营造和谐的社会氛围

巩固和发展会计职业道德,首先要靠教育,其次要靠有效的会计法律制度的支持和保障。必须综合运用各种手段,坚持"法治和德治"两手都要硬,通过大力宣传会计法律、法规活动,把提倡与反对、引导与约束晓之于广大会计人员;要通过建立严格科学的管理,健全法制、坚持依法行政,严格执行会计法律、法规,营造会计职业道德建设和谐的社会氛围。

3. 充分利用行政资源,依法建立健全会计职业道德建设的检查和奖惩机制

财政部门应利用会计执法检查、从业资格管理等行政资源,建立、完善会计职业道德的检查制度;依照法律、法规,根据督查结果落实奖励和惩罚的机制,同时将职业道德教育作为会计人员继续教育的重要内容之一。

(二) 会计职业组织的行业自律

会计职业组织起着联系会计人员与政府的桥梁作用,应充分发挥协会等会计职业组织的作用,改革和完善会计职业组织自律机制,有效发挥自律机制在会计职业道德建设中的促进作用。

我国应当借鉴国外通过会计职业组织实施职业道德约束的做法和经验,除注册会计师协会外,应在总会计师协会等职业组织中设立职业道德委员会,专司职业道德规范的制定、解释、修订和实施之职,建立健全行业自律制度。

(三) 单位的会计职业道德建设

作为会计主体的单位,是做好会计职业道德建设的最基础环节。会计人员职业道德建设的好与差,其所在单位是最直接的受益者或受害者,因此,单位,特别是单位负责人要切实抓好会计职业道德的建设。《会计法》规定,单位负责人对本单位的会计工作和会计资料的真实性、完整性负责。单位负责人必须重视和加强本单位会计人员的职业道德建设,在任用会计人员时,要审查其会计职业记录和诚信档案,要选择业务素质高、职业道德好、无不良记录的人员从事会计工作;在日常工作中,应注意开展对会计人员的道德和纪律教育,并加强检查,督促会计人员坚持原则、诚实守信;在制度建设上,要重视内部控制制度建设,完善内部约束机制,有效防范舞弊行为和经营风险。同时,单位负责人要作遵纪守法的表率,支持并督促会计人员遵循会计职业道德,依法开展工作。

(四) 社会各界各尽其责,相互配合,齐抓共管

全面加强会计职业道德建设,提高会计人员道德素质,是一项重大而紧迫的任务。社会各界也应积极行动起来,共同把会计职业道德建设好。在依法治国与以德治国相结合的思想指导下,有政府部门的组织推动、会计职业组织的自律约束、社会各界的齐抓共管,会计职业道德的建设一定会开创新的局面,会计职业一定会以崭新的姿态、高尚的精神风貌、优良的社会公信力,为全面建成小康社会、建设中国特色社会主义事业作出新的贡献。

（五）社会舆论监督形成良好的社会氛围

良好会计职业道德风尚的树立，离不开社会舆论的支持和监督。"银广夏""蓝田"等会计造假案被发现，媒体的追踪报道功不可没。强化社会舆论监督，有利于在全社会形成诚实守信的氛围。要以新闻媒体为阵地，广泛开展会计职业道德的宣传教育，让社会各界了解会计职业道德规范的内容，促进良好的会计职业道德的建立与健全。要在全社会会计人员中倡导以诚信为荣、失信为耻的职业道德意识，引导会计人员加强职业修养。通过会计职业道德建设中正、反典型案例的宣传，弘扬正气，打击歪风。

第四节 会计机构和会计人员

一、会计机构的设置和职责划分

（一）会计机构的设置

会计机构是指各单位依据会计工作的需要设置的专门负责办理单位会计业务事项、进行会计核算、实行会计监督的职能部门。建立健全的会计机构，配备与工作要求相适应的、具有一定素质和数量的会计人员，是做好会计工作、充分发挥会计职能作用的重要保证。

《会计法》规定，各单位应依据会计业务的需要，设置会计机构，或者在有关机构中设置会计人员并指定会计主管人员；不具备设置条件的，应当委托经批准设立从事会计代理记账业务的中介机构代理记账。

根据会计业务的需要设置会计机构，是指各单位可以根据本单位的会计业务繁简情况和会计管理工作的需要决定是否设置会计机构。为了科学、合理地组织开展会计工作，保证本单位正常的经济核算，各单位原则上应当设置会计机构。一个单位是否单独设置会计机构，主要取决于以下几个因素。

1. 单位规模的大小

一般来说，实行企业化管理的事业单位或集团公司、股份有限公司、有限责任公司等应当单独设置会计机构，以便及时组织对本单位各项经济活动和财务收支的核算，实施有效的会计监督。

2. 经济业务和财务收支的繁简情况

具有一定规模的行政、事业单位，以及财务收支数额较大、会计业务较多的社会团体和其他经济组织，也应单独设置会计机构，以保证会计工作的效率和会计信息的质量。

3. 经营管理的要求

一个单位在经营管理上的要求越高，对会计信息的需求会相应增加，对会计信息系统的要求也越高，从而决定了该单位设置会计机构的必要性。

一个单位是否设置会计机构或在有关机构中设置专职的会计人员，完全由各单位根据会计业务的繁简和实际情况来决定，但必须遵循既要满足管理的需要，又要讲求实效的原则，避免人浮于事。

是否设置会计机构，可以由各单位根据自身的情况来决定，但这并不等于可以不开展会计工作，会计工作必须依法开展，不能因为没有会计机构而对会计工作放任不管，这是法律所不允许的。

不设置会计机构的单位,应设置会计人员并指定会计主管人员。

根据《会计法》的规定,规模很小、经济业务简单、业务量相对较少的单位,可以不单独设置会计机构,将会计工作岗位纳入其他职能部门并设置会计人员,同时指定会计主管人员。这是会计机构的另一种表现形式,是提高工作效率、明确岗位责任的内在要求,同时也是由会计工作专业性、政策性强等特点所决定的。指定会计主管人员的目的是强化责任制度,防止出现会计工作无人负责的局面。

会计主管人员是《会计法》中的一个特指概念。不同于人们通常所说的"会计主管""主管会计""主办会计"等,会计主管人员是指负责组织管理会计事务、行使会计机构负责人职权的负责人。

(二) 会计机构的职责划分

进行会计核算、实行会计监督是会计机构的两大基本职责。

1. 进行会计核算的职责

会计核算是以货币为主要计量单位,采用专门的方法,通过确认、计量、记录和报告等程序,对单位的经济活动进行连续、系统、完整的反映,提供会计信息的全过程。

在我国,会计核算应以人民币为记账本位币,通过专门的会计方法对经济业务活动进行核算,以保证会计信息的真实性、完整性、可用性。

2. 实行会计监督的职责

会计监督是指会计机构在办理会计事务、进行会计核算过程中,对本单位不合法、欠合理,以及无效益或效益不高的经济业务事项提出质疑、抵制或建议纠正的行为,以保证本单位经济活动全过程的合法、合理和有效。会计监督以会计资料为依据,促使企事业单位在遵守国家法律法规的前提下进行经济活动。

会计机构通过审核原始凭证,监督、检查本单位的经济业务,严肃国家财经纪律,促使经办人增强责任感。

会计机构办理会计事务是行使职权的行为,可以对违反法律法规的行为直接进行制止和纠正。

二、会计人员的岗位分工和职责划分

(一) 会计人员的岗位分工

会计人员是从事会计工作、处理会计业务、完成会计任务的人员。在会计机构内部定人员、定岗位,明确分工,各司其职,有利于会计工作程序化、规范化,有利于落实责任和会计人员钻研分管的业务,有利于提高工作效率和工作质量。但是,一个单位需要配备多少会计人员、设置多少会计岗位,主要取决于该单位的组织结构形式、业务工作量、经营规模等因素,不同的单位有不同的要求。财政部发布的《会计基础工作规范》,对会计人员配备、会计岗位设置的原则作了以下规定:

(1) 根据本单位会计业务的需要设置会计人员的工作岗位。

(2) 必须符合内部牵制制度的要求。根据规定,会计人员工作岗位可以一人一岗、一人多岗或者一岗多人。但出纳人员不得兼管稽核,会计档案保管和收入、费用、债权债务账目的登记工作。各单位必须严格执行。

(3) 对会计人员的工作岗位要有计划地进行轮岗,以促进会计人员全面熟悉业务和不断提高业务素质。

（4）建立岗位责任制。会计工作岗位一般分为总会计师（或行使总会计师职权）岗位，会计机构负责人（会计主管人员）岗位，出纳岗位，稽核岗位，资本、基金核算岗位，收入、支出、债权债务核算岗位，工资核算、成本费用核算、财务成果核算岗位，财产物资核算岗位，总账岗位，财务会计报告编制岗位，会计电算化岗位，会计档案管理岗位等。

对于会计档案管理岗位，在会计档案正式移交之前，属于会计岗位，正式移交档案管理部门之后，由档案管理部门的人员管理会计档案，其不再属于会计岗位。医院门诊收费员、住院处收费员、药房收费员、药品库房记账员、商场收费（银）员所从事的工作均不属于会计岗位。单位内部审计、社会审计、政府审计工作也不属于会计岗位。

（二）会计人员的职责划分

1. 单位负责人的会计工作职责

（1）领导本单位实施会计工作，并承担本单位会计行为责任主体的责任。

（2）必须依法设置会计账簿，并保证其真实、完整的责任。

（3）在财务会计报告上签名并盖章，对本单位的会计工作和会计资料的真实性、完整性负责。

（4）组织会计机构、会计人员和其他人员严格遵守《会计法》的各项规定，依法进行会计核算工作，实行会计监督的责任。

（5）建立、健全单位内部会计监督制度，并保证有效实施的责任。

（6）支持和保证会计机构、会计人员依法履行职责，不得授意、指使、强令会计机构或会计人员违法办理会计事项的责任。

（7）如实向受托的会计师事务所提供会计资料和有关情况，不得以任何方式要求或示意其出具不实的审计报告的责任。

（8）接受财政、审计、税务、中国人民银行等有关监督检查部门依法实施的会计工作的监督检查，如实提供会计资料和有关情况，不得拒绝、隐匿、谎报的责任。

2. 会计人员的会计工作职责

会计人员的职责，概括起来就是及时提供真实、可靠的会计信息，认真贯彻执行和维护国家财经制度和财经纪律，积极参与经营管理，提高经济效益。根据《会计法》的规定，会计人员的主要职责有：

（1）进行会计核算。会计人员要以实际发生的经济业务为依据，记账、算账、报账，做到手续完备，内容真实，数字准确，账目清楚，日清月结，按期报账，如实反映财务状况、经营成果和财务收支情况。及时地提供真实、可靠的，能满足各方需要的会计信息，是会计人员进行会计核算最基本的职责。

（2）实行会计监督。会计人员对不真实、不合法的原始凭证，不予受理；对记载不准确、不完整的原始凭证，予以退回，并要求更正补充。会计人员发现账簿记录与实物、款项不符的时候，应当按照有关规定进行处理；无权自行处理的，应当立即向本单位行政领导人报告，请求查明原因，作出处理。会计人员对违反国家统一的财政制度、财务制度规定的收支，不予办理。

（3）拟订本单位办理会计事务的具体办法。

（4）参与拟定经济计划、业务计划，考核、分析预算、财务计划的执行情况。

（5）办理其他会计事务。

 延伸阅读6-4

会计人员回避制度

回避制度是指为了保证执法或者执业的公正性，对可能影响其公正性的执法或者执业的人员实行职务回避和业务回避的一种制度。回避制度已成为我国人事管理的一项重要制度。在会计工作中，由于亲情关系而作弊和违法违纪的案件时有发生，在会计人员中实行回避制度十分必要。《会计基础工作规范》从会计工作的特殊性出发，对会计人员的回避问题作出了规定，即国家机关、国有企业、事业单位任用会计人员应当实行回避制度；单位负责人的直系亲属不得担任本单位的会计机构负责人、会计主管人员，会计机构负责人、会计主管人员的直系亲属不得在本单位会计机构中担任出纳工作。直系亲属包括夫妻关系、直系血亲关系、三代以内旁系血亲和近姻亲关系。

本章小结

本章的主要学习内容是我国的会计法律规范体系、会计准则和会计制度、会计职业道德、会计机构和会计人员等。通过本章学习，我们掌握了我国的会计法规体系的构成、企业会计准则的内涵、会计职业道德的主要内容、会计机构和会计人员的职责划分；熟悉了我国的会计法律规范体系的具体内容、会计准则与会计制度的联系与区别。

本章重要概念

会计法律　会计行政法规　会计准则　会计制度　会计职业道德　会计机构　会计人员

6-3 第六章：会计规范、会计职业道德与会计组织

第七章　会计职业与会计类资格考试

- ➢ 内容提要
- ➢ 重点难点
- ➢ 学习目标
- ➢ 知识框架
- ➢ 思政育人
- ➢ 第一节　会计职业的构成
- ➢ 第二节　会计人员的专业胜任能力要求
- ➢ 第三节　会计类资格考试
- ➢ 本章小结
- ➢ 本章重要概念

内容提要

本章主要讲解了会计职业的含义、会计职业构成的内容、会计人员的专业胜任能力要求、会计类资格考试及其相关的报名条件等。

重点难点

本章重点为会计人员的专业胜任能力要求；难点为不同会计类资格考试的相关规定。

学习目标

通过本章学习，学生应掌握会计人员的专业胜任能力要求；熟悉会计职业的含义及会计职业的内容、不同的会计类资格考试的基本情况及报名条件；了解会计职业构成的发展趋势。

知识框架

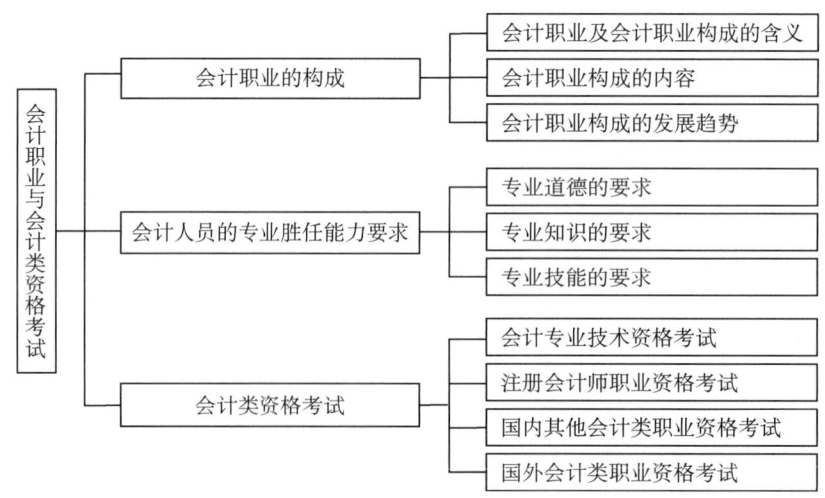

 **思政育人** 倡导"三坚三守" 推进诚信建设
——我国首次制定会计人员职业道德规范

为推进会计诚信体系建设、提高会计人员职业道德水平,财政部于2023年制定印发了《会计人员职业道德规范》(以下简称《规范》)。这是我国首次制定全国性的会计人员职业道德规范。

《规范》的出台有何意义?对会计人员提出了哪些要求?记者采访了财政部会计司有关负责人。

会计人员承担着生成和提供会计信息、维护国家财经纪律和经济秩序的重要职责。党的十八大以来,党中央、国务院部署加快社会信用体系建设、构筑诚实守信的经济社会环境,将会计人员作为职业信用建设的重点人群,要求引导职业道德建设与行为规范。

"加强会计人员职业道德建设,对长期以来会计职业活动实践中形成的职业道德要求进行总结提炼和大力宣传,引导会计人员形成正确的价值追求和行为规范,对于提高会计工作水平和会计信息质量,加强社会信用体系建设,推动经济社会高质量发展具有重要意义。"这位负责人说。

此次制定的《规范》,将新时代会计人员职业道德要求总结提炼为三条核心表述,即"坚持诚信,守法奉公""坚持准则,守责敬业""坚持学习,守正创新"。这位负责人介绍,三条要求逻辑清晰、层层递进:第一条"坚持诚信,守法奉公"是对会计人员的自律要求;第二条"坚持准则,守责敬业"是对会计人员的履职要求;第三条"坚持学习,守正创新"是对会计人员的发展要求。"《规范》提出'三坚三守',强调会计人员'坚'和'守'的职业特性和价值追求,是对会计人员职业道德要求的集中表达。"这位负责人说。

《规范》印发后将如何引导会计人员践行相关要求?

这位负责人表示,各地区各有关部门应当把学习贯彻《规范》作为当前和今后一个时期加强会计职业道德建设的首要任务。

"通过组织开展形式多样的学习活动,充分利用各类媒体平台,大力宣传规范精神,帮助广大会计人员全面理解《规范》内容,准确把握《规范》提出的要求,使其成为广大会计人员普遍认同和自觉践行的行为准则。"这位负责人说。

此外,将《规范》作为会计人才培养教育的重要内容,在会计人员继续教育、会计人才培养培训项目中加强职业道德课程建设,引导会计人员深入学习和认真践行《规范》;推动高校财会类专业加强职业道德教育;指导用人单位加强会计人员职业道德教育,将遵守职业道德情况作为评价、选用会计人员的重要标准。依法成立的会计人员自律组织可以根据《规范》制定职业道德准则。

各地区各有关部门还要积极营造良好职业道德环境。"加强典型宣传和警示教育,通过鼓励先进、树立典型,激励广大会计人员自觉遵守职业道德规范,形成见贤思齐、争当先进的生动局面;推动建立会计人员失德失信行为惩戒机制,加强对典型失信案例的警示教育,形成扶正祛邪、惩恶扬善的行业风气。"这位负责人说。

资料来源:申铖,梁晓纯.倡导"三坚三守"推进诚信建设——我国首次制定会计人员职业道德规范[EB/OL].(2023-02-01)[2023-11-06].http://www.mof.gov.cn/zhengwuxinxi/caijingshidian/xinhuanet/202302/t20230201_3864785.htm.

第一节 会计职业的构成

一、会计职业及会计职业构成的含义

会计职业有广义和狭义之分。从广义上说,会计职业是指以会计相关理论和实践作为主要工作内容的社会工作。即在社会经济生活中,凡是主要依靠会计知识和有关经验来指

导实践与研究的职业,都属于会计职业。在这一含义下,无论是在政府机关、事业单位和企业单位的会计工作,还是在学校的会计教学或研究所的会计研究,都属于会计职业。从狭义上说,会计职业是指在实际工作中,运用会计方法和技术,反映和监督经济业务的社会工作。

会计职业构成是指构成会计职业的分属职业的种类、内容、地位和相互关系。会计职业构成这一概念是建立在会计职业概念的基础上的,由于会计职业有广义和狭义之分,会计职业构成也就有广义和狭义之分。下面分别介绍广义的会计职业构成和狭义的会计职业构成。

二、会计职业构成的内容

1. 广义的会计职业构成

广义的会计职业构成,按不同的工作内容的性质,可分为会计研究职业、会计教育职业和会计实践职业。

会计研究职业是指运用一定的研究方法,总结会计活动规律,探索会计理论与方法的工作。会计研究是一个比较、综合与创新的过程,其目标是探讨会计工作规律和会计历史发展规律,对当前和未来会计实践提供理论与方法指导。凡是能反映会计工作规律和会计历史发展规律的问题,都是会计研究的内容。

会计教育职业是指通过会计教学活动,按会计教学方案的要求引导学生掌握知识并培养技能的工作。在教学活动中,教师是主导,要充分发挥引导和启发学生的作用;学生是主体,要充分发挥主动学习的精神。教与学相互促进,共同完成教学任务。会计教育是一个过程,教师的具体教学过程包括备课、讲课、讨论、布置习题和辅导答疑等环节;学生的学习过程包括自学、听课、讨论、练习和接受辅导等环节。会计教育过程是教与学的结合、智育与德育的结合,是学习、掌握和运用理论与方法的过程,是从感性到理性的过程。

会计实践职业是指在企业、事业单位从事实际的会计工作。任何单位要存在和发展,离不开经济活动,以及离不开对经济活动的反映和监督。会计的基本职能,就是对经济活动进行反映和监督。因此,会计实务工作是每家企事业单位不可缺少的基础性工作之一。会计实践职业,也是社会生产活动中最基础的职业之一。会计实践的工作内容主要有三部分:①会计信息处理,包括制作会计凭证、登记会计账簿、编制会计报告;②纳税申报和相关工作,包括计算税款、填制税务报表、交纳税款等;③会计审核,包括各种内部审计核查工作。会计实践职业是将理论运用于实际的职业,也是在实践中检验理论的职业。

会计研究职业、会计教育职业、会计实践职业不是相互分割独立的,而是紧密联系的。它们相互渗透、相互促进。会计研究人员可能从事部分短期的会计教学或是会计实务工作,以在工作中发现问题,检验研究成果,促进研究工作的进行;会计教学人员在教学工作中一般也进行理论研究,以提高理论水平和教学质量,他们有时也参加实务工作以检验教学内容的实用性和正确性,熟悉会计实务来促进教学工作的进行;会计实务工作人员可能在工作之余参加会计研究工作和教学工作,以提高理论水平,实现实践向理论的转化。

2. 狭义的会计职业构成

狭义的会计职业构成,按不同的标准分类,有不同的内容。下面介绍四种主要的分类。

(1) 按会计核算的内容和对象划分,会计职业可分为预算会计职业和企业会计职业。

预算会计职业是与国家预算相联系,为执行国家预算而服务的一种专业会计职业。其工作内容主要是对社会再生产过程中再分配和预算资金领域进行核算和监督。其基本任务有五点：①定期反映预算收支执行情况及结果，为管理国家预算提供可靠的信息资料；②合理使用预算资金，提高预算资金的使用效果；③分析预算执行情况，促进国家预算的圆满实现；④妥善调度财政库存，保证预算资金有效配置；⑤实行会计监督，保证国家财产安全。从预算体系上看，预算会计由各级人民政府财政会计、行政单位会计、事业单位会计，以及参与预算执行的国库会计、收入征解会计共同构成，因此，预算会计职业又可进一步细分为财政预算会计职业、行政单位预算会计职业、事业单位预算会计职业、国库预算会计职业和收入征解预算会计职业。

企业会计职业是与企业经济活动相联系，为企业生产经营服务的一种会计职业。其工作内容主要是对社会再生产过程中生产、流通领域的企业经营资金运动进行核算和监督。其基本任务有三点：①反映和监督企业单位对国家财政政策、法令、制度的执行情况，维护财经法纪，保障各方利益；②充分利用会计信息资料和其他资料，预测经济前景，参与经济决策，加强控制，提高经济效益和管理水平；③保护财产和物资的安全、完整。按照我国目前实行的企业会计制度来分类，企业会计职业又可分为工业会计职业、农业会计职业、商品流通会计职业、交通运输会计职业、邮电通信会计职业、旅游和饮食服务会计职业、电影和新闻出版会计职业、施工和房地产开发会计职业、金融会计职业、对外经济合作会计职业等分行业的会计职业。

预算会计职业和企业会计职业在核算内容、服务对象、工作任务、管理体制上都有很大的区别，但这两种会计职业工作的基本原理是相同的，反映和监督的职能也是一致的，本质上都是会计职业的有机组成部分。

(2) 按工作服务范围和所处组织单位划分，会计职业可分为政府会计职业、单位会计职业和社会公共会计职业。

政府会计职业在三种会计职业中最早产生。早在公元三四千年前的古埃及、古希腊和中国就产生了政府(官厅)会计职业。这一职业随着政府的组织形式、职能和活动范围的扩展而发展和完善，从最开始作为确保君主的财力的手段发展到今天成为政府财政政策的公认工具。从事政府会计职业的会计人员，一般都在政府机关工作，属于政府工作人员，为政府财政和各级行政机构服务。就我国目前而言，政府会计人员包括预算会计职业中的政府财政会计职业人员和行政单位会计职业人员。

单位会计职业作为一种独立职业的出现要晚于政府会计职业，它是经济发展和社会分工达到一定程度的产物。单位会计职业是一定单位组织中必要的组成部分，它依托于该单位组织并为其服务。就我国目前而言，单位主要分为企业和事业两种。因此，单位会计职业也可分为企业单位会计职业和事业单位会计职业。单位会计职业人员在企事业单位工作，属于企事业单位的管理人员，为企事业单位经营活动服务。

社会公共会计职业，产生于19世纪末，今天是以注册会计师职业为主的从事民间审计、会计咨询、服务的社会职业。它是商品经济发展到一定阶段的产物，其产生的直接原因是财产所有权与经营权的分离。社会公共会计职业人员在一定形式的会计中介机构工作，不从属于任何政府机构和企事业单位，为整个社会的经济组织和其他组织服务。这一职业的最主要工作是审计，也提供会计咨询和会计服务。

政府会计职业、单位会计职业和社会公共会计职业，虽然服务的范围不同，但在很多方面是紧密联系的。政府会计职业往往直接或间接地影响单位会计职业和社会公共会计职业。在我国,政府部门和机构往往是事业单位和国有企业单位的主管部门,政府会计也就领导着事业单位和国有企业单位的会计工作。政府财政部门则通过事业单位会计准则、企业会计准则、《中华人民共和国注册会计师法》等间接影响单位会计职业和社会公共会计职业。社会公共会计职业与政府会计职业和单位会计职业的联系则表现在:社会公共会计职业的重要工作就是对政府会计职业和单位会计职业工作的审查和监督。社会公共会计职业人员接受政府和董事会等委托人的委托,通过其执业活动,为政府会计、单位会计的职业活动作出鉴证和评价。它是保证政府会计职业和单位会计职业活动正确、有效进行的有力手段。单位会计职业是最基本、最广泛的会计职业,它的职业技术和方法是政府会计职业和社会公共会计职业发展的基础。

(3) 按照职能和工作目的划分,会计职业可分为财务会计职业、管理会计职业和审计职业。

财务会计职业是传统会计职业发展形成的主要分支职业。其主要工作是以会计准则为指导,运用会计核算的系列方法,真实、准确、及时地向投资者、管理者、债权人,以及其他有关人员、部门报告企业的财务状况、经营成果和现金流量状况。财务会计职业工作的主要任务是加强核算,正确地反映和监督经济活动,向会计信息使用者提供有关信息。财务会计工作是企业不可缺少的最基本工作,财务会计职业是我国目前主要的会计职业。

管理会计职业是20世纪初开始从传统会计职业逐步分离出来的重要会计职业。其主要工作是根据财务会计资料和其他有关资料,运用一系列灵活多变的专门技术、方法,提供内部经济管理信息,并参与对企业生产经营活动的预测、决策、计划、控制和责任考评。其基本方法有标准成本计算、预算控制、本量利分析、弹性预算、边际分析和责任会计等方法。管理会计职业工作的主要任务是加强内部管理,以提高经济效益。与财务会计职业的工作不同,管理会计职业的工作主要面向未来,为企业内部服务。管理会计人员的配置,也完全由企业根据经济管理的需要来设定。因此,从这个意义上说,管理会计职业人员是纯粹的内部管理人员。值得说明的是,虽然管理会计与财务会计是不同的两个会计领域,但它们又是密切联系的,其中最基本的联系是管理会计的数据绝大部分来源于财务会计。因此,在实际工作中,管理会计人员的工作往往与财务会计人员的工作结合起来完成。

审计职业是由所有权与经营权分离而产生的社会职业。最早的审计人员是从会计人员发展而来的。审计职业所运用的审计知识主要是由会计学相关部分充实、发展形成的。应当说,发展到今天,审计职业在相当程度上已形成了一种独立的社会职业,但由于它与会计职业的重要历史渊源和密切联系,以及企业内部审计的存在等原因,我们习惯上仍将其归入会计职业。注册会计师职业的名称也说明了这一点。审计职业的主要工作内容和任务是对被审计单位的年度会计报表及其他特定事项进行审计,并发表审计意见。其执业的基本方法有检查、监盘、观察、查询、函证及计算、分析性复核等。就我国现实情况来看,审计职业又可分为政府审计职业、内部审计职业和注册会计师审计职业三种。在进行市场经济建设的今天,审计职业的重要性日益显露,审计职业在会计职业中的地位和比重也在进一步提高。

(4) 按具体的会计工作岗位划分,会计职业因单位机构不同与职位设置不同而不同。

根据《会计基础工作规范》,各单位应当根据会计业务的需要设置会计机构。不具备设置会计机构条件的,应当在有关机构中配备专职会计人员;没有设置会计机构和配备会计人员的单位,应当根据《代理记账管理暂行办法》委托会计师事务所或持有代理记账许可证书的其他代理机构进行代理记账。设置会计机构,应当配备会计机构负责人;在有关机构中配备专职会计人员的,应当在专职会计人员中指定会计主管人员。就我国目前的情况来看,大部分大、中型企业和事业单位都设有单独的会计机构,其会计人员可分为会计机构总负责人、各级负责人和基层工作人员。其中,国有大、中型企业和事业单位中,相应的职务是总会计师、财务处长、财务科长和普通会计人员;外资企业和其他大、中型企业相应的职务为财务副总经理、部门财务经理和普通会计人员。小型企业一般不设专门的会计机构,他们或是在相关机构中设置会计专职人员,或是委托相关机构代理记账。设置会计专职人员的,其会计人员由主管人员和基层人员组成,相应职位一般称为主管会计和普通会计人员。上述各单位的普通会计人员,还可根据工作需要设置出纳、财产物资核算、工资核算、成本费用核算、财务成果核算、资金核算、总账报表、稽核、档案管理和电算化等岗位。与企事业单位相类似,会计师事务所中的会计人员也可分为总负责人、各级负责人和普通人员三类,相应职位是主任会计师(副主任会计师)、各业务部门主任(经理)和普通从业人员。

应当说明的是,以上所述会计机构和会计职位名称是最普遍的称法。在实践中,往往由于单位、组织的不同,存在着一些与上述称法的差异。虽然名称上的差异是存在的,但其基本职能和作用却是相同或类似的。根据不同会计岗位所作的会计职业的分类,反映了会计工作的管理结构和责任划分。虽然各种会计职业都具有一定的独立性,但它们彼此却不是孤立的,它们之间总是存在着行政上、业务上的领导、被领导和合作关系。各种会计职业相互联系,构成了单位、组织中会计职业的有机整体。

三、会计职业构成的发展趋势

1. 原有会计职业发生巨大变化,新的会计职业不断涌现

随着经济的发展,会计的经济管理职能日益重要,管理会计职业将越来越占据会计职业中的重要位置。伴随经济国际化和组织集团化、业务活动和资本活动国际化、筹资渠道和投资方向多元化成为发展方向,企业的组织形式将以集团经营、跨国经营和股份制经营为主。在这种背景下,企业集团会计职业、跨国公司会计职业和股份制会计职业将有长足的发展,并将在会计职业中占据主导地位。经济的发展为公共会计职业提供了新的机遇,注册会计师职业的工作领域也进一步扩大,管理体制更加完善,注册会计师职业在社会中将发挥越来越重要的作用。政府会计职业和单位会计职业也将沿着各自的职责范围向前发展,其中政府会计将更有政府色彩,它与企业会计的关系将逐步淡化。单位会计职业则将在公认的会计原则下有更多的灵活性,更好地为企业、事业单位服务。

随着知识的重要性大大加强,人们在经济活动中的地位显著提高,人力资源会计职业将逐步出现并迅速发展;伴随着公益事业、社会福利和保障制度的加强,社会责任会计职业将在会计职业中占据新的一席之地;环境保护意识的提高和自然资源的减少,则使环境会计职业登上历史的舞台。新的会计职业不断涌现,使会计这一古老的职业变得更加丰富和充满活力。

2. 会计职业层次跨度加大,高层次的会计职业比重增加

社会经济的发展对会计工作提出了新的要求,一方面要求会计信息统一化和标准化;另一方面又要求企业面对瞬息万变的经济世界随时作出正确、及时的会计和财务决策。计算

机和网络技术的运用和大规模普及带来了会计工作的电子化,相当一部分的会计工作被标准化和简单化以适应对会计信息的标准化、统一化要求,导致了相应的会计工作职业层次要求有所下降,职业人员数量要求减少。此外,企业会计职能管理化、决策化要求更多的高层次的会计人才分析经济信息,参与经济决策。从事这部分会计工作的会计职业人员层次有所提高,从业数量大大增加。在这种背景下,会计职业出现了"两极分化",高层次的会计职业在会计职业中的比重不断提高。

3. 会计职业与其他职业不断融合,促使新的综合性会计职业的出现

会计发展的历史说明了这样一个趋势:会计专业总是不断地与其他专业融合和发展。管理会计的出现是如此,金融衍生工具会计的出现也是如此。历史发展到今天,经济活动的复杂化和活动领域的扩大化使这种趋势愈发明显。企业管理、金融、营销等领域与会计领域进一步交叉、重叠和融合;会计职业的工作内容也越来越多地涉及其他专业的知识;会计人员不但要有传统的会计专业知识,还要精通管理、信息技术、公共关系学、金融、国际贸易等知识。会计职业的这些变化,使其与许多其他职业之间的界限逐步模糊,形成你中有我、我中有你的局面。一种包含专业多领域理论知识和实践活动的综合性会计职业将逐步取代传统会计职业,并将成为会计职业的主流。

第二节 会计人员的专业胜任能力要求

一、专业道德的要求

专业道德即会计职业道德,是指会计职业活动中应当遵循的、体现会计职业特征的、调整会计职业关系的职业准则和规范。会计职业道德是规范会计行为的基础,是实现会计目标的重要保证,是对会计法律制度的重要补充,是提高会计人员职业素养的内在要求。

会计职业道德的主要内容包括爱岗敬业、诚实守信、廉洁自律、客观公正、坚持准则、提高技能、参与管理、强化服务。其具体内容已在第六章进行了详细阐述,此处不再赘述。

相关思考7-1

道德的含义是什么,它包括哪些内容

道德是指以善恶为标准,通过社会舆论、内心信念和传统习惯来评价人的行为,调整人与人之间及个人与社会之间相互关系的行动规范的总和。

道德包括社会公德、职业道德、家庭美德、个人品德。

延伸阅读7-1

诚实守信

诚实是指言行一致,不弄虚作假,不欺上瞒下,做老实人、说老实话、办老实事。守信是指信守诺言,保守秘密。人无信不立,国无信不强,诚信是会计的生命。诚信要求会计人员在日常工作中讲求信用,保守秘密,以实际发生的经济业务为依据,按会计准则和会计制度的要求,进行真实、完整的会计核算,客观公正、不偏不倚地反映企业的财务状况、经营成果。

2002年11月19日,朱镕基同志在第16届世界会计师大会闭幕式上演讲时指出,在现代市场经济中会

计师的执业准则和职业道德极为重要,诚信既是市场经济的基石,又是会计执业机构和会计人员安身立命之本。

二、专业知识的要求

会计人员要履行岗位职责,顺利完成会计工作,先要具备扎实的专业知识。专业知识是会计人员正确理解会计法规、制度,进行会计核算、财务管理的前提,也是会计人员正确解释、分析新现象、新问题的基础。扎实的专业知识,有助于会计人员在会计实践中提升工作能力。会计专业知识主要包括:会计学原理、财务会计、管理会计、成本会计、财务管理、审计、财务分析、税法等。

三、专业技能的要求

会计人员应当在职业环境中具备能够合理、有效地运用专业知识,并保持职业价值观、道德与态度的各种专业技能,具体包括以下几点内容。

7-1视频:
会计人员的专业道德和专业知识

1. 核算技能

核算技能有助于会计人员能够正确地编制会计凭证、审核会计凭证、登记会计账簿、计算成本和利润、编制会计报表和处理其他会计事项。

2. 组织和管理技能

组织和管理技能,首先,有助于会计人员培养广阔的商业视角、管理意识和全球视野。其次,有助于会计人员能够正确地规划、安排和实施本岗位的会计工作;分配、授权、协调下属人员的岗位工作,激励员工并发掘其潜能;统筹、整合、实施本岗位与其他岗位、本部门与其他部门、本企业与其他企业之间的有关会计事务和关系,实现组织职能。最后,有助于会计人员能够正确通过会计实施影响、指导、规范、预测、预算、控制、决策、检查、考核和分析,实现管理职能。

3. 技术技能

会计人员应具备使用信息系统、应用信息技术控制的技术技能,以及作为信息系统评价者、设计者或管理者的能力。

4. 人际和沟通技能

人际和沟通技能有助于会计人员与他人共事,接受和传递信息,形成合理判断,并作出有效决策。其具体包括:能够与他人协商共事,并能够承受和解决冲突;具备团队工作能力;能够与不同文化背景或不同智力水平的人员交流;能够在职业环境中协商形成解决方案或达成一致意见;能够通过正式或非正式、书面或口头的沟通方式,有效地表达、讨论、报告及辩护观点;能够有效地听取和阅读,包括对文化和语言有差异保持敏感,能够在跨文化环境中有效工作等。

5. 适应能力及终生学习能力

适应能力及终生学习能力有助于会计人员能够适应不同行业中不同的工作岗位,并能够灵活运用会计政策与制度处理实务工作;在会计准则与税收法规不断变化的情况下,能够及时进行知识更新,不断充实自己的理论知识,丰富实践经验,以提高实务工作技能。

第三节 会计类资格考试

一、会计专业技术资格考试

会计专业技术资格考试,是人力资源和社会保障部、财政部共同组织的全国统一专业技术资格考试。通过会计专业技术资格考试的人员,表明其已具备担任相应会计职业职务的水平和能力,可以受聘为相应的会计专业职务人员。

(一)考试级别、考试科目和相关证书

会计专业技术资格是指担任会计专业职务的任职资格,可分为初级资格、中级资格和高级资格三个级别。初级资格、中级资格的取得实行全国考试制度,符合报名条件的人员,均可报考。其中,初级会计资格考试科目包括《初级会计实务》《经济法基础》;中级会计资格考试科目包括《中级会计实务》《财务管理》《经济法》。同一年度参加初级会计资格两个考试科目全部合格者,方可取得初级会计专业技术资格;连续2年中级会计资格考试科目全部合格者,方可取得中级会计专业技术资格。考试通过后由所在地的人事部门颁发由人力资源和社会保障部统一印制的相应专业技术资格证书。高级会计师的取得实行全国考试与评审相结合的制度。高级会计资格考试科目为《高级会计实务》。参加高级资格考试并达到国家合格标准的人员,由"全国会计资格评价网"核发高级会计师资格考试成绩合格证,该证在全国范围内3年有效。通过高级会计资格考试的人员被要求在通过考试3年内通过评审,假如通过了,即可成为永久性的高级会计师;假如没有通过,那么第4年需要重新考试,并继续参加评审。

(二)报名条件

1. 报名的基本条件

报名参加会计专业技术资格考试的人员,应具备下列基本条件:

(1) 坚持原则,具备良好的职业道德品质。

(2) 认真执行《会计法》和国家统一的会计制度,以及有关财经法律、法规、规章制度,无严重违反财经纪律的行为。

(3) 履行岗位职责,热爱本职工作。

2. 报名的附加条件

报名参加初级会计资格考试的人员,除具备上述条件外,还必须具备国家教育部门认可的高中毕业及以上学历。

报名参加中级会计资格考试的人员,除具备基本条件外,还必须具备下列条件之一:

(1) 取得大学专科学历,从事会计工作满5年。

(2) 取得大学本科学历,从事会计工作满4年。

(3) 取得双学士学位或研究生班毕业,从事会计工作满2年。

(4) 取得硕士学位,从事会计工作满1年。

(5) 取得博士学位。

(6) 通过全国统一考试,取得经济、统计、审计专业技术中级资格。

上述有关学历或学位是指经国家教育部门认可的学历(学位)。有关会计工作年限是指报考人员取得规定学历前后从事会计工作时间的总和。在校生利用业余时间勤工助学不视为正式从事会计工作,相应时间不应计入会计工作年限。工作年限计算截止日期为考试报名年度年底前。

审核报考人员报名条件时,报考人员应提交学历或学位证书或相关专业技术资格证书、居民身份证明(香港、澳门特别行政区居民应提交本人有效身份证明,台湾地区居民应提交台湾居民来往大陆通行证)等材料。

报名参加高级会计师资格考试的人员,除具备基本条件外,还必须符合下列条件之一:
(1)《会计专业职务试行条例》规定的高级会计师专业职务任职资格评审条件。
(2) 省级人力资源和社会保障部、财政部批准的申报高级会计师专业职务任职资格评审的破格条件。

此外,报考高级会计资格考试的人员需要符合的条件还包括必须具有会计师、审计师、财税经济师等中级专业技术资格或税务师、资产评估师资格之一,并从事会计、财税和相应管理工作的在职专业人员。

延伸阅读 7-2

7-2 会计专业技术资格考试

总 会 计 师

随着企业的建立、经济核算工作的开展,就必然会有会计,会计的总管即总会计师。总会计师是指在单位主要领导人的领导下,主管经济核算和财务会计工作的负责人。《会计法》明确规定,国有独资和国有资产占控股地位或主导地位的大、中型企业必须设置总会计师。总会计师制度是我国经济管理的重要制度。总会计师制度的建立是企业经营管理、经济核算的自然需要。

总会计师代表企业管理当局,是经理级财务管理人员,是总经理的理财助手、经营参谋,他由总经理提名,通过一定程序任命,他与经营者利益完全一致。总会计师的职能是负责企业的日常管理、企业内部控制管理。总会计师侧重于财务管理和会计核算。在西方国家,"总会计师"更多地被称为主计长、会计长、会计经理或会计负责人,这一职位的主要工作是主管企业会计工作,向财务总监汇报工作。

总会计师是单位领导成员,是行政副手,不同于单位内部财会机构负责人,更不同于一般的会计人员,必须具备一定的任职条件。

二、注册会计师职业资格考试

注册会计师(Certified Public Accountant,CPA)是指取得注册会计师证书并在会计师事务所执业的人员,是从事社会审计/中介审计/独立审计的专业人士。CPA 为我国唯一官方认可的注册会计师资质,唯一拥有签字权的执业资质。

(一)考试级别和考试科目

我国实行注册会计师全国统一考试制度。注册会计师全国统一考试办法,由国务院财政部制定,由中国注册会计师协会组织实施。注册会计师全国统一考试划分为专业阶段考试和综合阶段考试。考生在通过专业阶段考试的全部科目后,才能参加综合阶段考试。专业阶段考试科目有《会计》《审计》《财务成本管理》《公司战略与风险管理》《经济法》《税法》6 个科目;综合阶段考试科目设《职业能力综合测试》1 个科目。

注册会计师是一种执业资格,参加注册会计师全国统一考试获得全科合格证书的人员即可注册成为中国注册会计师协会会员,协会会员分为会计师事务所执业会员和非执业会员。

（二）报名条件

具有高等专科以上学校毕业的学历，或者具有会计或者相关专业中级以上技术职称的中国公民，可以申请参加注册会计师全国统一考试。具有会计或者相关专业高级技术职称的人员，可以免予部分科目的考试。

专业阶段考试的免试条件包括：具有会计或者相关专业高级技术职称的人员（包括学校及科研单位中具有会计或者相关专业副教授、副研究员以上职称者），可以申请免予专业阶段考试1个专长科目的考试。免试年度为申请人提交申请的年度，申请人应当于本年度考试开始前提交免试申请。

同时符合下列条件的中国公民，可以申请参加注册会计师全国统一考试综合阶段考试：

（1）具有完全民事行为能力。

（2）已取得财政部注册会计师考试委员会（简称财政部考委会）颁发的注册会计师全国统一考试专业阶段考试合格证书并且在有效期内。

有下列情形之一的人员，不得报名参加注册会计师全国统一考试：

（1）因被吊销注册会计师证书，自处罚决定之日起至申请报名之日止不满5年者。

（2）以前年度参加注册会计师全国统一考试因违规而受到停考处理期限未满者。

相关思考 7-2

会计师、总会计师和注册会计师的区别是什么

会计师是指担任会计专业职务的任职资格的人员；总会计师是指在单位主要领导人的领导下，主管经济核算和财务会计工作的负责人；注册会计师是指取得注册会计师证书并在会计师事务所执业的人员，是从事社会审计/中介审计/独立审计的专业人士。

三、国内其他会计类职业资格考试

（一）中国注册税务师职业资格考试

中国注册税务师（The Chinese Certified Tax Agents，CCTA）是在中华人民共和国境内依法取得注册税务师执业资格证书，从事涉税服务和鉴证业务的专业人员。

1. 考试科目

现行中国注册税务师职业资格考试共考《税法（一）》《税法（二）》《涉税服务实务》《财务与会计》《涉税服务相关法律》5个科目。连续3年内通过这5个科目的考试者，方可取得中国注册税务师资格。通过考试的人员需要加入中国税务师协会成为其会员，并在国家税务机关备案后，方可执业并签署税务鉴证报告。

加入中国注册税务师协会的会员分为执业会员和非执业会员两种。执业会员必须在注册税务师事务所专职从事税务鉴证业务，不得在其他机构中任职，以保证其执业的中立性。非执业会员可以在其他机构中任职，如在一般企业里从事税务筹划、咨询等工作，但是不能签署税务鉴证报告。

2. 报名条件

（1）中华人民共和国公民，遵守国家法律、法规，恪守职业道德，具有完全民事行为能力，并符合下列相应条件之一的，可报名参加中国注册税务师职业资格考试：

第一,取得经济学、法学、管理学学科门类大学本科及以上学历(学位);或者取得其他学科门类大学本科学历,从事经济、法律相关工作满1年。

第二,取得经济学、法学、管理学学科门类大学专科学历,从事经济、法律相关工作满2年;或者取得其他学科门类大学专科学历,从事经济、法律相关工作满3年。

(2) 有下列情形之一的人员,不得报名参加中国注册税务师职业资格考试:

第一,税务师职业资格证书被取消登记,自取消登记之日起至报名之日止不满5年者。

第二,以前年度税务师职业资格考试中因违纪违规受到禁考处理期限未满者。

(二) 资产评估师职业资格考试

资产评估师是指经资产评估师职业资格考试合格,取得"资产评估师职业资格证书",并经中国资产评估协会登记的资产评估人员。

1. 考试科目

自2017年起,资产评估师职业资格考试科目由原《资产评估》《经济法》《财务会计》《机电设备评估》《建筑工程评估》5科调整为《资产评估基础》《资产评估相关知识》《资产评估实务(一)》《资产评估实务(二)》4科。为保证考试科目调整平稳过渡,原5个科目考试形式继续保留1年。

(1) 首次报名人员及未取得任意一个考试科目合格成绩的非首次报名人员,参加新科目考试。

(2) 2012年至2016年取得部分考试科目合格成绩的,可按照以下两种情况选择其一进行报考:

第一,按照原来5个考试科目要求,参加剩余科目的考试。若考试结束后仍未全科通过,则有效成绩对应转换至新科目。各科目具体转换方法见表7-1。

表7-1 各科目具体转换方法

原考试科目	新考试科目
《资产评估》	《资产评估基础》 《资产评估实务(二)》
《资产评估》 《机电设备评估》 《建筑工程评估》	《资产评估基础》 《资产评估实务(一)》 《资产评估实务(二)》
《财务会计》 《经济法》	《资产评估相关知识》

第二,参加新科目考试。有效成绩按表7-1对应关系转换至新科目。

自2018年起,资产评估师职业资格考试均按《资产评估基础》《资产评估相关知识》《资产评估实务(一)》《资产评估实务(二)》4科进行。

2. 报名条件

(1) 同时符合下列条件的中华人民共和国公民,可以报名参加资产评估师职业资格考试:

第一,具有完全民事行为能力。

第二,具有高等院校专科以上(含专科)学历。

(2) 符合上述报名条件,暂未取得学历(学位)的大学生可报名参加考试。

(3) 以前年度考试中因违规违纪而受到禁考处理期限未满者,不得报名参加考试。

(三) 证券从业资格考试

1. 考试类别

证券业从业资格考试划分为一般从业资格考试、专项业务类资格考试和管理类资格考试三种类别。

一般从业资格考试,即"入门资格考试",主要面向即将进入证券业从业的人员,具体测试考生是否具备证券从业人员执业所需的专业基础知识,是否掌握基本证券法律法规和职业道德要求。

专项业务类资格考试,即"专业资格考试",主要面向已经进入证券业从业的人员,主要测试考生是否具备从事证券业务的专业人员履行法定职责所必备的专业知识、专业技能和专业操守。

管理类资格考试,即"管理资质测试",主要面向拟任证券经营机构高级管理人员,主要测试考生是否掌握在证券经营机构履行经营管理职责所必备的管理流程和管理标准。

2. 考试科目

入门资格考试科目设定2门,名称分别为《证券市场基本法律法规》和《金融市场基础知识》。

各专业资格考试设相应考试科目1门。保荐代表人胜任能力考试、证券分析师胜任能力考试和证券投资顾问胜任能力考试的考试科目分别为《投资银行业务》《发布证券研究报告业务》和《证券投资顾问业务》。

各管理资质测试的考试科目均设1门,按照各管理资质,分别为《证券公司高级管理人员资质测试》《证券评级业务高级管理人员资质测试》和《证券公司合规管理人员胜任能力测试》。

3. 报名条件

年满18周岁、具有高中以上文化程度和完全民事行为能力的人员,都可报名参加入门资格考试。

入门资格考试合格的,均可参加专业资格考试和管理资质测试。

(四) 银行从业资格考试

1. 考试科目

银行从业资格考试共有5个科目,即《公共基础》《个人理财》《风险管理》《个人贷款》和《公司信贷》。其中,《公共基础》科目为必考科目,也是考生获取其余四项专业资格认证的基础。也就是说,如果考生想取得专业科目的资格证书,必须先通过《公共基础》科目的考试。

认证办公室根据银行业从业人员所在机构提供的从业岗位和职业操守的相关证明进行资格审核。对同时符合上述条件者,由认证委员会颁发银行业从业人员资格证书。凡非银行业从业人员参加银行从业资格考试并取得通过成绩的,由认证委员会颁发银行业从业人员考试成绩证明;考试成绩证明2年有效,在有效期内均可提出证书申请。

2. 报名条件

1) 一般从业资格考试

(1) 报名截止日年满18周岁。

(2) 具有高中或国家承认相当于高中以上文化程度。

(3) 具有完全民事行为能力。
(4) 违反考试纪律受到处分,禁考期限已过的。
2) 专项业务类资格考试
一般从业资格考试合格的人员,均可参加专项业务类资格考试。
3) 不能参加考试的情形
有下列情形之一的人员,不得报名参加银行从业资格考试,已经办理报名手续的,报名无效:
(1) 因故意犯罪受过刑事处罚的。
(2) 曾被银行及金融业机构开除公职的。
(3) 依照《中国银行业从业人员资格认证考试实施办法(试行)》的规定,应试人员有以下情形之一的,经考试办公室确认后,视情节、后果分别给予警告、考试成绩无效、2年内或终身不得报名参加银行从业资格考试等处分:
第一,考试报名时本人隐匿或伪造资格认证所需真实信息的。
第二,违反考场纪律,扰乱考场秩序,有作弊等违纪行为的。

(五)审计师专业技术资格考试

审计师是指具有为公司进行账目审核资格,专门从事检查并进一步证实公司会计账目和报告的正确性、合理性和可接受性的专业人员。

1. 考试级别

审计师分为初级审计师、中级审计师、高级审计师三个级别。审计专业技术资格考试也分初、中、高级三个级别。审计师专业技术资格考试均采用闭卷笔试的方式。初、中级审计师专业技术资格考试合格者,颁发省人社厅用印的"审计专业技术资格证书"。高级审计师专业技术资格考试合格者,颁发审计署用印的成绩合格证书。

2. 考试科目

初、中级审计师专业技术资格的考试科目与内容为:《审计专业相关知识》,包括宏观经济学基础、企业财务会计、企业财务管理、法律等;《审计理论与实务》,包括审计理论与方法、企业财务审计等。初、中级审计师资格考试采用同一套考试大纲。根据对初、中级审计人员知识水平和业务能力的不同要求,2个考试科目各部分内容分为初、中级资格共同考试内容和中级资格单独考试内容。高级审计师专业技术资格的考试科目为:《经济理论与宏观经济政策》《审计理论与审计案例分析》。

3. 报名条件

(1) 初、中级审计师专业技术资格考试报名的基本条件包括:遵守国家法律,具有良好的职业道德;认真执行《中华人民共和国审计法》以及有关财经法规和制度,无违反财经纪律的行为;认真履行岗位职责,热爱本职工作;从事审计、财经工作。

(2) 参加初级审计师专业技术资格考试的人员,必须具备教育部门认可的中专以上学历。

(3) 参加中级审计师专业技术资格考试的人员,必须具备下列条件之一:

第一,获得博士学位,从事审计、财经工作的。
第二,获得硕士学位,从事审计、财经工作满1年。
第三,获得双学士学位或研究生班毕业,从事审计、财经工作满2年。

第四,大学本科学历,从事审计、财经工作满4年。

第五,大学专科学历,从事审计、财经工作满5年。

(4)高级审计师专业技术资格考试的报名条件。凡遵守《中华人民共和国宪法》和各项法律,具有良好职业道德和敬业精神,并符合下列条件之一者,均可报名参加高级审计师专业技术资格考试:

第一,获得博士学位,取得审计师或相关专业中级专业技术资格后,从事审计工作满2年。

第二,获得硕士学位,取得审计师或相关专业中级专业技术资格后,从事审计工作满4年。

第三,大学本科毕业,取得审计师或相关专业中级专业技术资格后,从事审计工作满5年。

第四,大学专科毕业,取得审计师或相关专业中级专业技术资格后,从事审计工作满6年。

第五,取得注册会计师、注册造价工程师等与审计相关执业资格的,报名条件同上。

四、国外会计类职业资格考试

(一) 特许公认会计师公会考试

特许公认会计师公会(The Association of Chartered Certified Accountants,ACCA)考试是目前非常受欢迎的一种国外会计职业考试,国内部分高校也都开设了专门的ACCA方向班。

1. 考试科目

ACCA考试科目如表7-2所示。

表7-2　　　　　　　　　　　　ACCA考试科目

阶段	课程类别	课程序号	课程名称(中文)	课程名称(英文)
基础阶段	知识课程	BT	商业与技术	Business and Technology(BT/FBT)
		MA	管理会计	Management Accounting (MA/FMA)
		FA	财务会计	Financial Accounting (FA/FFA)
	技能课程	LW	公司法与商法	Corporate and Business Law (CL)
		PM	业绩管理	Performance Management (PM)
		TX	税务	Taxation (TX)
		FR	财务报告	Financial Reporting (FR)
		AA	审计与认证业务	Audit and Assurance (AA)
		FM	财务管理	Financial Management (FM)
专业阶段	核心课程	SBL	战略商业领袖	Strategic Business Leader
		SBR	战略商业报告	Strategic Business Reporting
	选修课程(4选2)	AFM	高级财务管理	Advanced Financial Management (AFM)
		APM	高级业绩管理	Advanced Performance Management (APM)
		ATX	高级税务	Advanced Taxation (ATX)
		AAA	高级审计与认证业务	Advanced Audit and Assurance (AAA)

2. 报名条件

报名参加 ACCA 考试的人员,要具备以下条件之一:

(1) 凡具有教育部承认的大专以上学历,即可报名成为 ACCA 的正式学员。

(2) 教育部认可的高等院校在校生,顺利完成了大一全年的所有课程考试,即可报名成为 ACCA 的正式学员。

(3) 未符合第(1)、第(2)项报名资格的申请者,可以先申请参加基础财务(Foundations in Accountancy,FIA)资格考试,通过 FBT、FMA 和 FFA 三门课程后,可以申请转入 ACCA 并且豁免知识课程中的 3 门考试,直接进入 ACCA 技能课程的考试。[注:申请 FIA 资格考试的学员,可以不满足以上第(1)、第(2)项的条件,并且没有相关的年龄限制]

ACCA 考试的 15 门课程是根据当今商务社会对财务人员的实际要求而设计的,能使学员在国际会计准则体系下,全面掌握会计、财务管理、审计、税务和经营战略等方面的专业知识,提升分析能力并拓宽战略思维。学员学成后能迅速适应各种业态环境下的财务工作,并逐步成为全面管理型的高级财会专家。

ACCA 之所以受到社会各界的推崇,是因为它让学员系统而深入地学习了国际通用的财务理论和实际技能。ACCA 所呈现的专业知识,从基础到深入再到综合分析,从会计、审计、税法到业绩管理、商业分析再到战略管理,从必修的 11 门课程到选修的 2 门高级别课程,从理论到实际,都让学员全面而深刻地掌握财务知识和它所发挥的实际价值。同时,这种由浅入深的科目设置和统一考试中的全英文论述,既让学员比较容易地进入课程学习,又迫使他们逐渐适应不断加深学习难度的高级别课程,并在学习中不遗余力地提高英文水平。

(二) 特许管理会计师公会考试

特许管理会计师公会(The Chartered Institute of Management Accountants,CIMA)是全球最大的国际性管理会计师组织,同时它也是国际会计师联合会(International Federation of Accountants,IFAC)的创始成员之一,拥有 17 万名会员和学员,遍布 170 多个国家。CIMA 成立于 1919 年,总部设在英国伦敦。

1. 考试科目

横向看 CIMA 考试,分为基础阶段、运营阶段、管理阶段、战略阶段,可以让学员通过学习逐级提升自己的能力,也便于学员和用人单位评定专业水平。

纵向看 CIMA 考试,分为企业、绩效和财务三大板块,可以让学员通过不同板块的培训丰富自己的知识,在扎实财务的背景基础上增强商业管理和战略决策能力。

CIMA 考试科目如表 7-3 所示。

表 7-3　　　　　　　　　　　　　CIMA 考试科目

阶段	课程序号	课程名称(中文)	课程名称(英文)
基础阶段	BA1	企业经济学基础	Fundamentals of Corporate Economics
	BA2	管理会计基础	Fundamentals of Management Accounting
	BA3	财务会计基础	Fundamentals of Financial Accounting
	BA4	伦理、公司治理与商法基础	Fundamentals of Ethics, Corporate Governance and Business Law

(续表)

阶段	课程序号	课程名称(中文)	课程名称(英文)
运营阶段	E1	组织管理	Organizational Management
	P1	管理会计	Management Accounting
	F1	财务报告与税务	Financial Reporting and Taxation
	OCS	运营级案例分析考试	Operational Case Study Exam
管理阶段	E2	项目与关系管理	Project and Relationship Management
	P2	高级管理会计	Advanced Management Accounting
	F2	高级财务报告	Advanced Financial Reporting
	MCS	管理级案例分析考试	Management Case Study Exam
战略阶段	E3	战略管理	Strategic Management
	P3	风险管理	Risk Management
	F3	财务战略	Financial Strategy
	SCS	战略级案例分析考试	Strategic Case Study Exam

2．报名条件

（1）凡持有大专以上学历者，即可报名成为CIMA正式学员。

（2）教育部认可的高等院校在校生，顺利通过第一年的所有课程考试且年龄在18岁以上者，即可报名成为CIMA正式学员。

（3）凡持有会计类相关职业证书者，即可报名成为CIMA正式学员。

 延伸阅读7-3

美国注册管理会计师

美国注册管理会计师(Certified Management Accountant，CMA)证书是成立于1919年的美国管理会计师协会(Institute of Management Accountants，IMA)针对管理会计领域和财务管理领域的专业资格证书。CMA是全球最主要、最权威的会计资格认证。国际管理会计标准及会计准则以CMA认证的为准。CMA考试的学历条件包括：①研究生及以上（经过教育部认可的硕士或博士学位均可以接受）；②本科（只接受经过教育部认可的本科学位，只有学历证书而没有学位将不予接受）；③专科（只接受教育部认证的全日制3年大专学历，其他形式的大专学历将不予接受）。CMA考试科目为财务计划、业绩与控制，财务决策2门课程。

（三）国际注册内部审计师考试

国际注册内部审计师(Certified Internal Auditor，CIA)，不仅是国际内部审计领域专家的标志，还是目前国际审计界唯一公认的职业资格。CIA需经国际内部审计师协会(Institute of Internal Auditors，IIA)组织的考试取得。

1．考试科目

第1科：《内部审计基础》，具体包括内部审计强制性指南、内部控制与风险、审计工具与技术等。

第2科:《内部审计实务》,具体包括管理内部审计职能、管理单项审计业务、舞弊风险与控制等。

第3科:《内部审计知识要素》,具体包括治理与商业道德、风险管理、组织结构/业务流程和风险、沟通、管理与领导规则、业务连续性、财务管理、全球化经营环境等。

考试范围在报考当年的"国际注册内部审计师考试大纲"中确定。

2. 报名条件

符合下列条件之一,方可报名参加 CIA 考试:

(1) 具有国家承认的本科及本科以上学历。

(2) 具有国家承认的学士及学士以上学位。

(3) 海外留学生所持国外文凭需经第三方权威机构(如教育部留学服务中心等)办理国外学历学位认证后方可报名。

(4) 具有省级及省级以上人力资源保障部门颁发的中级及中级以上相关专业技术资格。

(5) 持有注册会计师证书或非执业注册会计师证书。

(6) 在校学习的全日制本科院校审计、会计及相关专业四年级学生,毕业(即取得毕业证书)当年方可报名参加考试;毕业当年未取得毕业证书前报考,需提供学校(或有关部门、院系)出具的证明。

(四) 美国注册会计师考试

美国注册会计师协会(American Institute of Certified Public Accountants,AICPA)是美国全国性会计职业组织,也是世界上最大的会计师专业协会。其宗旨是:提高职业水平;联合全国的注册会计师,建立统一的会计职业组织;通过授课方式交流职业知识;建立行业图书馆;确保注册会计师这一称号被各州法律所承认。

1. 考试科目

4门科目:BEC(《商业环境》)、FAR(《财务会计》)、REG(《税法法规》)、AUD(《审计》)。2018年以前,AUD、FAR 和 REG 的分数比重是 60% 的多项选择题和 40% 的案例分析;BEC 的分数比重是 85% 的多项选择题和 15% 的书面沟通。

自2018年起,考试科目虽然仍是上述4门,但科目题型比例发生变化,多项选择题和案例分析的分数比重在 AUD、FAR 和 REG 中将各上升到 50%;BEC 中多项选择题的分数比重达到 50%、书面沟通的分数比重达到 15% 和案例分析的分数比重达到 35%。

2. 报名条件

(1) 学士学位或即将取得学士学位,个别州(如特拉华州)允许大专学历。

(2) 150 个以上总学分的规定(未要求修满 150 个学分的州,如加利福尼亚州、科罗拉多州等)。

(3) 具有一定会计学分和商业学分的规定。

(4) 有个别州(如阿拉斯加州)可以以 1 年会计师事务所工作经验代替所需会计学分。

以上报考条件考生往往需要同时符合。

目前有着最多国际考生前往应考的州包括特拉华州、加利福尼亚州、夏威夷州、伊利诺伊州、关岛和华盛顿哥伦比亚特区等。此外,阿拉斯加州、蒙大拿州、新罕布什尔州、缅因州、弗吉尼亚州和佛蒙特州等每年也被较多国际考生选择。

(五)加拿大注册会计师考试

加拿大注册会计师(Certified General Accountant,CGA)是国际公认的会计师资格,可以在加拿大及世界各地从事财务方面的工作。全球有6万多名CGA,他们都属于加拿大注册会计师协会(Certified General Accountants Association of Canada,CGA-Canada)。

1. 考试科目

CGA课程设置科学、合理,四个级别+综合考试共20门课程涵盖了财务、会计、统计、经济、法律、税务、审计、金融、计算机管理信息系统等各个领域。根据学员过往教育背景及专业背景,经评估后部分课程可能获得豁免,会计本科学历基本可以豁免8至9门课程。学员可从不同级别开始学习,这既能满足不同教育背景、专业背景人员的学习需求,又能满足社会在职人员的学习要求。

CGA考试科目如表7-4所示。

表7-4　　　　　　　　　　　　CGA考试科目

课程序号	课程名称(中文)	课程名称(英文)
FA1	财务会计1	Level 1 Financial Accounting 1
EM1	经济学1	Economics 1
LW1	法律1	Law 1
CT1-3	计算机辅导	Computer Tutorials
FA2	财务会计2	Level 2 Financial Accounting 2
QU1	定量方法1	Quantitative Methods 1
MA1	管理会计1	Management Accounting 1
CM1	商业英语写作1	Communications 1
FA3、BC1	财务会计3及案例1	Level 3 Financial Accounting 3 - & Business Case 1
FN1	财务管理1	Finance 1
MS1	管理信息系统1	Management Information System 1
AT1	会计理论1	Level 4 Accounting Theory 1
MA2	管理会计2	Management Accounting 2
BC2	审计1及案例2	Auditing 1 - AU1 & Business Case 2
TX1	加拿大税1	Taxation 1
PACE Level	专业资格综合考试	Professional Admission Comprehensive Examinations
FA4	财务会计4	Financial Accounting 4
FN2	财务管理2	Finance 2
MS2	管理信息系统2	Management Information System 2
PA1&2	专业认可综合性考试1&2	Professional Applications 1&2 - PA1&2

2. 报名条件

CGA对报考资格的要求并不严格,但要求在成为CGA-Canada的会员前必须取得大学本科学历。CGA-Canada提供了学历教育的快捷方式,由某些大学提供远程学历教育。对已取得一定学历的报考人员通过评估,可免试部分考试科目。CGA-Canada 在中国已有 16 所合作高校,在进修完所有课程后,报考人员只需再通过加拿大税法考试就可以了;对于一般的会计学专业的本科毕业生,需要再完成财务会计、管理会计、审计、加拿大税法 4 门课程。

(六)注册金融分析师考试

注册金融分析师(Chartered Financial Analyst,CFA)的证书是全世界公认金融证券业最高认证书,也是美国重量级财务金融机构的分析从业人员必备证书。美国注册金融分析师学院于 1963 年设立注册金融分析师计划,由总部设在美国吉尼亚州的非营利组织投资管理与研究协会负责管理。注册金融分析师认证是金融分析领域全球公认的最高标准,该标准不仅用来衡量注册金融分析师的业务能力,也代表其诚信程度。

1. 考试科目

(1) CFA 一级考试课程着重于投资评估和管理的工具,还包括资产估值和投资组合管理技巧的入门介绍。

(2) CFA 二级考试课程着重于资产估值及投资工具的应用(包括经济学、财务报表分析和数量分析方法)。

(3) CFA 三级考试课程着重于投资组合管理,还包括投资工具的使用战略,以及个人或机构管理权益类证券产品、固定收益证券、金融衍生产品和其他类投资产品的资产评估模式。

2. 报名条件

报考 CFA 的考生应遵守职业道德规范、具有一定的英语水平,同时符合以下条件之一:

(1) 4 年制本科或以上学历者可直接报名参加考试。其中,在校大学生报名 CFA 一级考试时选择的考试窗口须处于学士学位课程或同等项目毕业月份前 11 个月(含)以内。

(2) 3 年制大专学历加上 1 年全职工作经验。

(3) 2 年制大专学历加上 2 年全职工作经验。

(4) 无大专及以上学历,需要 4 年全职工作经验。

如果申请人不具备学士学位,而是具备相当的专业水准,也可被接受为候选人。CFA 会用工作经历来考核申请人的专业水准,在连续 3 年中获得 4 000 小时的工作经验即被视为可替代学士学位。这里的工作经历,不一定要从事投资领域相关工作,只要是合法、专业性的工作经历都可以被接受。

本 章 小 结

本章的主要学习内容是会计职业与会计类资格考试。通过本章学习,我们理解了会计职业的含义及会计职业的内容;熟悉了会计职业构成的发展趋势;掌握了会计人员的专业胜任能力要求;了解了不同的会计类资格考试的基本情况及报名条件。

本章重要概念

会计职业　会计师　注册会计师　ACCA　专业道德　专业知识　专业技能

7-3 第七章:会计职业与会计类资格考试

第八章 会计类专业培养方案

- 内容提要
- 重点难点
- 学习目标
- 知识框架
- 思政育人
- 第一节 培养方案概述
- 第二节 会计学专业培养方案
- 第三节 财务管理专业培养方案
- 第四节 审计学专业培养方案
- 本章小结
- 本章重要概念

内容提要

本章主要讲解了会计类专业培养方案,主要包括培养方案的含义及作用、培养方案的设置原则、培养方案的基本框架和培养方案的相关要求;会计学、财务管理、审计学等不同会计类专业培养方案中体现的专业培养特色及课程设置等。

重点难点

本章重点为会计学、财务管理、审计学等不同会计类专业培养方案中的专业培养特色及课程设置;难点为会计学不同方向班的培养特色。

学习目标

通过本章学习,学生应了解培养方案的设置原则、基本框架和相关要求等;掌握会计学、财务管理、审计学等不同会计类专业培养方案的专业培养特色、课程设置等。

知识框架

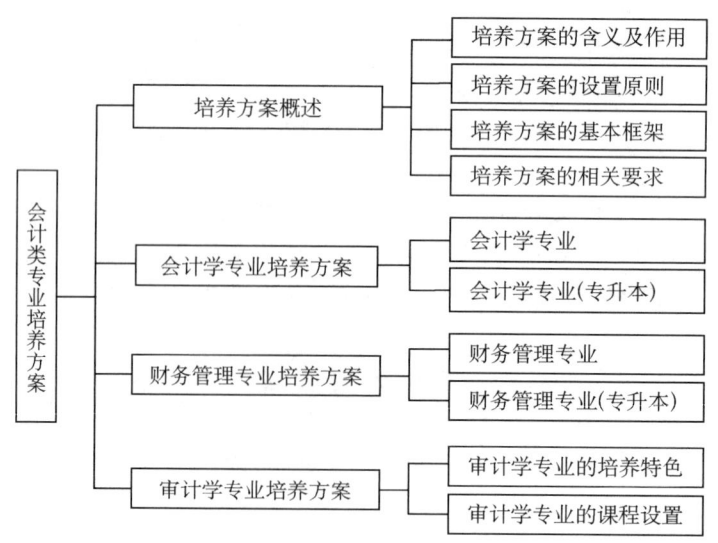

思政育人　　　课程思政融入人才培养方案

随着国家对高等教育的要求不断提高,大学教育也需要不断更新和改进。近年来,课程思政成为大学教育中的一个重要组成部分。课程思政的目的是通过课程内容、教学方法和教学过程,引导学生形成正确的世界观、人生观和价值观,在知识与思想的交融中,提高学生的人文素养和综合素质。

为了更好地贯彻落实课程思政的理念,大学需要将其融入人才培养方案中。人才培养方案是大学培养学生的总体规划和指导性文件,其中包括专业课程设置、教学方法、考核方式等方面的要求。在人才培养方案中,课程思政应该被纳入课程设置的要求中,同时也应该在教学方法和考核方式上得到充分的重视。

具体来说,人才培养方案应该要求各专业设置与课程思政相关的课程,并制订相应的教学计划和制定教学大纲。在教学过程中,教师应该采用多种教学方法,如案例分析、讨论课、小组讨论等方法,引导学生思考和探讨与课程思政相关的问题。同时,在考核方式上,应该鼓励学生以多种形式表达自己的思想,如论文、演讲、小组展示等,以便更好地评价学生对课程思政的理解和掌握情况。

总之,将课程思政融入人才培养方案中,能够使教育更加全面,培养出更具有人文素养和综合素质的高素质人才。

资料来源:百度文库. 课程思政融入人才培养方案[EB/OL]. (2023-04-12)[2023-12-02]. https://rh.sru.baidu.com/r/1aqnP5iQzhS?f=qf&u=88c62b1313ea91dc.

第一节　培养方案概述

一、培养方案的含义及作用

培养方案是指各专业在其定位后,为实现这一定位而制订的实施计划的总称。培养方案是学校人才培养目标的设计蓝图,是学校组织教学、安排教学任务的主要依据,是学校办学指导思想、办学定位、办学水平、办学特色的具体体现,是学校对教育教学质量进行监控和评价的基础性文件。

培养方案在人才培养中居于重要的地位,发挥着重要的作用。不同学校的培养方案能体现出各个学校的办学思想及办学定位;通过人才培养方案的制定及组织实施,实现各个学校的人才培养目标;同时为了更好地适应社会人才培养需求,通过定期组织修订、优化培养方案,更好地提高学校的教育教学质量,从而培养社会更需要、更适合的人才。

二、培养方案的设置原则

(一) 对接需求,产教融合

将专业培养目标主动与经济社会发展需求、岗位需求和学生全面发展需求对接,遵循产出导向教育的理念,与社会、行业企业共同研究设定培养目标和毕业要求。按照培养目标和毕业要求,反向设计课程体系,选择课程内容。注重与行业企业的紧密结合,鼓励和引导各专业教师深入行业企业调研、学习、工作,充分把握行业发展现状;吸收行业企业的一线人员参与学院应用型人才培养。结合学院办学定位,构建符合人才培养模式和目标的应用型人才培养体系。

(二) 德育为先,全面发展

以立德树人为根本,全面推进素质教育。以社会主义核心价值观为主线,构建思政育人、文化育人、专业育人、实践育人"四位一体"的德育体系。推进思想政治理论课改革,提高思想政治课的思想性、针对性和感染力。构建积极向上、健康和谐的校园文化环境,创新活动形式,发挥环境育人、文化育人功能。挖掘专业课的德育元素,在传授专业知识的同时,强化科学精神和职业道德教育。通过社会实践活动,增强学生的社会责任感,完善学生人格,促进知识、能力和素质的可持续协调发展。

(三) 因材施教,个性培养

在满足学校共性培养要求的基础上,促进学生实现个性发展。尊重学生在基础能力、兴趣特长、发展方向等方面的差异,实行分层分类教学,灵活设置专业方向,丰富选修课程资源,为学生提供更多的自主选择。构建多元、分类、立体的人才培养体系,大力推进各类创新实验班改革进程,为学有所长及不同潜质的学生提供不同的成长通道。

(四) 强化实践,注重落实

根据各专业特点,构建"基础、应用、创新"多层次的实践教学体系,明确实践教学体系的具体实施方案,增强实践性教学环节的系统性、整体性和综合性。结合专业培养目标和规格,依据校内外实践教学条件,设计多样化的实践教学环节,注重实践的可行性,把课内实践、课外实践、学科竞赛、第二课堂、学期论文有机结合,强化对学生应用能力、科研能力、创新能力的系统性训练。科学设计实践教学内容和环节,符合专业方向,增加综合性、设计性、研究性实验项目。课程设计、毕业设计要与社会实践、工程实践相结合,专业实习要科学设计方案,明确目标和要求,注意内容的具体性和总结性,要聘请业内专家开设讲座,参与指导,建立符合人才培养规格和能力要求的实践教学体系。

三、培养方案的基本框架

尽管不同高校的人才培养方案不尽相同,但是一份全面、科学、合理的培养方案,其基本框架一般由以下内容构成。

(一) 专业基本信息

专业基本信息包含专业所属学院、学科门类、专业门类、标准学制、专业代码、授予学位名称、适用年级等,本科专业应与教育部《普通高等学校本科专业目录和专业介绍》一致。

(二) 培养目标

培养目标应根据学校人才培养的目标定位,在对各专业的社会需求状况、专业的学科支撑情况等进行深入调研和论证的基础上,参照教育部各学科、专业教学指导委员会制定的"指导性专业规范"及"专业认证通用标准"而制定。专业培养目标应符合国家和区域经济社会发展的需求,描述要精准务实,应包含培养的人才类型、毕业生就业领域等。

(三) 培养要求

培养要求包括对学生的专业能力要求和综合素质要求。专业能力要求包括从事各专业研究与实践的经济学、社会学、哲学、历史等社会科学基本知识;计算机、外语应用能力及本专业领域内需具备的专业知识和能力。综合素质要求包括思想政治、军事体育、心理素质、职业道德和人文素养等方面的要求。

另外,会计类各专业都要求学生具备阅读理解能力、对问题敏感性及快速反应能力、归纳推理能力、口头表达能力、数字推理与运算能力。会计类专业包括"会计学""财务管理""审计学"专业。

(四)课程设置

课程设置具体包括以下内容:

(1) 主干学科。

(2) 核心课程(各专业不相同,应参照教育部相关规定,兼顾教育部各学科、专业教学指导委员会制定的指导性专业规范要求,同时结合学校多年办学特色,优化、凝练专业基础及专业核心课程)。

(3) 主要实践性教学环节。

(4) 各环节学时学分比例。

(五)毕业标准与要求

各专业需达到一定的毕业标准(总学分、总学时等)才能予以毕业。不同的专业,其毕业要求也不相同,如 4 年制的本科与 2 年制的专升本、3 年制的专科在毕业学分与学时方面的要求是不同的。

(六)指导性教学计划进程安排

指导性教学计划进程安排具体包括理论教学及实践教学(包括实验课及集中实践环节),其通过教学计划进程一览表体现出来。教学计划进程一览表中包括课程类别、课程编码、课程名称、学分学时分配、开课学期、选课和学分要求等信息。不同类别的课程开课学期需考虑课程之间的逻辑关系及开课顺序。

(七)课程介绍

课程介绍包括教学计划进程一览表中的每门必修课及选修课的课程介绍及其修读指导建议,如先修课程、后续课程等。

四、培养方案的相关要求

培养方案的制定需要按照相关的要求,而且不同学校的规定不完全相同,一般来说包括以下内容。

(一)学制、学分与学时

1. 学制

会计学、财务管理、审计学三个本科专业标准学制为 4 年,会计学(专升本)学制为 2 年,会计专科专业学制为 3 年。

2. 学分与学时

不同专业的总学分、总学时,以及实践教学学分占总学分比例、选修课学分占总学分比例都需要按照统一的规定,不能超过或低于一定的总学分、总学时和相关比例。

另外,不同学校对学分及学时的计算会有不同,一般按照如下要求:

(1) 理论教学每 16 学时计 1 学分。

(2) 实验课程(即独立设置的实验)每 16 学时计 1 学分。

(3) 体育课程每 36 学时计 1 学分。

(4) 军事理论每 18 学时计 1 学分。

(5) 集中安排的实践性教学环节(军事训练、课程设计、实验、实习、社会调查、毕业设计、毕业论文等)原则上每周计1学分。

(6) 课程学时设置:课程学时数原则上以8的倍数安排,尽量规范到8学时、16学时、32学时、48学时、64学时等标准学时;学分的最小计算单位为0.5学分。

(二) 课程设置及课程体系

一般来说,课程设置总体分为四大平台和两大体系,即:通识教育平台、专业教育平台、实践教育平台、创新拓展平台;理论教学体系和实践教学体系。各模块的课程设置与学生能力的培养形成对应关系。

1. 通识教育平台

通识教育平台的课程分为必修课程和选修课程,主要包括以下课程:

(1) 必修课程,包括思政类课程、人文类课程、军事类课程、外语类课程、职业发展与创业指导类课程等。具体课程可根据不同学校的规定设置。

(2) 选修课程,包括通识教育选修模块,一般按自然科学,人文科学,社会科学,工程技术,艺术、体育与实践5个模块设置。在"艺术、体育与实践"模块中开设丰富的创新创业类选修课程,让不同知识结构的学生进一步掌握创新创业技能,提升学生知识素养。

2. 专业教育平台

专业教育平台的课程分为必修课程和选修课程,主要包括以下课程:

(1) 必修课程,包括专业基础课、专业(核心)课两部分。

(2) 选修课程,包括分组选修课(可选项)、专业选修课两部分。

3. 实践教育平台

实践教育平台由实验课程和集中实践环节组成。其中,实验课程中实验学时达到16学时的专业课实验须单独设置实验课,单独考核。集中实践环节主要包括军事训练、课程设计、实验、实习、社会调查、技能训练、毕业设计(论文)等。

4. 创新拓展平台

创新拓展平台旨在鼓励学科交叉,拓展学生知识面,增强学生的创新精神、创业意识和实践能力,提高综合素质。学生可参加研究性学习与创新性实验、科学研究、社会实践、创业实践等第二课堂活动,也可根据个人需求修读提高型课程。每位学生只有在创新拓展平台内获得规定学分方可毕业。

相关思考8-1

不同学校培养方案中课程是否可以随便设置

不同学校的培养方案尽管不完全相同,包括在培养目标、培养要求、课程设置等方面的不同,需要结合学校自身的办学思想,人才培养定位等来确定,但是就课程设置方面而言,具体的课程体系构成是差不多的,不会相差太远,都要求设置相应的通识课、专业课、实践课、必修课、选修课等。另外,课程之间的逻辑关系也决定了不同课程的开课学期,先修课程、后续课程都必须考虑周全。

第二节 会计学专业培养方案

一、会计学专业

(一) 会计学(ACCA 国际会计)方向班

1. 会计学(ACCA 国际会计)方向班的培养特色

会计学(ACCA 国际会计)方向班的培养目标是：致力于培养具备国际视野和多元思维，熟悉国际会计规则，掌握国际会计理论与方法，精通本土会计实务的创新性数智化应用型国际会计人才。会计学(ACCA 国际会计)方向班具有以下培养特色。

1) 社会声誉高

ACCA 享有极高的全球声誉，与众多国际知名企业建立了密切的合作关系，全球超过 8 500 家公司已成为 ACCA 认可雇主，为 ACCA 学员和会员提供更多、更好的发展机会。

2) 国际化特色突出

会计学(ACCA 国际会计)方向班培养的人才具备国际视野，熟悉国际会计准则，能掌握国际会计理论与方法。

3) 知识体系完善

在课程设置上将会计学专业教学计划与 ACCA 课程培养相衔接，内容涵盖会计、财务、管理学、经济学、税务、审计等方面，帮助学生搭建完整的会计学知识体系，并构建全球视野。

4) 师资力量雄厚

教师具有 ACCA 会员资格和海外留学背景，并具备丰富的行业经验。

5) 实验设施完善

学校目前已建成包括财务共享与 ERP 沙盘综合实验室、虚拟商业环境综合实验室等 9 个高端实验室，实验设备先进，实用性极强。

6) 就业前景良好

毕业生就业层次高、就业渠道宽，备受国际认可和行业青睐。毕业生能服务区域涉外经济发展和智慧城市建设，在涉外企业从事会计、审计及相关工作。

2. 会计学(ACCA 国际会计)方向班的课程设置

会计学(ACCA 国际会计)方向班的课程设置主要有以下特点。

1) 立足于会计学人才培养特色

会计学(ACCA 国际会计)方向班属于会计学专业，因此在设置课程时与本科专业的通识课、核心课程等方面基本相同，凸显会计学的专业定位和专业特色，突出"三个体现"：一是体现全面发展，强化会计职业素质教育；二是体现应用型，突出会计学专业技术技能培养；三是体现以学生为本，注重差异性，突出个性发展和创新能力培养。

2) 彰显国际化人才培养模式

会计学(ACCA 国际会计)方向班旨在培养熟悉国际财会知识、掌握国际会计准则、精通现代企业财务战略规划及国际化经营的高层次财务管理人才，因此在设置课程时应体现国际先进特色，将 ACCA 的部分课程嵌入教学计划中。

8-1 视频：会计学(ACCA 国际会计)培养方案

3) 加强实验(践)、创新类课程

根据会计学专业的特点,充分整合和挖掘实验(践)类课程资源,尽可能多地设置多类型、多层次、交叉型的科研训练和实习、实践项目,将课内实践、课外实践、学科竞赛、第二课堂、毕业论文有机结合,强化对学生应用能力、科研能力、创新能力的系统性训练。

(二) 会计学(CIMA 管理会计)方向班

1. 会计学(CIMA 管理会计)方向班的培养特色

会计学(CIMA 管理会计)方向班的培养目标是:致力于培养具备国际视野和战略思维,熟悉管理会计理论与方法,掌握管理与会计的交叉融合知识,熟悉数智分析技术的创新性数智化应用型管理会计人才。会计学(CIMA 管理会计)方向班具有以下培养特色。

1) 专业教育国际化

会计学(CIMA 管理会计)方向班将 CIMA 考试课程融入专业课程体系,采用国际化的教学模式,使用英文原版教材并配备具有国际学术背景的高素质教师双语授课,加快会计学专业教育国际化的进程。

2) 师资队伍优质化

会计学(CIMA 管理会计)方向班拥有优秀的教师团队,教师多次获得省级教学竞赛奖项、教学成果奖,参与多项省级、市级课题研究,科研成果丰硕,拥有注册会计师、注册税务师、高级会计师等多项职业资格。

3) 实践体系全面化

校内开设创新创业及专业实践课程;校外依托百余家就业实习基地,校企产教紧密融合、深度融合,全方位优势互补、资源共享,协同育人,不断提升学生的实践创新能力。

4) 实验设施智能化

会计学(CIMA 管理会计)方向班建立大型智能化综合会计实验中心,开设跨学科、综合性、实用性的实验课程,学生可利用实验软件模拟企业经济业务,提升业财融合能力、沟通协作能力等。

5) 就业渠道广阔化

会计学(CIMA 管理会计)方向班主要培养学生的决策、管理和分析等综合能力,学生既懂会计财务知识,又懂管理决策业务,专业基础扎实,创新能力更强,毕业生就业渠道宽,能在各类中外企业、会计师事务所、政府机关、事业单位,以及银行、证券等金融机构从事会计、审计、财务管理、经济分析等相关工作。

2. 会计学(CIMA 管理会计)方向班的课程设置

会计学(CIMA 管理会计)方向班的课程设置主要有以下特点。

1) 科学定位,凸显特色

会计学(CIMA 管理会计)方向班的课程设置能够切实反映培养目标,凸显专业定位,突出"三个体现":一是体现国际化,会计学(CIMA 管理会计)方向班培养具备国际视野的应用型管理会计人才,课程体系中加入多门会计类双语课程,学生能够按国际会计准则进行会计实务操作;二是体现数智化,将"云会计信息系统""财务数据挖掘与分析"等课程嵌入课程体系,突出学生数智思维和数字能力的培养;三是体现执业化,将 CIMA 执业资格考试中的部分双语课程融入专业课程体系,学生在学完专业课程后可掌握 CIMA 执业标准。

2) 强化专业,优化结构

会计学(CIMA管理会计)方向班的课程设置注重以专业为导向,体现专业定位和专业特色,专业改革思路清晰,以会计学专业的基本理论为基础,以专业技术技能培养为核心,依据业界对应用型本科层次人才的知识、能力和素质要求,整合课程内容,优化课程体系,强化学生所学知识的综合应用,并贯穿到教学方法、学习评价等各个环节中。

3) 强化实践,注重落实

会计学(CIMA管理会计)方向班根据专业特点,构建"基础、应用、创新"多层次的实践教学体系,明确实践教学体系的具体实施方案,增强实践性教学环节的系统性、整体性和综合性。结合专业培养目标和规格,依据校内外实践教学条件,设计多样化的实践教学环节,注重实践的可行性,将课内实践、课外实践、学科竞赛、第二课堂、毕业论文有机结合,强化对学生应用能力、科研能力、创新能力的系统性训练。

(三) 会计学(智能会计)方向班

1. 会计学(智能会计)方向班的培养特色

会计学(智能会计)方向班具有以下培养特色。

1) 注重交叉融合

会计学(智能会计)方向班注重会计学科知识与智能分析技术的交叉融合,旨在培养具备会计数据分析能力的智慧型、创新型的应用复合型人才。学生需要掌握系统的会计和工商管理基础知识,同时具备扎实的数据处理和分析方法,以及深入的会计、审计和税务方面的专业理论知识。

2) 培养数字化、智能化思维

会计学(智能会计)方向班注重培养学生的数字化、智能化思维,强调会计和审计工作中的智能化应用。要求学生能够理解数字智能时代企业会计、审计和税务实践,并能够将人工智能、大数据技术等新技术灵活应用于会计、审计、税务等工作中。

3) 强化实践创新训练

会计学(智能会计)方向班注重实践创新训练,通过实习、实践项目等方式,帮助学生将理论知识应用于实际工作中。同时,还鼓励学生参加学科竞赛、创新创业等活动,提升他们的实践能力和创新意识。

4) 培养复合型人才

会计学(智能会计)方向班致力于培养复合型会计人才,学生不仅能够掌握会计、财务、审计等工作的智能化应用,还能够从理论和技术的角度分析问题和解决问题。同时,学生还需要具备沟通能力和社会责任感,以适应不断变化的社会和经济环境。

2. 会计学(智能会计)方向班的课程设置

会计学(智能会计)方向班的课程设置的特点主要体现在跨学科性、注重实践应用、强调智能化技术、国际化视野和强调职业道德等方面。这些特点有助于培养出具备全面素质和专业技能的智能会计人才,适应企业和社会的需求。

1) 跨学科性

会计学(智能会计)方向班的课程设置涉及多个学科领域,包括会计学、管理学、经济学、计算机科学、统计学等。这种跨学科性可以帮助学生获得更广泛的视野和更深入的理解,提升他们的综合素质和创新能力。

2）注重实践应用

会计学(智能会计)方向班的课程设置注重实践应用,通过实验、上机操作、案例分析等方法,让学生将所学知识应用于实际场景中,提升他们的实践能力和解决问题的能力。

3）强调智能化技术

会计学(智能会计)方向班的课程设置强调智能化技术的应用,如人工智能、大数据分析、云计算等。学生需要了解这些技术的基本原理和应用,以便在未来的工作中能够运用这些技术提高工作效率和准确性。

4）国际化视野

会计学(智能会计)方向班的课程设置注重培养学生的国际化视野,让学生了解不同国家和地区的会计制度和文化差异,以适应全球化的市场需求。同时,也注重培养学生的跨文化交流和合作能力。

5）强调职业道德

会计学(智能会计)方向班的课程设置注重学生的职业道德培养,应设置财经法规与职业道德等课程,让学生了解会计职业的社会责任和道德规范,并能够在工作中秉持诚信、客观、公正的原则,为企业的可持续发展作出贡献。

二、会计学专业(专升本)

(一) 会计学专业(专升本)的培养特色

会计学专业(专升本)培养适应区域经济社会发展需求,德、智、体、美、劳全面发展的;掌握经济学、税收筹划、金融学基本理论、方法和专业技能,熟悉国家有关法律、法规和方针政策的;具备分析和解决会计、审计、财务管理问题的基本能力的;能在国家机关,企事业单位和会计师事务所等,从事会计、审计、财务管理的;具有社会责任感、扎实理论基础、较强创新精神和实践能力的高素质应用型人才。由于本专业的学生在原专科学习阶段已经学习了会计专业的主要核心课程,如基础会计、中级财务会计、成本会计、税法、经济法等,在专升本学习阶段培养的特色为把重点放在理论知识的提升及实践能力的培养上。

(二) 会计学专业(专升本)的课程设置

会计学专业(专升本)的课程设置主要有以下特点。

1. 重视采用模块化的特色课程方案

会计学专业(专升本)重视采用模块化的特色课程方案,即突出"专业核心模块+专业选修模块"的设置,使人才培养具有一定的灵活性与针对性,突出实践教学平台的设置。会计学专业(专升本)课程已形成以通识课程为基础,以学科大类课程为支撑,以专业必修课程为核心,以专业选修课程与公共选修课程为补充的多层次、全方位课程体系,为提高人才培养质量奠定坚实的基础。

2. 课程设置体系以职业素质为核心,体现全面素质教育培养的理念

课程设置体系以职业素质为核心,体现全面素质教育培养的理念,始终贯穿于整个教学过程,并分解落实到各个教学环节中。会计学专业(专升本)课程设置体系总体分为三大平台和两大体系,即:通识教育平台、专业教育平台、实践教育平台三大平台;理论教学体系和实践教学体系两大体系。课程的设置具有科学性、合理性、实用性。专业教育平台设置高级财务会计、高级财务管理、商业分析、内部控制、审计实务等课程,同时设置管理沟通、资产评

估、行业会计比较、政府审计、大数据审计、财务机器人、金融市场学等专业选修课。实践教育平台除了包括基本的毕业实习和毕业论文,还设置财务共享综合实验、虚拟商业环境实验(会计)、沙盘综合实验、审计综合实验等实验实训课程,既满足提升学生的实践技能,达到理论知识与实务工作紧密融合的目的,又适应学生升学及毕业后就业于不同行业的需求。

第三节 财务管理专业培养方案

一、财务管理专业

(一)财务管理专业的培养特色

财务管理专业的培养目标是:培养满足新时代社会经济发展需要,熟悉国际金融和财务规则,掌握金融、财务管理,以及相关经济、管理、法律、数智技术等方面的知识,具备国际视野、金融思维、人文素养和诚信品质,具有金融与管理的交叉融合能力、数智财务分析能力、财务实践能力、资金管理能力、创新能力、沟通与协作能力,能够服务区域经济发展和智慧城市建设,从事财务管理及相关岗位工作的创新性数智化应用型财务管理人才。财务管理专业具有以下培养特色。

1. 融入 CFA 标准

本专业将 CFA 标准融入课程设置和教学中,帮助学生了解和掌握国际先进的财务知识和投资分析技能。CFA 标准注重全球化的金融视野、理性的投资决策、全面的风险管理,以及多元化的投资组合管理,学习 CFA 标准对财务管理专业的学生来说非常重要。

2. 培养金融思维

本专业注重培养学生的金融思维,即运用金融知识和投资理念解决实际问题的思维方式。通过开设金融市场分析、投资学、公司财务等课程,帮助学生了解金融市场的运行机制和投资策略,培养学生的金融素养和投资能力。同时,通过实践案例分析、团队合作等方式,鼓励学生运用所学知识解决实际问题,培养其独立思考和解决问题的能力。

3. 注重实践应用能力

本专业注重培养学生的实践应用能力,通过实践教学、案例分析、模拟操作等方式,帮助学生掌握财务管理的实际操作技能。

4. 提升综合素质和复合型能力

本专业注重学生的综合素质和复合型能力的培养,要求学生掌握财务、会计、金融、税务等方面的专业知识,同时具备管理能力、创新能力、团队合作能力等综合素质。通过课程设置和教学模式的创新,本专业帮助学生成为具有综合能力的复合型人才。

(二)财务管理专业的课程设置

财务管理专业的课程设置主要有以下特点。

1. 突出专业特色

财务管理专业课程围绕财务管理特定职能进行设置,区别于会计学、金融学等财经类专业,更侧重于资金管理,即如何有效利用、配置和监管企业的财务资源,以确保企业的财务稳健和经济效益最大化,培养具备资金管理、投资决策和资本运营等方面知识和技能的人才,以适应现代企业财务管理的需求。

8-2 视频:
财务管理专业培养方案

2. 理论与实践并重

财务管理专业的课程内容与企业实际情况紧密相连,学生不仅需要掌握实际操作技能,如财务报表分析、投资决策、预算规划等,还需要了解相关法律、税收政策和经济形势等,以便更好地应对实际问题。同时,课程设置包括深厚的理论基础,如财务决策理论、风险管理理论等,这些理论能够指导学生在实践中作出科学、合理的决策。

3. 强化信息技术应用能力

在信息技术快速发展的背景下,财务管理专业的课程设置也注重培养学生的信息技术应用能力,通过开设智能类财务管理相关课程,让学生掌握财务信息系统的基本原理和使用方法,提升其运用信息技术进行财务管理的综合能力。

二、财务管理专业(专升本)

(一)财务管理专业(专升本)的培养特色

财务管理专业(专升本)的培养目标是:致力于培养适应区域经济社会发展需求,服务智慧城市建设,熟悉国际财务规则,掌握财务管理,以及相关经济、管理、法律、数智技术等方面知识,具备国际视野、数智思维、人文素养、诚信品质,具有财务数据分析能力、数智技术运用能力、财务管理实践能力、沟通与协作能力,能独立负责某领域财务管理工作的应用型财务管理人才。

财务管理专业(专升本)在专科基础上,提升学生的国际化素养、数据分析技术和财务管理知识,将"大智移云物区"等新兴技术与财务管理相融合,突出多元化、差异化、数智化应用型人才培养特色,细化"技术与专业融合"课程体系。财务管理专业(专升本)的培养特色是结合2020年中国中小企业协会发布的《智能财务管理师职业能力框架》进行课程设置,将智能财务管理师能力标准融入培养方案,在财务管理传统专业核心课程的基础上开设财务数据挖掘与分析、财务数据可视化、财务机器人等信息素养课程,培养学生的数智思维,以及数智技术在财务管理中的运用能力。

(二)财务管理专业(专升本)的课程设置

财务管理专业(专升本)的课程设置主要有以下特点。

1. 夯实理论基础,提升专业能力

财务管理专业(专升本)的课程是在专科学习的基础上,结合智能财务的发展趋势及未来人才需求,围绕财务管理相关工作岗位需求进行设置的,更加注重基础理论知识的教学和专业能力的提升。通过相关课程的学习,学生可以获得坚实的专业基础,具备较好的专业素养。

2. 立足实际需求,交叉学科融合

财务管理专业(专升本)旨在培养具备扎实理论基础和实践能力的智能型财务管理人才,在课程设置上立足实际需求,进行跨学科融合。课程设置强化统计分析方法,以及人工智能与信息技术、数据科学等新兴领域的学习,以增强学生的财务数据分析能力,以及信息技术手段在专业实际中的应用能力,从而适应智能财务发展的趋势。

3. 理论结合实务,注重实践与创新能力的培养

财务管理专业(专升本)的课程设置遵循"夯实基础、拓宽口径、强化能力、注重创新"的原则,通过理论教学与实务操作相结合的方式,培养学生的实践能力和创新精神。课程设置

考虑当前企业的特点,加强学生实践类课程的学习和训练,提升学生的财务管理相关工作实务能力。通过模拟操作、案例分析、角色扮演等方式,培养学生的实际操作能力和创新思维,使其能够更好地适应企业的实际需求。

此外,财务管理专业(专升本)的课程设置还强调综合素质的培养。除了专业知识的学习,还注重培养学生的综合素质,如沟通能力、领导力、创新能力等,以适应智能财务背景下社会各界对智能型财务管理人才的需求。

第四节 审计学专业培养方案

一、审计学专业的培养特色

审计学专业采取与国际 CIA 职业资格教育相互衔接的培养方式,致力于培养适应区域经济社会发展需求,以人才能力指标体系为目标,通过项目化教学和个性化教育赋予学习者一生持续成长所需的能力,具备赋能城市发展等方面的综合能力,适应现代审计发展和地方经济发展需要,具备国际视野和批判思维,掌握审计理论与方法,熟悉数智审计技术,胜任管理要求的创新性数智化应用型内部审计人才。

审计学专业作为财经类高校的一个成长专业,当前面临的主要困惑有:对国际化建设指导思想的把握仍不够准确,初探缺乏基础、不够扎实;全面素质教育在教学环节的体现有所欠缺,核心不够明确;专业主干课程体系设计指导思想不明确,缺乏科学依据,专业主干课程设置比较随意,不够稳定、明确,未能体现专业主干课的基础性地位,在一定程度上影响了学生扎实专业基础知识等。因此,当前审计学专业培养特色建设的主要任务包括以下内容。

1. 培养全球经济一体化下的国际化审计人才

全球经济一体化是经济发展的必然趋势,随着外资企业"走进来",更多的中国企业也在"走出去"。"构建国内国际双循环相互促进的新发展格局"的战略部署对国际化审计人才需求增加,中外企业都迫切需要一批善于管理、精于业务、熟悉国际规则和国际惯例,具有国际视野和战略思维的高素质国际化审计人才。在国际化的基础上建设好审计学专业课程,培养适应社会需要的持有 CIA 等相关证书的,既掌握中国审计规则,又熟知国际审计准则的综合型人才。

2. 以职业素质为核心,体现全面素质教育培养的理念,完善课程体系

课程设置体系以职业素质为核心,体现全面素质教育培养的理念,始终贯穿于整个教学过程,并分解落实到各个教学环节中。审计学专业课程设置体系总体分为四大平台和两大体系,即:通识教育平台、专业教育平台、实践教育平台、素质拓展与创新平台四大平台;理论教学体系和实践教学体系两大体系。四大平台与两大体系相辅相成,全面、系统地涵盖了审计学专业的所属课程,并且各模块的课程设置与学生能力的培养均形成一一对应关系。目前,我国各高校审计学专业以 CIA 为标准,其相关课程已陆续渗透、融入审计学专业理论和实务的教学中。

二、审计学专业的课程设置

审计学专业的学生应掌握审计学科的基本理论和方法;掌握商业分析、业财审融合、智

能审计等专业知识;掌握国际注册内部审计师认证体系的要求;掌握审计思维和分析问题的方法,并能在审计实践中熟练进行运用;具备了解审计学科的理论前沿和发展动态的能力;掌握会计、审计、财务管理等理论知识和业务技能;能够运用专业外语进行阅读、写作和口头表达;掌握审计工作应具备的语言文字和数字计算,具有独立获取知识、收集信息、提出问题、分析和解决问题的基本能力;具有语言表达与沟通交流能力;较好的组织管理能力、环境适应能力和团队合作能力。

为了实现审计学专业建设的总体目标,依据审计学专业发展趋势及社会需求现状,以科学发展观及人的全面综合发展为主导思想,审计学专业课程设置的总体思路为:围绕一个标准,突出管理赋能,强化实践、注重落实。

1. 围绕一个标准

围绕一个标准是指以CIA标准为导向的专业性人才培养模式。立足于市场需求,抓好专业建设,培养胜任管理要求的创新性数智化应用型内部审计人才。内化内部审计的使命,以风险为基础,提供客观的确认、建议和洞见,增加和保护组织价值。遵循诚信、客观、保密、胜任的职业道德。在此标准下彰显胜任能力和应有的职业审慎、保持客观,并且免受不当影响(独立性)。CIA标准支持适应组织的战略、目标和风险状况,定位适当且资源配置充分,彰显质量和持续改进,富有见解,积极主动,以及具有前瞻性的内部审计实务核心原则。

2. 突出管理赋能

审计学专业的课程结构设置突出管理赋能的特色。对基本的专业课程革新,强化组织治理相关知识;加大选修课、个性发展课程比重,大幅度提高能够利用工具和技术对风险和控制进行评估;整体上突出运用内部审计职业所需的经营、IT和管理知识。

审计学专业注重"管理和生产并行"的特色知识体系。其中,审计学专业"管理和生产并行"的知识体系,包括面向企业的管理过程以财务审计、绩效审计、内部审计为主体的知识体系,以及面向企业生产过程以生产审计、基本建设项目审计、风险管理审计为主体的知识体系。课程设置旨在培养学生成为管理型人才。

3. 强化实践、注重落实

根据审计学专业的特点,构建"基础、应用、创新"多层次的实践教学体系,明确实践教学体系的具体实施方案,增强实践性教学环节的系统性、整体性和综合性。结合专业培养目标和规格,依据校内外实践教学条件,设计多样化的实践教学环节,注重实践的可行性,将课内实践、课外实践、学科竞赛、第二课堂、毕业论文有机结合,强化对学生应用能力、科研能力、创新能力的系统性训练。审计学专业拥有"六位一体"的实践教学体系,包括利用校内实验平台和校外实习基地,分步骤、分阶段开展审计专业的会计综合业务实习,审计业务手工及信息化实习,参与审计项目作业,参观生产与基建现场流程,毕业实习等实践教学环节。

本章小结

本章的主要学习内容是会计类专业培养方案。通过本章学习,我们了解了培养方案的设置原则、基本框架和相关要求等;掌握了会计学、财务管理、审计学等不同会计类专业培养

8-3 第八章:会计类专业培养方案

方案的专业培养特色、课程设置等。

本章重要概念

培养方案　设置原则　专业培养特色　课程设置

第九章 职业生涯规划与大学学习规划

> 内容提要
> 重点难点
> 学习目标
> 知识框架
> 思政育人
> 第一节 职业生涯规划
> 第二节 大学学习规划
> 本章小结
> 本章重要概念

内容提要

本章主要讲解了会计类专业学生的职业生涯规划与大学学习规划。职业生涯规划中包括会计类专业的高学历(位)教育、专升本考试、出国留学等内容。大学学习规划中包括正确认识大学学习、做好学习规划的意义及方法、有效落实学习规划等内容。

重点难点

本章重点为会计类专业的高学历(位)教育、专升本考试、正确认识大学学习和做好学习规划的方法等；难点为学术学位与专业学位的区别、有效落实学习规划等。

学习目标

通过本章学习，学生应掌握如何对自己的职业生涯及大学学习进行合理规划；明确学习的意义及正确方法；通过合理、有效的学习规划，实现自己的职业生涯规划。

知识框架

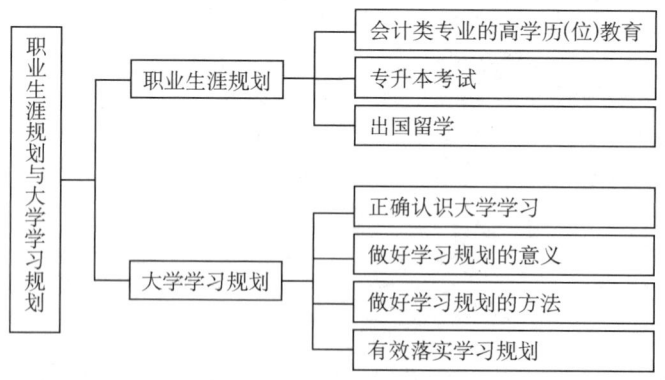

 **思政育人**　　　　坚定信念，踔厉奋发

如果说第一次考研复习的心态是斗志昂扬、意气风发，第二次是重整旗鼓后的踏实谨慎、志在必得，那么第三次备考时我不敢再有美好的想法，心中死一样的寂静，只想拼死一搏。

开始考研复习时，恰逢夏天高温，自习室没有空调，电扇吹的全是热风。我经常是学着学着，自习室只剩自己一个人。那时，我每天想的就是多做题、多看书，按时完成计划，不敢有丝毫懈怠。白天一丝不苟地学习,夜里也不得清静,我经常会在梦中惊醒,梦见自己在考场答题,又答得一塌糊涂……幸运的是,我遇到了一位大学朋友辞职备考,大半年时间,我们相互学习、共同拼搏,受益匪浅。

考研生活单调枯燥,没有周末,几乎每天都是不变的重复,各科真题一遍一遍地演练总结,专业课更是不敢有放松,一直看书做总结笔记。考研的点滴往事如同放电影一般在我脑海中闪过,也许这些往事会随着时间而流逝、随着成长而淡忘,但那种对理想的追求已经深入骨髓,让我继续在未来的人生路途中勇往直前。

虽然考研这条路很难,但我依然坚守初心。我相信只要坚持,就会离成功更进一步。坚持是世界上最简单的事,因为只要自己愿意坚持就没有人可以阻止你。但坚持又是世界上最难的事,它是对我们意志的考验。

我们要坚定信念,踔厉奋发,相信自己,永不放弃。

资料来源:我爱文学网.考研励志故事[EB/OL].(2019-10-03)[2023-11-16]. https://www.cddlwy.com/meiwen/106239.html。

第一节 职业生涯规划

一、会计类专业的高学历(位)教育

学历是一个人的正式学习经历,是指他曾接受过哪一级的正规教育以及何时在何学校毕业、结业或肄业。学位是授予个人的一种学术称号或学术性荣誉称号,表示其受教育的程度或在某一学科领域里已经达到的水平,或是表彰其在某一领域中所作出的杰出贡献,由具备授予资格的高等学校、科学研究机构或国家授权的其他学术机构、审定机构授予,学位称号终身享有。

目前,多数国家将学位划分为学士、硕士、博士三级。其中,高学历(位)主要指硕士和博士,两者常被统称为研究生教育。研究生教育是指大学本科教育后进行的培养高层次专门人才的一种学历教育,属高等教育的最高阶段。

(一) 高学历(位)的构成

1. 硕士研究生与硕士学位

硕士研究生(Postgraduate)是为攻读硕士学位而在高等学校或科研机构中进行学习和研究的学生。硕士研究生获得相应学科、专业攻读硕士学位研究生培养方案所规定的课程学分,在导师的指导下完成学位论文并通过论文答辩者,授予硕士学位。

硕士学位(Master's Degree)是学位等级的名称,为世界多数国家通行的研究生教育的初级学位。硕士学位以大学本科教育和学士学位为基础,我国硕士学位分为学术型硕士学位和专业型硕士学位两种类型。

2. 博士研究生与博士学位

博士研究生(Doctoral Candidate)是指为攻读博士学位而在高等学校或科研机构中进行学习和研究的学生。博士研究生学完规定的课程,经考试合格,在导师的指导下完成博士学位论文并通过论文答辩者,授予博士学位(Doctor's Degree)。博士研究生的学制一般为3~6年。

博士学位是学位等级的名称,为世界多数国家通行的研究生教育的最高等级学位。博士学位是我国三级学位中的最高级学位,我国博士学位分为学术型博士学位和专业型博士学位两种类型。

名誉博士学位(Honorary Doctoral Degree)是世界多数国家通行授予的一种名誉性学术称号,在授予的对象和条件上,各国要求不一,但一般都称名誉博士学位。我国授予名誉博士学位的目的在于表彰国内外卓越的学者、科学家,或著名的政治家、社会活动家在学术、经济、教育、科学、文化和卫生等领域,以及社会发展和人类进步事业中作出的突出贡献。我国从1983年起,开始授予名誉博士学位。

3. 博士后制度

博士后(Postdoctoral Researcher/Associate/Fellow)是指在获得博士学位后,在高等院校或研究机构从事科学研究的工作职务,一般是在博士后流动站或博士后科研工作站进行研究的人员。

在我国,取得博士学位是成为博士后的必要条件,但在国外也有一些不具有博士学位,但却是以博士后身份开展工作的研究人员,所以博士后是科研工作经历。博士后的任期时间一般不长,被认为是一种从事科研的过渡性安排。中国博士后科学基金会对博士后在站资助时间为2年。国外高校一般对博士后没有统一的安排,其经费来源、时间长短均比较灵活。

 相关思考9-1

博士后是学位吗

平时我们经常听到博士后这一说法。请思考以下问题:博士后是学位吗?还是一段工作经历?我们能否在硕士毕业后,直接升为博士后?

(二) 考取高学历(位)的目的与意义

1. 发掘自己更大的潜能

选择考研,就选择了挑战自己,如果你没有坚持到底的决心,往往收获的可能不是信心,有可能还是打击和伤害,因此要做好准备。考研对于一个人是精神上寻求自我认同的过程,虽然财富也是证明自己的一个方面,但这些只是考研的副产品,如果你的专业很好再加自己足够努力,精神和物质可以同时兼得。

2. 帮助自己获得更高的学历

考研还是一个获得学历的过程,而且这个学历终身有效。在工作和生活的满意度与舒适度方面,获得研究生教育的人往往满意度与舒适度会更高。其原因在于:第一,大多数人选择的考研专业都是他们比较感兴趣的,特别是有很多人转换专业,其考研的重要目的之一就是为了换一个自己更感兴趣、更适合自己发展的专业。第二,获得硕士学位后一般能够找到本专业内相对高层的工作,如高层技术和管理工作;也能够进入大学教育系统或者继续深造。第三,较高的教育往往意味着较高知识水平和修养,而这些都将直接影响和促进生活品位的提高。

3. 多一次选择的机会

大多数学生在高考报志愿的时候选择的是自己感兴趣的专业并且将其作为自己今后的事业为之奋斗,但如果不是,考研能够提供第二次选择的机会。学生可以选择考一个自己更感兴趣、更适合自己发展的专业,去钻研、去探索,享受知识给你带来的乐趣与成就感,无惧艰辛并愿意为之奋斗一生。

4．获得就业竞争力

读研能够提升自己的专业能力、个人素质，以便将来能获得更好的工作机会。研究生阶段会提供一个更好的机会去接触实际工作，2～3年读研时间对人的影响是潜移默化的，除了专业所学知识，在读研期间自己的人生观、价值观也会变得更成熟。计算机专业、电子类专业本科生毕业进入工作岗位，多数工作是编码，甚至仅做维护工作，流动性非常高，很难接触到核心技术，此时考研就变成一个很好的选择。另外，研究生的收入水平也普遍高于本科毕业生，这也是提升就业竞争力的一个必然结果。

（三）考研可以选择报考的相关专业

考研可以跨专业，但是有一定难度，学生必须考虑跨考专业所学习的所有公共课和专业课知识是否和本科学习相差太大，并且有的专业因为专业性过强，不接受跨专业考研的学生。会计类专业的学生一般选择报考与会计相近或者类似的专业，如管理、经济、金融等专业。考生对什么专业感兴趣，将来准备找什么工作，是否有能力考上该专业，这都是需要思考的问题。

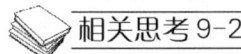

相关思考9-2

考研可以跨专业吗

请思考一下，会计类专业学生考研可以报考任何一个专业吗？

1．学术型硕士

1）会计学

会计学专业隶属工商管理学科下的二级学科，培养具备财务、管理、经济、法律等方面的知识和能力，具有分析和解决财务、金融问题的基本能力，能在企事业单位及政府部门从事会计实务，以及教学、科研方面工作的工商管理学科高级专门人才。会计学专业的研究方向主要有财务会计理论与方法、现代管理会计与企业理财、会计基本理论与方法、国际会计、审计基本理论与方法、会计信息系统、公共财务与政府会计。

2）企业管理

企业管理专业隶属工商管理学科下的二级学科，主要培养能够掌握现代工商管理的理论、方法和技能，熟悉国内外工商管理的历史、现状和最新动态，能用所学知识分析解决我国企业管理中的一些实际问题，如进行资本市场融资、国内外投资、营销策划、企业发展战略制定、企业经济效益分析、现代企业制度的建设和创新等的高级人才。其研究方向主要有战略管理、人力资源管理、财务管理等。

2．专业型硕士

1）会计硕士

会计硕士专业学位也称专业会计硕士（Master of Professional Accounting，MPAcc），是经教育部、国务院学位办批准设立的一种专业学位。其目标是适应社会主义市场经济发展和经济全球化的需要，健全和完善国家高层次会计人才培养体系，建设高素质、应用型的会计人才队伍。

会计硕士的报考条件主要有：

(1) 中华人民共和国公民。
(2) 拥护中国共产党的领导,愿为社会主义现代化建设服务,品德良好,遵纪守法。
(3) 年龄一般不超过 40 周岁(报考委托培养和自筹经费的考生年龄不限)。
(4) 身体健康状况符合国家和招生单位规定的体检要求。
(5) 已获硕士或博士学位的人员只准报考委托培养或自筹经费硕士生。
(6) 考生的学历必须符合下列条件之一:国家承认学历的应届本科毕业生、具有国家承认的大学本科毕业学历的人员、获得国家承认的高职高专毕业学历后经 2 年或 2 年以上达到与大学本科毕业生同等学力、国家承认学历的本科结业生和成人高校应届本科毕业生按本科毕业生同等学力身份报考、已获硕士博士学位的人员。

会计学硕士与会计硕士各有侧重,其培养模式、培养方式、课程设置等都存在区别。这两种名称相近但易混淆的专业,具体区别见表 9-1。

表 9-1　　　　　　　　　　　会计学硕士与会计硕士区别

区别	会计学硕士	会计硕士
培养模式	以理论教学为主,学制一般为 3 年	以案例式教学、研讨式教学为主,强调团队合作,注重培养创业型、职业化素质,学制一般为 2 年
培养方式	以公费和委托培养为主,自费情况较少,奖学金数额较高	以自费培养模式为主,奖学金数量较少
课程设置	会计学硕士作为学历教育,重点是基础教育、素质教育和专业教育,偏重理论知识的掌握和学习	会计硕士作为职业教育,更多偏重于实务,学习的目的是解决实际工作中的问题
考试科目	初试:①政治 100 分;②英语一 100 分;③数学三 150 分;④会计学或管理学 150 分(综合考察会计、管理学和经济学方面的知识)	初试:①英语二 100 分;②管理学联考综合能力 200 分
录取标准	以录取优秀的具备科研能力的人才为主	以录取具备职业化素质的人才为主
职业认证	无相关社会认证	会计硕士获得 CPA、ACCA 等多方认证,可拥有部分职业资格免考的优惠政策
导师制度	单导师制度	双导师制度

2) 审计硕士

审计硕士专业学位的英文名称为"Master of Auditing",简称 Maud。为适应我国经济社会发展对审计专门人才的迫切需求、完善审计人才培养体系、创新审计人才培养模式、提高审计人才培养质量,设置审计硕士专业学位。其目标是培养具备良好的政治思想素质和职业道德素养,系统掌握现代审计学基本理论及相关领域的知识和技能,具有开阔的国际视野、较强的专业能力、能够创造性地从事审计工作的高层次、应用型审计专门人才。

其报考条件与会计硕士相同。

3) 税务硕士

税务硕士专业学位的英文名称为"Master of Taxation",简称 MT。为适应我国现代税务事业发展对税务专门人才的迫切需求、完善税务人才培养体系、创新税务人才培养模式、提高税务人才培养质量,设置税务硕士专业学位。其培养目标是面向税务机关、企业、中介机构和司法部门等相关职业,培养具备良好的政治思想素质和职业道德素养,系统掌握税收理论与政策、税收制度、税务管理以及相关领域的知识和技能,充分了解税务稽查、税务筹划以及税务代理等高级税收实务,并熟练掌握其分析方法与操作技能,具有解决实际涉税问题能力的高层次、应用型专门人才。

9-1:税务硕士就业前景

其报考条件与会计硕士相同。

4) 工商管理硕士

工商管理硕士专业学位的英文名称为"Master of Business Administration",简称MBA。设置工商管理硕士专业学位的目的在于通过这条途径培养出一批具有坚定正确的政治方向,懂专业,能够卓有成效地组织与指挥社会化大生产,善于经营,能够适应社会主义市场经济发展需要的中、高级管理人才,为我国的经济建设、社会发展以及改革开放事业服务。同时,这种专业学位的设置将使我国的学位制度更趋完善,将推动我国高级专门人才培养的多样化,使学位制度进一步适应科学技术事业和经济建设发展的需要。

其报考条件包括:

(1) 基本条件一:①中华人民共和国公民;②拥护中国共产党的领导,愿为社会主义现代化建设服务,品德良好遵纪守法;③年龄一般不超过40周岁(报考委托培养和自筹经费的考生年龄不限);④身体健康状况符合国家和招生单位规定的体检要求;⑤已获硕士或博士学位的人员只准报考委托培养或自筹经费硕士生。

(2) 基本条件二:①大学本科毕业后有3年或3年以上工作经验的人员;②获得国家承认的高职高专毕业学历后,有5年或5年以上工作经验,达到与大学本科毕业生同等学力的人员;③已获硕士学位或博士学位并有2年或2年以上工作经验的人员。

 延伸阅读9-1

深入了解工商管理硕士

工商管理硕士(MBA)诞生于美国,经过百年的探索和努力,它培养了为数众多的优秀工商管理人才。中国的MBA教育起步较晚,是改革开放的产物。20世纪80年代,我国开始学习和引进美国的MBA教育;1990年,国务院学位办正式批准设立MBA学位并试办MBA教育;1991年,国务院学位办批准9所国内高校开展MBA教育试点工作;截至2023年,全国共有277所高校招收MBA学生。

MBA是专业学位的一种,其特点有:第一,MBA是务实型的管理人才,招生来源主要是在企业或其主管部门工作过几年,有实践经验的现职人员,课程内容密切结合实际,加强实践环节,采用培养过程与企业密切联系或与企业联合培养、毕业后回到企业中去的培养模式,这与主要从应届毕业本科生中招收缺乏实践经验的人才完全不同。第二,MBA既要有坚定正确的政治方向,又要求具备广博而全面的知识,结合企业管理的各种职能(如生产管理、财务管理、营销管理、人事管理、决策管理、经营战略等)学习多门课程,形成广博知识与较强能力的综合水平,这与理论研究型人才明显不同。第三,MBA要有战略眼光,有勇于开拓、艰苦创业的事业心与责任感,能联系群众,有组织指挥生产的应变、判断、决策的能力。第四,MBA可以招收有各种专业背景并有实践经验的大学毕业生,便于培养综合、全面的复合型人才。经过研究生阶段系统、科学的培养教育,使他们毕业后能够胜任工商企业和经济管理部门中、高级职务所担负的工作。

5) 金融硕士

金融硕士专业学位的英文名称为"Master of Finance",简称MF。为适应我国社会主义市场经济对金融专门人才的迫切需求、完善金融人才培养体系、创新金融人才培养模式、提高金融人才培养质量,设置金融硕士专业学位。其目标是培养具备良好政治思想素质和职业道德素养,充分了解金融理论与实务,系统掌握投融资管理技能、金融交易技术与操作、金融产品设计与定价、财务分析、金融风险管理以及相关领域的知识和技能,具有很强的解决金融实际问题能力的高层次、应用型金融专门人才。

其报考条件与会计硕士相同。

6) 公共管理硕士

公共管理硕士专业学位的英文名称为"Master of Public Administration",简称 MPA。根据新形势下社会公共管理现代化、科学化、专业化的要求,为建立适应社会主义市场经济需要的办事高效、运转协调、行为规范的公共管理体系,完善国家公共事务和行政管理干部培训制度,建设高素质的专业化国家公共事务和行政管理干部队伍,设置公共管理硕士专业学位。其目标是为政府部门及非政府公共机构培养高层次、应用型专门人才。公共管理硕士专业学位区别于教学、科研型人才的培养要求,强调直接面向公共管理领域实施专业学位教育。

其报考条件包括:

(1) 基本条件一:①中华人民共和国公民;②拥护中国共产党的领导,愿为社会主义现代化建设服务,品德良好,遵纪守法;③年龄一般不超过 40 周岁(报考委托培养和自筹经费的考生年龄不限);④身体健康状况符合国家和招生单位规定的体检要求;⑤已获硕士或博士学位的人员只准报考委托培养或自筹经费硕士生。

(2) 基本条件二:①大学本科毕业后有 3 年或 3 年以上工作经验的人员;②获得国家承认的高职高专毕业学历后,有 5 年或 5 年以上工作经验,达到与大学本科毕业生同等学力的人员;③已获硕士学位或博士学位并有 2 年或 2 年以上工作经验的人员。

7) 资产评估硕士

资产评估硕士专业学位的英文名称为"Master of Valuation",简称 MV。为适应我国社会主义市场经济发展对资产评估专门人才的迫切需求、完善资产评估人才培养体系、创新资产评估人才培养模式、提高资产评估人才培养质量,特设置资产评估硕士专业学位。其目标是培养面向资产评估行业,培养具备良好的政治思想素质和职业道德,系统掌握资产评估基本原理,具备从事资产评估职业所要求的知识和技能,对资产评估实务有充分的了解,具有很强的解决实际问题能力的高层次、应用型的资产评估专门人才。

其报考条件与会计硕士相同。

(四) 学术学位与专业学位

1. 学术学位

学术学位(academic degree)重点培养学生从事科学研究创新工作的能力和素质,包括学士、硕士和博士三个等级。目前,我国学术学位按招生学科门类,分为哲学、经济学、法学、教育学、文学、历史学、理学、工学、农学、医学、军事学、管理学、艺术学、交叉学科,共 14 个学科门类,14 个学科门类下设 112 个一级学科,112 个一级学科下面再细分为 300 多个二级学科。

学术型硕士是指接受普通硕士教育以培养教学和科研人才为主的研究生教育,授予学位的类型是学术型硕士学位。

2. 专业学位

专业学位(professional degree)是针对社会特定职业领域的需要，培养具有较强的专业能力和职业素养、能够创造性地从事实际工作的高层次应用型专门人才而设置的一种学位类型。目前，我国已基本形成了以硕士学位为主，博士、硕士、学士三个学位层次并存的专业学位教育体系。

专业型硕士的目的是培养具有扎实理论基础，并适应特定行业或职业实际工作需要的应用型高层次专门人才。

专业型硕士的学制较灵活，多数学校培养时间为2年。专业型硕士的课程设置包含两部分：一是对应学术型硕士的所有理论主干课程、不少于半年的实践操作必修课程。教学内容强调理论性与应用性课程的有机结合，突出案例分析和实践研究。二是教学过程更加重视运用团队学习、案例分析、现场研究、模拟训练等方法，注重培养和提高学生研究实践问题的意识和能力。

3. 学术学位与专业学位的联系

专业学位是现代高等教育发展的产物，它与学术学位处于同一层次，培养规格各有侧重。专业学位和学术学位一起构成现代高等教育学位体系不可缺少的两大组成部分，它们既相互联系，又有所区别。

学术学位与专业学位两者都是建立在共同的学科基础之上，攻读两类学位者都需要接受共同的学科基础教育，都需要掌握学科基本理论和基础知识与技术。在不同的教育阶段，两类学位获得者进一步深造可以交叉发展。例如，学术硕士学位获得者可以攻读专业博士学位，专业硕士学位获得者也可以攻读学术博士学位。

学术学位与专业学位的联系见图9-1。

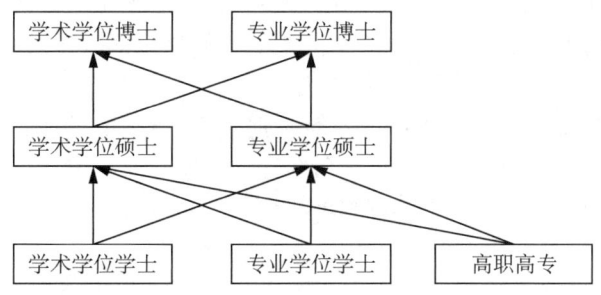

图9-1 学术学位与专业学位的联系

4. 学术学位与专业学位的区别

学术学位和专业学位的本质区别在于人才培养目标、知识结构、培养模式和人才质量标准不同。高等教育越成熟，两个体系的划分越明晰，下面以学术型硕士与专业型硕士为例进行区分。

1) 人才培养目标不同

普通硕士教育以培养教学和科研人才为主，授予学位的类型主要是学术学位；而专业型硕士是具有职业背景的硕士学位，为培养特定职业高层次专门人才而设置。

学术学位按学科设立，以学术研究为导向，偏重理论与研究，主要面向学科专业需求，培养在高校和科研机构从事教学和研究的专业人才，其目的重在学术创新，培养具有原创精神和能力的研究型人才。设立学术学位主要是为了满足人的发展的普遍需要和社会基础研究人才的需要,因此,学术学位主要体现的是学位获得者在相应的学科领域中知识的掌握程度和理论的修养水平,职业能力并不被纳入其重点考虑的范畴。

专业学位以专业实践为导向,重视实研和应用,主要面向经济社会产业部门专业需求,培养在专业和专门技术上受到正规的、高水平训练的高层次人才,其目的重在知识、技术的应用能力,培养具有较好职业道德、专业能力和素养的特定社会职业的专门人才,如工程师、医师、教师、律师等。专业型硕士具备特定社会职业所要求的专业能力、素养和从业的基本条件,能够运用专业领域已有的理论、知识和技术有效地从事专业工作,合理地解决专业问题。

2) 招生考试及入学考试难度不同

学术型硕士的招生考试只有"统考",而统考以外的专业考试则由各招生单位自行命题、阅卷。专业型硕士的招生考试有"联考"和"统考"两次机会,考生可以自行选择,而这两大国家级别的专业考试,也由各招生单位自行命题、阅卷。

两者入学考试的难度也不同。学术型硕士的入学考试难度要高于专业型硕士的入学考试,学术型硕士的全国硕士研究生入学统一考试(统考)完全是严进宽出的代表。一些名校热门专业的录取比例甚至为70∶1,而一些二流学校的冷门专业却年年招不满。因此,入学难度也取决于考生报考的学校和专业。

3) 导师制度不同

专业型硕士有两个导师,一个是学术理论指导导师,另一个是实践活动指导导师。学术型硕士只有学术理论指导导师。

4) 学费不同

学术型硕士按国家规定享受免学费待遇,或者奖学金制度。2014年后,我国取消免学费待遇,但奖学金覆盖面比较广,即使收费,学费一般不高于8 000元/年。学生也可以通过申请国家助学贷款或者商业贷款缓解学费压力。

专业型硕士学费较贵,按照不同专业类别差别较大。例如,MBA的学费要十几万元甚至几十万元,而其他专业硕士的学费一般为每年1万~5万元不等。专业硕士学位一般不能申请国家助学贷款,但也有一定的奖学金制度。

5) 学习方式不同

学术型硕士是全日制学习,一般学制为3年;专业型硕士全日制学习的学制一般为2年,非全日制学习的学制一般为3年。

6) 招生条件不同

学术型硕士一般没有工作年限的要求。国家于2009年新增统考的全日制专业型硕士并不要求工作经验,招生条件跟原来的学术型硕士一样,应届生可以报考,但有些专业,如工商管理硕士、公共管理硕士、工程管理硕士、旅游管理硕士、工程硕士中的项目管理、教育硕士中的教育管理、体育硕士中的竞赛组织以及单独设置考试的,都有相应工作年限的要求,一般专科要求5年,本科要求3年,硕士要求2年。

9-2:视频:
学术学位与
专业学位的
区别

7) 文凭颁发不同

统考的专业型硕士和学术型硕士大体一致,都有学历证和学位证,只是专业型硕士学位证书编号前有Z等字样。

(五)关于考研的几个问题

1. 不同层次学历教育有不同的功能

如果把大学开始的教育分为三个阶段,那么可以这样来比喻:大学本科毕业相当于小学毕业;硕士研究生毕业相当于初中毕业;博士研究生毕业相当于高中毕业。可见,学完了大学的课程,并不等于学完了所有专业课程,而只是打了个基础,后面还有更深层次的知识要学习。不同的教育阶段培养的侧重点不同:本科阶段着重培养学生知道怎么做、为什么这么做,是知识与技能的结合,培养综合能力;硕士阶段着重培养学生探讨还可以怎么做,是思维与技能的结合,培养探索能力、应变能力;博士阶段重点培养学生研究应该怎么做,培养创新能力。

因此,每个大学生决定了不同阶段毕业的人才使用应有所不同,如本科毕业生应从事一般性会计工作,硕士研究生毕业后则可从事组织领导性会计工作,而博士毕业生则最好从事教育、科研工作。

2. 明确目标后尽快进入考研状态

不同层次的教育培养出不同功用的学生,所以,明确自己要干什么、适合干什么,决定是否考研,要做到心中有数。在了解自己并决定考研之后,需要尽可能地对所要报考的目标有清晰的了解,如学校的综合信息、每个专业和方向在全国的影响力、具体的研究内容、可能的学习方法、未来的工作趋向、导师的研究侧重点、大概的就业率等。这些信息一方面可以通过网络查询;另一方面还可以直接联系在读学生、咨询相关专业老师的看法。

考生要早决定、早准备,考研是一个周期较长的工作,来不及复习或复习不够全面,疲于应付,将影响考试质量。

3. 考研复习的注意事项

1) 确定目标,制订计划

有些考生看似很认真,整天攻书本,抓到哪一科就学哪一科,缺少系统的学习计划,这样的复习不可能有效果。例如,对于英语阅读,一些考生听说考研阅读文章大多来自国外著名报纸、杂志,就花钱买了大量国外杂志,每天花大量时间去读这些文章,还有的考生无的放矢地去研究美国地理、历史、文化、最新科技等,结果费力不讨好。花太多时间去研读国外杂志,不如花大力气把握大纲范围内的知识点,超大纲范围之外的东西,了解一下即可。很多考生没有制订学习计划的习惯,考研复习东一榔头西一棒子,今天记词汇书的这一部分,明天感觉这部分太难,又转移到另一部分;或者听他人说真题最重要,就一个劲儿做真题。很多考生直到最后冲刺阶段也没有制订出一个完整的复习计划,这是不合适的。建议及早制订计划,规定好每一天的复习进度,严格按照预订的时间,完成预订的任务,一步一个脚印地复习。一般而言,复习都要经历初级基础阶段,中级强化阶段,最后冲刺阶段三个阶段,每个阶段的任务和重点各不相同。

2) 重视基础,避免盲目题海战术

一般而言,考生在复习阶段都要做大量的习题,目的是研究题目的规律,总结、掌握答题方法,在不断的学习实践过程中,形成自己的一整套方法。只有掌握了方法,才能灵活应对各种问题。有的考生做题没有目的,选做大量的模拟题,模拟题虽然也有热身作用,但是如果把复习的重心放在做模拟题目上,那就是舍本逐末。很多考生第一阶段的复习基本功不扎实,盲目追求速度,复习完课本,开始搞题海战术。实际上,教材才是复习的核心,任何时候都不能忘记这一点,只有通过学习教材,扎实掌握大纲要求的各个知识点,把基本功夫做实,在做题的过程中才能最快地找到解题思路,顺利地解决问题。有的考生一味片面追求难度,基础知识的学习对任何一门学科来说都不例外,以数学为例,其中大部分是容易题和难度适中题,难度比较大、技巧性比较高的题目只占很少一部分,而且难题是简单题目的进一步综合应用,难度和技巧并不是考查的要点。所以,复习过程中一定要从实际出发,打好基础,深入理解,这样即使遇到一些难度大的题目也会顺利解决。

3) 加强归纳总结,切忌死记硬背

最典型的例子是考研中盲目背英语单词。有的考生由于时间紧张,开始寻找能短时间内记住大量英语单词的方法。现在流行的英语单词记忆方法不下十几种,如词干法、前后缀法、象形文字法等。任何方法都是有用的,但最有效的方法还是重复,温故知新,不断重复才可能记忆牢固。但是,许多人整天拿着一本考研单词书不停地背,到头来还是记不住,越记不住就越费力背,结果陷入死胡同,进入恶性循环。其实,如果重复背诵的单词仍然会混淆,那么就把相似易混的单词拿出来作对比。背单词时,要对词汇的一般义和常用义有所把握,更要侧重对一词多义的考察与掌握,如果对单词意思没有全面的了解,相似易混的单词不作对比以加深记忆,那么就很难把握句子的准确含义。因此,在考研英语复习过程中,考生完全不需要毫无目的地记忆大量词汇,只需要将考试委员会限定的考研词汇研究透彻即可。

4) 避免重技巧,轻实战

做题技巧是把双刃剑,在考研复习过程中,考生不能不重视考试技巧和答题方法,掌握了一定的技巧和方法,可以提高解题的速度,少走弯路,节省答题时间,如果缺乏技巧的指引,考生可能无法在规定时间内做完所有题目,更没有时间进行检查推敲。但另一方面,如果一味追求考试技巧,忽视了基本能力的培养,则是不合算的。技巧是建立在扎实的基本功之上的,忽视基本功的训练,临场时必定会吃大亏,踏踏实实打好基础,在提升基本能力的前提下学习考试技巧才是正确的选择。技巧、模板只是帮助获取高分的辅助工具,掌握技巧可以缩短答题时间,背诵模板可以增加获取高分的几率,但不要指望就一定能拿高分,只有脚踏实地,扎实于基础,才能真正地获取成功。

5) 不要轻易受到干扰,顾此失彼

很多考生在复习过程中易受干扰,顾此失彼。例如,教材选择不适宜、复习方法不得当、遇到很多自己无法解决的问题,如政治、英语、数学难点如何突破等。有的考生只要发现自己有基础知识点薄弱,便用大量的时间和精力去弥补,并尽最大的努力解决这些问题,人的精力是有限的,面对如此多的问题和困难,他们乱了方寸,不知所措;还有的考生没有自己的主心骨,今天听别人说这本书好,就去买这本,明天听说那本书好,就去买那本。在复习过程中,切忌频繁换书。例如,你买了一本单词书,就坚定地从一而终学习此书的内容,如果这本书真的有缺陷,可以把不足的地方记下来,在别的书上得到补充,但是其他的书一定是辅助的,这样才能保证复习的系统性和科学性。如果一会儿学习这本书,一会儿学习那本书,那么所遇见的东西永远是新的,这种情况总是让考生感到惊恐。所以,考研复习必须制订一个切合自己实际的学习计划,并严格执行。需要注意的是,如果时间紧迫,那就要把时间和精力优先放在最重要的事情上面。

6) 要正确对待真题

真题对考生来说确实很重要,尤其是近 10 年的真题。这是因为真题的知识点全面,考生若能将近10年所涵盖的知识点全部弄清搞懂,就可以从容应对考试;真题还具有指导性和权威性,是其他模拟题所不能比拟的。有的考生认为考过的题今后不会再考,当然,考原题的几率很小,但是真题中透露出来的规律、样式、逻辑是有迹可循的。那么,怎样利用真题提高复习的效率呢?要运用真题检验复习中的不足。可以在考试规定的时间内做一套真题,从而既能感受试题难度和时间的分配、了解知识点的分配和题型的种类,又能通过真题来检验自己在复习中的不足,查漏补缺,把出错的题目重新理解,梳理整个知识体系。做每套真题的时候查看自己在哪一类型的题上有失分现象,对于薄弱环节需要加强练习和复习,关注近几年的出题比重,重点关注已考的知识点。当然,在复习中不要单纯地只复习真题,还要补充真题中所没有的考点,以做到全面、无遗漏。另外,也不要以为真题做得越多越好,很多考生认识到了真题的重要性,就无穷无尽地做往年真题,到最后还是没有复习好。考生要不断反思自己的长处和短处,针对自身的情况科学地组织复习。

总之,一切以自我为主,有自己的主心骨,坚持到底就是胜利。无论最后研究生考上与否,都不会有遗憾,考上了就信心满满地开启新的人生旅程,没考上也学到了很多东西,得到了很多锻炼。考生经过了这一段漫长的考研旅程,付出了很多的艰辛和泪水,这些将成为其以后生活中难忘的回忆。

9-3:考研如何选取学校和专业

二、专升本考试

(一) 统招专升本考试录取办法

各省的专升本考试科目因省份和专业不同而有所差异,通常考试科目分为公共基础科目和专业基础科目。公共基础科目可能包括英语、语文、高等数学、计算机和政治,这些科目并不是所有省份所有专业都必须考的。不同省份的具体考试科目需要参考各省份的招生简章或官方网站,以获取最新信息。下面以山东省统招专升本考试录取办法为例进行介绍。

1. 招生对象

统招专升本招生对象共包括两类:一是山东省普通高等学校应届专科(高职)毕业生;二是应征入伍地为山东省的退役大学生士兵。退役大学生士兵无应届毕业的限制,符合要求的往届毕业生也可以参加,但已被免试专升本录取的退役大学生士兵考生不得报考。

2. 报考条件

1) 基本条件

考生需同时满足以下条件:遵守《中华人民共和国宪法》和法律;没有因触犯刑法已被有关部门采取强制措施或正在服刑;没有因违反国家教育考试规定被给予暂停参加高校招生考试处理且在停考期内;专科阶段无记过及以上纪律处分或报名前已解除处分;身体健康。

2) 资格条件

考生需满足以下条件之一:在毕业高校获得学校推荐资格的山东省普通高校应届专科毕业生;通过招生高校自主组织的相应专业综合能力测试,获得考生自荐资格的山东省普通高校应届专科毕业生;经省级及以上相关行政部门认定的原建档立卡贫困家庭的山东省普通高校应届专科毕业生;应征入伍地为山东省的退役大学生士兵(指普通高校专科毕业生及在校生应征入伍服兵役后退役);专科学习阶段,作为中国国家代表队选手在世界技能组织主办的"世界技能大赛(World Skills Competition)"中获奖,或在全国职业院校技能大赛获一等奖的山东省高校应届专科毕业生。

3. 考试科目

2020年起,山东省专升本考试设4门公共基础课考试科目,包括英语(公共外语课为其他小语种的考政治)、计算机、大学语文、高等数学(分为高等数学Ⅰ、高等数学Ⅱ、高等数学Ⅲ),由山东省教育招生考试院统一命题,统一组织考试,统一组织评卷,每门满分为100分,共400分,每门考试时间为120分钟。山东省专升本考试科目设置情况(2020年起)见表9-2。

表9-2　　山东省专升本考试科目设置情况(2020年起)

学科门类代码	考试门类	考试科目
01	哲学	1. 英语(政治) 2. 计算机 3. 大学语文 4. 高等数学Ⅲ
03	法学	
04	教育学	
05	文学	
06	历史学	
13	艺术学	
02	经济学	1. 英语(政治) 2. 计算机 3. 大学语文 4. 高等数学Ⅱ
09	农学	
10	医学	
12	管理学	
07	理学	1. 英语(政治) 2. 计算机 3. 大学语文 4. 高等数学Ⅰ
08	工学	

依据教育部公布的《普通高等学校本科专业目录(2020年版)》,按照招生专业所属学科门类,设置哲学、经济学、法学、教育学、文学、历史学、理学、工学、农学、医学、管理学、艺术学12个考试门类。

4. 录取办法

招生院校依据考生4门公共基础课总成绩,分专业择优录取。

延伸阅读9-2

退役大学生士兵免试专升本注意事项

1. 退役大学生士兵免试专升本与全省统一考试专升本能否兼报?

退役大学生士兵免试专升本与全省统一考试专升本两者不得兼报,报名全省统一考试专升本的退役大学生士兵考生,不再享受免试专升本政策。若已报名退役大学生士兵免试专升本的考生未通过资格审核,也不能进行全省统一考试专升本报名。如对退役大学生士兵报考条件掌握不清楚,可向本人生源高校、市级教育招生考试机构进行政策咨询。同时具备两项资格的考生需慎重选择,一旦选报后无法更改。

2. 尚未取得退役证的人员是否可以申请退役大学生士兵免试专升本?

如申报前尚未退役或未取得退役证,在网上申报时无法提供退役证,则无法申报退役大学生士兵免试专升本。

3. 享受退役大学生免试专升本政策还需注意哪些事项?

通过免试专升本录取的退役大学生士兵考生,须将档案转至录取高校并参加全日制培养;对录取后未报到、自行放弃入学资格或未取得普通专科毕业证的退役大学生士兵考生,不再享受免试专升本政策。

4. 入伍服役退伍后,再考取普通专科并就读的人员是否符合退役大学生士兵考生资格?

从时间上说,入伍在前、专科入学在后的人员不符合退役大学生士兵考生资格;须在专科就读期间或毕业后再参军入伍,才符合退役大学生士兵考生资格。

资料来源:山东省教育招生考试院.2023年普通专升本考试报名问题解答[EB/OL].(2023-02-10)[2023-11-16].https://www.sdzk.cn/NewsInfo.aspx?NewsID=6010.

(二)关于统招专升本的几点问题

1. 专升本是否能够跨专业报考

原则上专升本只能报考本专业或相近专业,特殊情况经本科院校教务处允许的考生才可以跨专业报考,录取后须补满所报专业学分(各学校要求有所不同)。

2. 专升本毕业证和本科毕业证有何区别

按国家规定专升本学生入学后,按本科院校学生学籍进行管理。毕业后由学校统一颁发毕业证书,其毕业证书内容填写"在我校××专业专科起点本科学习",学习起止时间按升入本科实际时间填写。学习期满且成绩合格的学生,可根据《中华人民共和国学位条例》及有关规定申请授予相应的学士学位。

3. 专科学生在升入自己学校时,是否有政策优惠

同一学校的分数线是统一的,没有本校与外校学生的区别。

三、出国留学

出国留学是指一个人去母国以外的国家接受各类教育,时间可以为短期或长期(从几个星期到几年),这些出国留学的人被称为"留学生"。

(一)出国留学的准备工作

准备出国留学的人首先要对留学国家的政治、经济、文化背景、教育体制和学术水平进行较为全面的了解;其次要掌握国外学校的情况,包括历史、学费、学制、专业、师资配备、教学设施、学术地位、学生人数等,要特别注意该校国际学生有多少,其中有多少中国学生在读、该校的住宿、交通、医疗保险情况如何、该国政府是否允许留学生合法打工;最后要落实该校颁发的文凭是否受到我国认可。

出国留学准备工作的具体流程为:通过语言考试、申请大学、申请签证、购买机票、体检和换汇等。其中,通过语言考试难度较大,各个国家的语言考试又有所区别,下面就对各种语言考试进行简单介绍。

(二)语言考试

1. 托福

托福(TOEFL)考试自创建以来,已成为海外各大院校、组织和机构衡量考生英语能力的权威标准。目前,全球130多个国家和地区逾10 000所院校、组织和机构认可托福成绩,涵盖了美国、英国、澳大利亚和加拿大的所有顶级名校。移民部门会参考申请者的托福成绩签发居住和工作签证;医疗及认证机构会根据从业者的托福成绩颁发职业资格证书;越来

多的英语学习者也依据托福成绩客观评估自己的英语学习进展。

托福考试的试题设计模拟大学课堂环境,强调信息来源的综合多样性,通过阅读、听力、口语和写作四部分,考核学生在学术环境中的英语运用和有效沟通的能力,确保他们能够顺利完成海外的学习和深造。

托福考试的顺序为阅读、听力、口语、写作,时长约 2 个小时,在 1 天内完成。托福考试各单项为 30 分,总分为 120 分。托福考试成绩的有效期为 2 年,考生参加托福考试的次数不受限制,但 2 次考试之间的时间间隔不得小于 12 个自然日。

2. 雅思

雅思,即国际英语语言测试系统(International English Language Testing System,IELTS),是为那些打算在以英语作为交流语言的国家和地区留学或就业的人们设置的英语语言水平考试。雅思考试由英国文化教育协会、IDP 教育集团和剑桥大学外语考试部三方在全球共同组织运作。

雅思考试内容涵盖听、说、读、写四项语言技能,兼具实用性和学术性,能够精准地测评考生真实的英语沟通能力。雅思考试有学术类和培训类两种考试类型。学术类雅思考试适用于出国留学申请本科、研究生及以上学位,或获得专业资质。培训类雅思考试适用于英语国家(如澳大利亚、加拿大、新西兰和英国)的移民申请,或申请培训及非文凭类课程。

如果想要前往英国或在英国居留一段时间,你需要了解用于英国签证及移民的雅思考试(UKVI)。该考试是为满足英国签证与移民局对特定类型英国签证申请要求所开设的考试。

全球超过 9 000 所教育机构、雇主单位、专业协会和政府部门的认可雅思成绩。教育部考试中心与英国文化教育协会于 2004 年 2 月 23 日正式签署了在中国合作举办雅思考试的协议。根据协议规定,中国(香港、澳门和台湾地区除外,下同)的雅思考试由教育部考试中心和英国文化教育协会合作举行。雅思考试的报名、考生咨询和各地考点的设立及管理工作将由教育部考试中心统一负责。英国文化教育协会作为雅思考试网络的代表,负责中国雅思考试的资料提供、考场监考和考卷评分等工作。

考试成绩单是考生英语能力的权威证明,显示考生听力、阅读、写作和口语 4 个分项的成绩以及总成绩。考生须正常完成笔试、口试所有科目及如期参加现场拍照,方可以收到成绩单,考生通常可以在笔试后第 10 个工作日登录教育部考试中心雅思报名网站个人主页查看考试成绩。考试成绩以最终收到的成绩单为准。考生成绩单将同时由英国文化教育协会通过 EMS(仅限于中国大陆地区寄送服务)寄往考生报名时提供的成绩单寄送地址,每位考生只能收到 1 份成绩单原件。考生可登录教育部考试中心雅思报名网站个人主页申请寄送额外考试成绩单并支付相关费用。考试成绩自考试日期起 2 年内有效。

3. 德福

德福(TestDaF)是德语语言考试,适用对象是以赴德留学为目的的外国学习德语者或一般只想证明自己德语语言水平的人。德福是一种基于大学生活环境中语言能力的标准化中、高级考试。德福试题由德福考试院集中命题、阅卷,在全球各个专门的考试中心举行,根据考试成绩,所有应试者将得到由德福考试院签发的不同等级证书。

德福按照 3~5 级区分语言能力,5 级为最高级。如果成绩达到"TestDaF 4 级"(TDN4),就已得到在德国大学专业学习的语言水平资格。如果成绩达到"TestDaF 3 级"

(TDN3),可以得到某些大学的特定专业的语言水平认可。"TestDaF 5 级"(TDN5)是德福考试的最高成绩,它表示应试者拥有非常高的语言水平,远远超过了入学德国大学所要求的语言水平。

德福自 2003 年开始在中国举行,每年举行 2 次。考生参加德福考试次数、年龄和学历不受限制,中学生、大学生、研究生均可报名。教育部考试中心在国内推出德福考试,并直接负责该考试的报名和考试实施事宜。

4. 法语 DELF-DALF

法语 DELF-DALF 是法国教育部颁发的官方文凭,用以证明外国考生或非法语国家中未获得法国中学或大学文凭的法国考生的法语能力。其中,DELF 文凭包括四个独立的文凭(A1、A2、B1、B2),分别对应欧洲语言共同参考框架(CECRL)中的前四个级别;DALF 文凭包括两个独立的文凭(C1、C2),分别对应欧洲语言共同参考框架(CECRL)中的两个最高级别。根据 2008 年 1 月 18 日法令,获得 DELF B2 级文凭可免除法国大学入学语言测试;而获得 DALF 文凭的外国学生在申请法国大学时亦可免除其他法语水平测试。

一般而言,申请法国公立大学本科须提供 DELF B2 级文凭,申请研究生则须具备 DALF C1 级文凭。DELF 和 DALF 是法国教育部制定的法语考试标准,没有这两个文凭,可能会影响留学生进入法国的高等院校,尤其是公立大学。DELF 和 DALF 文凭终生有效。

5. 日本语能力测试

日本语能力测试(The Japanese-Language Proficiency Test,JLPT)是对日本国内及海外以母语非日语学习者为对象的日语语言测试和认定。在我国,该考试由教育部考试中心负责组织和实施。该考试每年举办 2 次,于 7 月和 12 月的第一个星期日实施。报名没有年龄、职业、学历、地区、民族、国籍、在校与否等限制,中国公民持正式居民身份证、外国人持护照,均可上网报名。

6. 韩国语能力考试

自 2011 年起,韩国语能力考试(TOPIK)的主办机构由原"韩国教育课程评价院"变更为"韩国国立国际教育院"。该考试是为评价韩国语为非母语的外国人及海外侨胞的韩国语能力而设置的考试,并作为留学、就业的依据,目的是指明学习韩国语的方向,普及韩国语。韩国语能力考试目前在 32 个国家、99 个城市实施。参加韩国语能力考试的报考人员不分民族、地区和国籍,特别是学习韩国语、赴韩留学者、在韩国的国内外企业或公共机关就业者、在校生、毕业生,均可报考。

目前,韩国语能力考试为一般韩国语(Standard TOPIK,S-TOPIK),分三个级别(低级、中级、高级)。一般韩国语的初级水平为小学毕业生水准(HSK4~5 级)。中级水平为初中毕业生水准(HSK6~8 级),高级水平为高中毕业生水准(HSK9~11 级)。申请韩国留学时,对韩国语能力考试的要求不同。赴韩留学的小学生需递交一般韩国语能力的初级证书,申请初、高中时需要递交中级证书,申请大学及研究生院时需递交一般韩国语的高级证书。全国各考点实施韩国语能力考试的时间为每年 4 月和 9 月。

第二节 大学学习规划

一、正确认识大学学习

(一) 对学习的多角度理解

学习伴随人的一生。学习是一个非常宽泛的概念,通常是指从阅读、听讲、研究、社会实践等各种渠道中获得知识和技能的过程,包括向理论学习、向实践学习、向生活学习、向社会学习、向别人学习,向自己学习等方面。学习不必分时间、分地点,甚至不分学习对象,只要对人有益、不损害社会公共利益,就应该去学习。有的学习是模仿、借鉴、练习,最终使自己获得更多的知识或技能;有的学习则是批判、总结、反思,使自己汲取教训以免重蹈覆辙;有的学习还要超越、突破、创新,为未来就业和发展找出一条新路。

可见,我们对学习的理解不应该过于狭窄,它不仅仅是指书本的阅读、课堂的听讲。另外,想要通过学习达到理想的效果,必须要用心。只要肯用心,明确学习目的,建立正确的学习观念,学习必然使人进步。

 延伸阅读9-3

用心上好社会实践"必修课"

2022年4月25日,习近平总书记到中国人民大学考察调研时,勉励广大青年"用脚步丈量祖国大地,用眼睛发现中国精神,用耳朵倾听人民呼声,用内心感应时代脉搏,把对祖国血浓于水、与人民同呼吸共命运的情感贯穿学业全过程、融汇在事业追求中"。习近平总书记的重要讲话,为新时代大学生上好社会实践"必修课"、努力成长为堪当民族复兴重任的时代新人提供了根本遵循。

用脚步丈量祖国大地。"不积跬步,无以至千里。"神州大地、山河锦绣,孕育了5 000多年博大精深的中华文明,见证了中国共产党百年奋斗的峥嵘岁月,是一所没有围墙的好大学。面对日新月异的社会变化和知识更新周期的不断缩短,新时代大学生在读好书本的同时,还要利用各种机会,走出校门、走向社会,深入基层、深入生活、深入民众百姓,在新时代社会大课堂中认识新时代的伟大成就和伟大变革,了解国情民意,进而坚定理想、淬炼意志、增长才干。

用眼睛发现中国精神。千百年来,中华民族之所以能够历经磨难而不衰,其中一个重要原因就在于形成了跨越时空、历久弥新的中国精神。中国精神贯穿于中华民族5 000多年文明史、勃兴于近现代中华民族复兴历程,是一代代中华儿女接力奋斗、共同创造出来的,更需要一代代青年不断传承下去、发扬光大。中国精神是可发现、可感知的,是增强做中国人的志气、骨气、底气的"根"与"魂"。放眼当代中国,从疾病防控一线到卫国戍边前线,从乡村振兴田野到抢险救灾现场,从体育竞技赛场到科技创新前沿……中国精神随处可见。新时代大学生可结合社会调查、志愿服务、义务支教、理论宣讲等社会实践的契机,用眼睛观察中国发展、发现中国精神,自觉当中国精神的信仰者、传播者和践行者。

用耳朵倾听人民呼声。人民是历史的创造者,是真正的英雄,蕴藏着无穷的智慧和无尽的力量。同人民一起奋斗,青春才能亮丽。新时代大学生要厚植人民情怀,站稳人民立场,主动深入人民群众当中,拜人民群众为师,用耳朵倾听人民的呼声,在为人民利益的不懈奋斗中书写壮丽的青春华章。

用内心感应时代脉搏。一代人有一代人的使命,一代人有一代人的担当。新时代大学生拥有更优越的发展环境、更广阔的成长空间,其人生黄金时期与实现"两个一百年"奋斗目标的历史进程高度吻合,只有与时代同向同行、同频共振,才能有所作为、大有作为。新时代大学生要用内心感应时代脉搏,从沟通历史与现实、贯通理论与实践、关联国内与国际等多重维度,深刻感悟新时代党和国家事业取得的历史性成就、发生的历史性变革,深刻理解中华民族伟大复兴的历史进程不可逆转,深刻认识"时代的责任赋予青年,时代的光荣属于青年",锤炼过硬本领,担当时代使命,在青春的赛道上争取跑出当代青年的最好成绩。

资料来源:陈志勇.用心上好社会实践"必修课"[EB/OL].(2022-06-16)[2023-12-20].http://www.qstheory.cn/dukan/qs/2022-06/16/c_1128738827.htm.

(二)对学习理解存在的误区

通过学习,我们可以汲取各种营养。学习的内在价值在于能够提升学习者的内在素质和技能,提高生活质量,而不仅是通过了各种考试、取得了证明学习经历的证书、获得了各种荣誉等。很多人对学习的理解还存在很多误区,主要表现在以下五个方面。

1. 认为学习结果比学习过程更重要

学习是过程和结果的统一,但对比来说,过程是持续性的时期概念,而结果是瞬间性的时点概念。过程是结果的前提,结果是过程的总结。人们往往容易追求结果而忽略过程,从而忽略了过程中的体验和质量,也就失去了人生中的大部分时间。只有关注过程,才能把握住现在,珍惜时光,认真体验,一步步把学习推向成功的结果。

2. 以考试分数高低来判断自己学习的好坏

考试题有难易之分、范围宽窄之别,考试分数也与出题水平、判卷松紧有关。因此,考试分数只是督促学生学习的手段,往往不代表其学习水平的高低,更不能以此来判断一个人对知识掌握的程度。即使一个人考了一百分,也只代表他掌握了该学科领域的全部知识。许多学生在学习时,特别关心考试分数,甚至以考试分数来决定对授课老师的喜恶,对严格要求的老师不理解,甚至有怨恨情绪,从而厌学。这种"以考试分数判好坏"的思想严重影响学生的实际学习效果,但其实严格要求的老师更能够让学生扎实掌握所学知识。

3. 局限于一本教材及一名老师讲授的内容

当前,专业教材种类繁多,虽不能看遍所有版本的教材,但多选、选好几本参考书,并将多本参考书对照起来阅读,是十分必要的。当知识更新较快而使一些教材内容过时,或因对问题的看法各异形成不同的学术流派,或因编写者水平差异使教材质量有高有低等,学生只有通过多看更广泛的教材,才能获取更丰富、完善的观点及知识,否则就会出现视野狭窄、思路不开阔、知识陈旧的现象,甚至出现观点错误。同样的道理,一名老师课堂上教学的内容是有限的,也受其水平、观点、能力的制约,学生就不能以老师所讲授内容作为知识范围,而必须扩展性地学习,这样才能最终有利于自身的学习。

4. 以是否听懂来判断自己对知识的掌握程度

知识有深浅、难易之分,每个人的理解水平也有差异。很多情况下,有的内容被老师一讲就明白了,往往说明讲得浅显了,没有涉及更深层次的问题。正常情况下,学生对老师所讲内容应有明白的,也有不明白的。浅显的内容应以自学为主,困难、不易理解的问题应以讲授为主。对部分内容觉得完全掌握了,一般都是没有深入学习下去的表现。

5. 认为读书无用,学的知识将来用不上

读书无用论在当前侵害了很多人,尤其当大学生出现大量的就业难或失业现象时,读书无用论就会再次被推到风口浪尖上。他们认为工作时所用的即非所学的,或是简单地以适应原有环境条件的知识套用在现实中,致使出现学的知识用不上的感觉。其实,知识是融会贯通的,何况一个人将来所用的知识并不是事先可准确预见的,只有做好多种储备,才能有备无患。

相关思考9-3

读书无用论——读大学能否实现逆袭

"读书无用论"是近几年社会上再次出现的观点,有人支持,也有人反对。支持的人认为上大学毕业后混得还不如学历低的,甚至认为还不如"捡垃圾"的。"知识改变命运"的观念正在被现实一点点无情吞噬。很多人认为知识的作用似乎在弱化,向上通道变窄,上不上大学似乎真的不重要了。但更多的是反对这种"读书无用论"的观点。大学的作用不是在短时间内就能体现出来的,读大学也许没能给你带来好的工作机会,但是对于个人修养的提升、思维方式的转变都是影响很大的!而且不能用金钱衡量大学的价值。读书的"有用",在于其丰富个人素质的"无用"之用。读了大学,不代表立刻就能实现逆袭,但不读大学更难华丽转身。

大学所带来的广阔视野、丰盈见识以及价值观的塑造,不是金钱所能衡量的。纠结上大学划不划算的争论背后,在于对教育本质解读和人生价值评判的差异。读书需要钱,但读书的"回报"未必能用量化的金钱体现。另外,有用无用都是一种盲目的功利主义思维。反对读大学和一味夸大读大学的作用,殊途同归,都没跳出"实用至上"的窠臼。

读大学不完全等于读书,读书也不等同于上学。广义上,读书是一个人获得知识、学会思考的长期持续的生活方式。读大学不仅在于学习知识,作为将来的职业生涯储备"资本",而且还有其更高的价值,即养成终生读书的习惯,培养自我学习并进步的能力。与其说大学教育教给学生的是具体专业的学科知识,不如说是培养学生一种受益终身的技能。

思考:大家对"读书无用论"的观点怎么看?对此,大家认为各类学校、政府、教育等相关部门是否应该深入思考并进行必要的调整和改革?

二、做好学习规划的意义

学习规划主要是指大学生基于对大学生活、未来的职业理想和人生目标,对大学期间的学习、生活的规划和设计,要求每名学生正视和剖析自身情况,了解自身的特征和兴趣,明确自己的发展目标,是学生为自己实现大学期间的目标而确立的行动方向、行动时间和行动方案。深刻认识学习规划的意义,对于大学生具有重要价值。

大学学习为什么要做好学习规划?这是每个大学生都应该思考的问题。对每个人来说,做规划会让自己找到正确的方向,而大学的学习是一个系统的过程,如何充实而有效地度过自己的大学生活,这必须要好好地思考。做好学习规划具有以下重要意义。

(一)学习规划能够指导大学生圆满完成大学学业

大学生刚刚步入大学校园往往要经过一段"迷茫期",学习及生活方式的改变、环境的变化、人际关系的复杂、自我认识的重新定位等会让新生产生无所适从的紧迫感和茫然感。学习规划通过分析新生个人的兴趣和潜能,帮助新生树立目标,科学、合理地安排学习和生活,能使新生稳定度过适应期,用最短的时间找到适应自己成长的行动方向,使新生积极主动地学习理论知识,掌握各种技能,提升专业技能和综合素质,为将来的发展储备各种能量。

(二)学习规划能够促进大学生综合素质的提高

通过学习规划,大学生可以更好地认识自己。每名大学生都可以根据自己的实际情况,选择适合自己的学习规划设计方案,最大限度地挖掘自身的潜能,明确目标,健全和完善人格,提升学习能力,发展良好的人际关系,引导大学生积极参与各种社团活动和社会实践,促进大学生健康地成长、成才,提升竞争力和创新能力。同时,学习规划根据大学生个体不同而设定,具有个性化特征,有利于高校实施个性化教育,培养多层次人才。

三、做好学习规划的方法

(一) 确定学习目标

制定一份学习规划,一定是为了要实现相应的目标。有了明确的目标,就会有进步的动力,促使自己为实现这些目标而孜孜不倦地学习。有了明确的目标才能指引我们正确的学习、全面的发展。这些目标有短期内要实现的,也有相对较长时间才能实现的。所以,学习规划里必须要分阶段、分层次的制定不同的目标。

作为大学生,大学里要实现的目标很多。短期内要实现的目标包括每学期的每门课程不挂科,或者取得奖学金等。大学里需要考取的必备证书,尤其是专业类方面的证书,也是大学生追求的重要目标。另外,大学生不仅要学好理论知识,也应该确定好自己在实践动手能力方面应该达到什么样的水平。学习既然是一个宽泛的概念,那么我们确定的目标也就不应只围绕知识学习这一个方面,还可以就身心健康以及各种综合能力(如人际交往、创新思维等)方面确定相应的目标,从而引导自己全方位的发展。

(二) 选择适合的学习方法

学习方法因人而异,每个人应该结合自己的知识储备、兴趣、性格等,不断总结学习中的经验教训,摸索出一套适合自己的学习方法。只有掌握了合适的学习方法,学习才会事半功倍。

在每一份学习规划里,大学生选择适合自己的学习方法必须要明确学习的三个阶段,即初学、思考、顿悟,意思是必须要在初步学习的基础上作深入思考才能达到顿悟。但很多人往往是做不到的。作为大学生,应该要明确学习在不同阶段应该要做的事情,从而在学习任何知识的时候能够有的放矢,找对方法。一般来说,学习的具体方法主要有以下四方面。

1. 坚持撰写学习日记

撰写学习日记有多种好处:可检查自己学习计划的执行、时间利用情况,总结学习心得,促使自己思考,锻炼表达能力,净化心灵,反省品行上的不足。

2. 利用好碎片化时间

在校期间有大部分时间会被统一安排,可以自己安排的时间主要是小块而零碎的时间。不利用好这些时间,就会让时间白白浪费。因此,要重视并利用好小块、零碎的时间,事先准备好可在这些时间里学习的内容,如背英语单词,阅读短篇文章、杂书等。长期以往的积累,必然会有大收获。

3. 学会归纳整理学习内容

许多同学在学习时会出现这样的现象,上课认真听了,笔记也都记下来了,实际上只是简单地看书、看笔记,虽然看完后似乎都明白了,但时间一长或合上书又感到一片茫然。而且有的学生平时根本不复习,到考试前才用功、"死记"。有的学生因记忆力好而侥幸通过考试甚至是考了不错的成绩,但实际上和真正理解、把握知识不是一回事。以一本教材为主,建议学生平时每学完一部分内容,把笔记本分成两部分,大的部分主要用来理解消化的内容,用最简练的语言整理成要点,并标上主教材的页码;小的部分用来补记参考的新观点或者自己的心得,这样做会使复习更能潜心琢磨、把握精髓。内容压缩,有助于记忆,如果再用一些记忆技巧,则可使记忆的效果倍增,同时还节约了时间。

4. 集中注意力，避免浮躁，提高学习效率

当确定好学习规划后，应该平和心态，克服浮躁，排除外界的各种干扰，在有限的时间里集中精力做好一件事，尤其是学会放下手机、远离手机。目前沉迷于手机、沉迷于网络的大学生不少，这对学习来说是非常不利的。如果能控制好自己，心无旁骛，专心致志在学习上，则会大大提高学习效率。

（三）提供学习保障

学习规划的目标往往容易确定，但是保证这些目标能够如期实现却有些困难。在执行学习规划的过程中，我们通常会因为自身或外界的客观因素而导致学习规划被打乱，从而无法达到预期目标。因此，为了保证学习规划能够顺利实施，大学生必须要做好相应的保障措施。例如，思考遇到学习困难时该如何处理、被外界的因素打扰时该如何应对等问题。

相关思考9-4

学习方法对提高学习效率是否重要

学习效率的高低因人而异。每个人都有同样的24小时，甚至每个人在课堂上的学习时间都是一样的。为什么不同的人学习效率会差别那么大，从而导致出现很不一样的结果呢？这里主要还是在于学习效率高的人掌握了适合自己的学习方法。正确的学习方法会让自己事半功倍。

四、有效落实学习规划

1. 严格端正学习态度

正确的学习态度是把学习当成对自己的一种考验、一种磨炼、一种难得的体验。学习不成功，很大程度上是因为知难而退，放松对自己的要求，贪图当时的舒服、轻松，最后走向痛苦或无奈的后悔与遗憾的结局。大学生必须要严格端正学习态度，否则目标确定得再明确，规划制定得再全面，学习态度没有端正好，也是达不到预期效果的。

2. 准确、全面认识自我

个人对自我的认识应该要全面，明白自己的个性、优缺点。在制定学习规划时，要能全面认识自我，在落实学习规划时也是如此。能够全面认识自我，就会在出现问题时找到相应的解决措施。别人的经验和教训可以参考，但是必须要紧密结合自身的实际情况。

3. 客观看待各种环境

大学生活可能一帆风顺，也可能荆棘密布。我们必须客观看待遇到的各种环境，无论顺境与逆境，都应该有勇气面对，同时还要找到相应的方法去解决困难。不能因为一次考试不成功而消沉，更不能因此而放弃学习。

4. 积极利用多种资源

学习不是一件被动的事情，大学生应该增强学习的主动性。大学生要积极利用多种资源，包括教师、同学、学长等，同时更应该利用好网络资源，无论是门户网站、专业频道还是网页资讯、音视频，都是对学习有帮助的资源。另外，随着时代的发展，智能手机等各种移动设备的兴起，各种学习类的App也深入到我们的生活中，大学生在学习过程中也可以积极利用这些新工具。

5. 适当做好自评反思

在学习过程中，很重要的过程就是反思。而在学习规划执行的过程中也是一样，必须适

当地做好自评、反思,找到学习规划落实过程中出现的问题,并分析出现问题的原因,最后找到相应的解决措施,不能因为面子或懒惰等原因而不及时解决问题,否则问题就会越积越多,最终就达不到预期的目标。

6. 成为一个好的"学习者"

做一个好的"学习者",是实现高质量学习的重要方法和途径。成为一个好的"学习者",需要教师与学生双方的配合,学生要有主动学习的意识和行动,教师要有帮助学生的理念和措施。学生成为课堂的主角,老师是引导者。结合课上和课下,学生按照"预习→上课→复习→研究→评估"五个步骤循环往复地进行,学习效果会大有提升。

本 章 小 结

本章的主要学习内容是职业生涯规划与大学学习规划。通过本章学习,我们熟悉了会计类专业的高学历(位)教育、学术学位与专业学位的区别;掌握了学术型硕士和专业型硕士的区别;准确认识了学习及学习规划;了解了如何制定并有效落实学习规划等。

本章重要概念

学历　学位　硕士学位　博士学位　会计硕士　税务硕士　审计硕士　工商管理硕士　金融硕士　公共管理硕士　资产评估硕士　学术学位　专业学位　托福　雅思　学习规划

9-4 第九章:职业生涯规划与大学学习规划